In München verliebt

Ein Stadtführer für Paare
und sehnsuchtsvolle Singles.

August Dreesbach Verlag

In München verliebt

Ein Stadtführer für Paare
und sehnsuchtsvolle Singles.

AUGUST DREESBACH VERLAG

Impressum

Autoren: Anne Dreesbach, Florian Greßhake, Nadja Hollstein, Jasmin Jonietz, Sarah-Christin König und Stefanie Weiß
© August Dreesbach Verlag, München 2016
Alle Rechte vorbehalten.
Gestaltung, Umschlag und Satz: Anne Dreesbach
Druck: Friedrich Pustet GmbH & Co. KG, Regensburg
Papier: 115 g/m² Fly weiß
Gesetzt aus der Absara von Xavier Dupré.
Printed in Germany.
ISBN 978-3-944334-65-3
Die Deutsche Nationalbibliothek verzeichnet diese Publikation in der Deutschen Nationalbibliografie; detaillierte bibliografische Daten sind im Internet über www.dnb.de abrufbar.

Vorwort

»In München verliebt« ist mehr als nur ein Stadtführer. Denn in welchem Buch dieser Gattung erfährt man schon, was ein Herzibopperl ist, wie das Eheleben der Bartschweine aussieht und wo man lernen kann, sich eine Liebeshöhle aus Eis und Schnee zu bauen?

Natürlich bietet das Buch auch alle unverzichtbaren Informationen, die städtereisende Pärchen benötigen: Restaurantempfehlungen vom Frühstück bis zum Nachtsnack, Unternehmungsideen sowohl für schöngeistige Kulturenthusiasten als auch für abenteuerlustige Frischluftfanatiker, Sightseeing-Highlights und Ausflugsziele, Ausgehtipps für Nachtschwärmer sowie besondere Übernachtungs- und Einkaufsmöglichkeiten von günstig bis exquisit – und all dies immer mit dem Blick fürs Romantische. Zudem gibt es Stadtpläne der Innenstadt zur leichteren Orientierung. Alle Adressen in Zentrumsnähe sind in den Karten eingezeichnet, sodass sie auf einen Blick auffindbar sind. Individuelle Stadtspaziergänge lassen sich somit kinderleicht planen.

Aber ein Stadtführer für Verliebte muss natürlich noch mehr können: Er soll Inspiration für Paare in jedem Alter und Beziehungsstadium sein. So gibt es die Top 10 der besten Plätze zum Knutschen oder der besonders münchnerischen Heiratsanträge, Ideen für verrückte Dates und zum Auffrischen langjähriger Beziehungen, Experteninterviews – von der Singlebörsen-Betreiberin bis hin zum Sexualberater – sowie Aktivitäten für Paare mit Kindern. Natürlich darf auch das Thema Heiraten nicht fehlen! Vom Junggesellenabschied bis zum Hochzeitsschmaus ist es in all seinen Facetten vertreten.

»In München verliebt« widmet sich allem, was relevant ist für frisch Verliebte, Langzeitpärchen, Singles, die ihr Herzblatt noch oder wieder suchen, Heiratswillige und Liebeskummergeplagte. Doch darüber hinaus ist das Buch auch eine Liebeserklärung an die Stadt München, an ihre Eigenheiten, ihr gemütlich-romantisches Flair und an ihre Bewohner mit all ihren Liebes- und Lebensgeschichten. Fernab von den immer gleichen Touristenrouten und den Schickimicki-Klischees will dieser Stadtführer das romantische München erfahrbar machen und die Liebe für die Isarmetropole (neu) entfachen.

Viel Vergnügen beim (Ver-)Lieben in München!
Die Autoren

Inhalt

Stadtplan...8
Der perfekte Tag – Frühling...20
Der perfekte Tag – Sommer...22
Der perfekte Tag – Herbst...24
Der perfekte Tag – Winter...26
Top 10 »Aussichten«...30
Experteninterview
Münchner Singles...32
BEZIEHUNGSSTADIUM:
Kennenlernen...36
Frühstücken...38
Mittagessen...42
Kaffee- und Teetrinken...46
Eisessen...48
Abendessen...50
Streetfood...54
Nachtsnack...56
Biergärten...58
Picknick...60
Parks...62
Der Englische Garten...64
Schlösser...68
Schloss und Park Nymphenburg...70
Top 10 »Lauschige Ecken«...78
BEZIEHUNGSSTADIUM:
Verlieben...80
Münchner Liebesfilme
und -serien...82
Top 10 »Plätze zum Knutschen«...84
Verrückte Dates...86
Museen...88
Kulturelle Abendgestaltung...90
Außergewöhnliches am Abend...96
Top 10 »Kinos«...98
Münchner Liebe in der Literatur...100
Top 10 »Sonnenuntergänge«...102
Bars...104
Clubs...108
BEZIEHUNGSSTADIUM:
Zusammenziehen...110
Abenteuerliches...114
Planschen & Liegen...116
BEZIEHUNGSSTADIUM:
Heiraten...118

Top 10 »Heiratsanträge«...120
Heiraten. Junggesellenabschied...122
Heiraten. Das Kleid...124
Experteninterview
Hochzeitsfotografin...126
Heiraten. Orte...128
Experteninterview
Standesbeamtin...130
Heiraten. Hochzeitsschmaus...132
Experteninterview
Weddingplannerin...134
Romantische Wiesn...136
Überkandidelt...142
Superkitsch...144
Einmal im Jahr...146
München mit Kindern...150
Münchner Liebespaare...154
Experteninterview Sexualberater...172
Sinnliches...174
Erotisches...176
Shopping...178
Do it yourself in München...190
Sport für Paare...192
Übernachten...194
Experteninterview Stadtführer...196
BEZIEHUNGSSTADIUM:
Trennung...200
Liebesglück und Liebesleid auf
bayerisch...202
Experteninterview
München-Autorin...204
Christkindlmärkte...206
Tagesausflug Starnberger See...208
Tagesausflug Ruhpolding...208
Tagesausflug Augsburg...210
Tagesausflug Andechs...214
Tagesausflug Salzburg...216
München in prominentem
Munde...218
Web/Blogs...220
Bildnachweis...221
Register...224
Danksagung / Die Autoren...229

*A frische Maß, a Maderl im Arm,
die halten Dir Leib und Seele warm!*

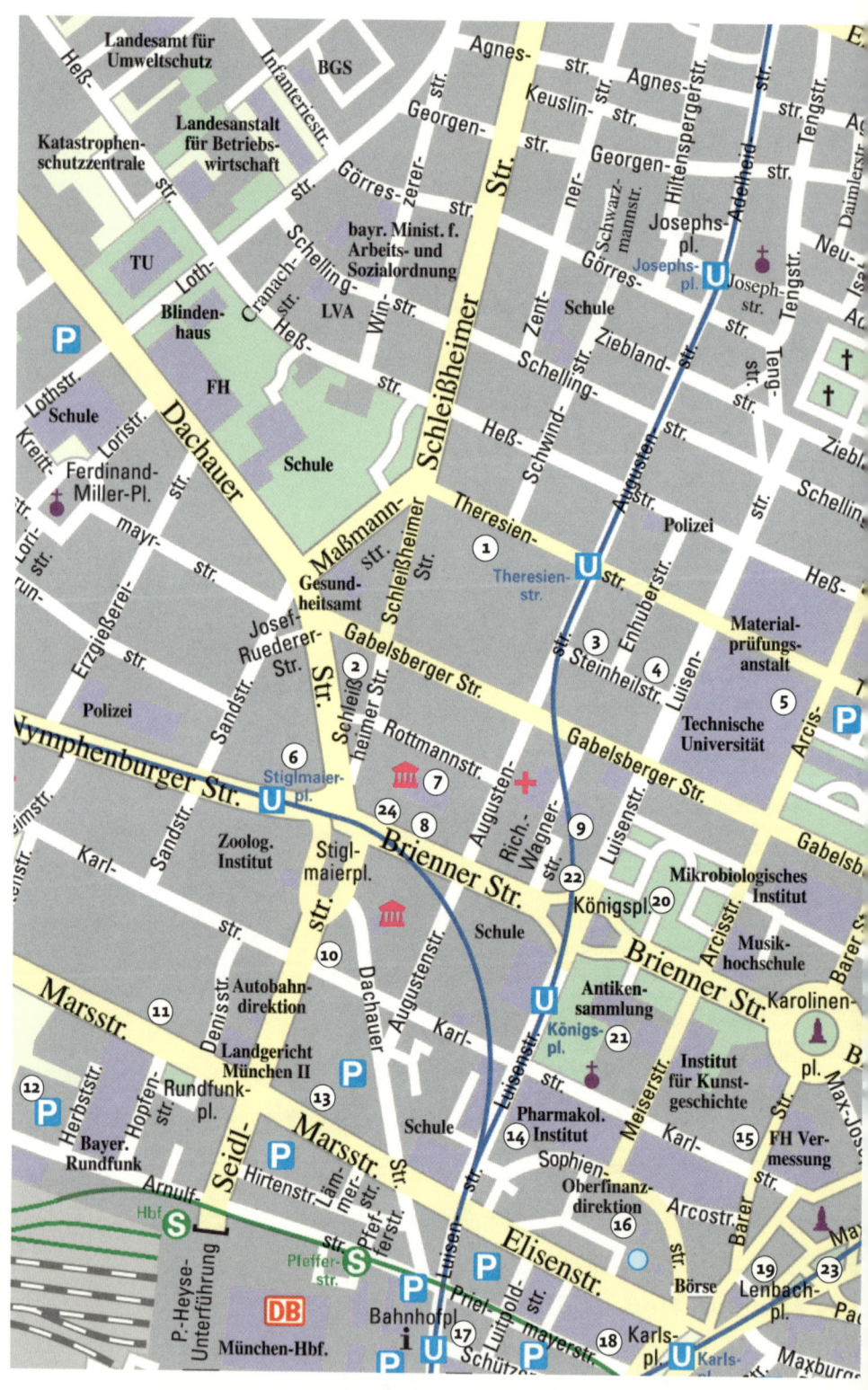

Stadtplan

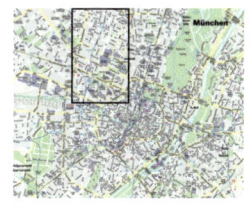

Essen und Trinken
2   Café Lotti, Schleißheimer
    Straße 13, S. 39
3   Café Jasmin,
    Steinheilstraße 20, S. 24
4   Frida, Steinheilstraße 10, S. 51
5   Café im Vorhoelzer Forum,
    Arcisstraße 21, S. 102
6   Löwenbräukeller und Biergarten,
    Nymphenburger Straße 2, S. 59
10 Ballabeni Icecream Werkstatt,
    Seidlstraße 28, S. 49
12 Augustiner-Keller mit Biergarten,
    Arnulfstraße 52, S. 58
15 Last Supper, Karlstraße 10, S. 51
16 Park-Café (Alter Botanischer
    Garten), Sophienstraße 7, S. 24
18 Kantine im Justizpalast,
    Prielmayerstraße 7, S. 45

Kultur und Sehenswürdigkeiten
7   Neues Rottmann,
    Rottmannstraße 15, S. 99
8   Münchner Volkstheater,
    Brienner Straße 50, S. 91
9   Bayerische Staatssammlung für
    Paläontologie und Geologie,
    Richard-Wagner-Straße 10, S. 153
11 Spaten-Franziskaner Bräu,
    Marsstraße 46–48, S. 123
20 Glyptothek, Königsplatz 3,
    S. 24, 85, 88, 197
21 Staatliche Antikensammlung,
    Königsplatz 1, S. 80, 85
22 Städtische Galerie im Lenbach-
    haus, Luisenstraße 33, S. 24
23 Wittelsbacherbrunnen,
    Lenbachplatz, S. 84

Shopping
1   Flohpalast, Theresien-
    straße 81, S. 181
17 Karstadt, Bahnhofsplatz 7, S. 186
24 Dirndl Liebe,
    Brienner Straße 54, S. 125

Ausgehen
13 SAUNA, Marsstraße 22, S. 108
14 Sophia's Bar (The Charles Hotel),
    Sophienstraße 28, S. 143

Wellness
19 Lippert's Friseure,
    Lenbachplatz 3, S. 143

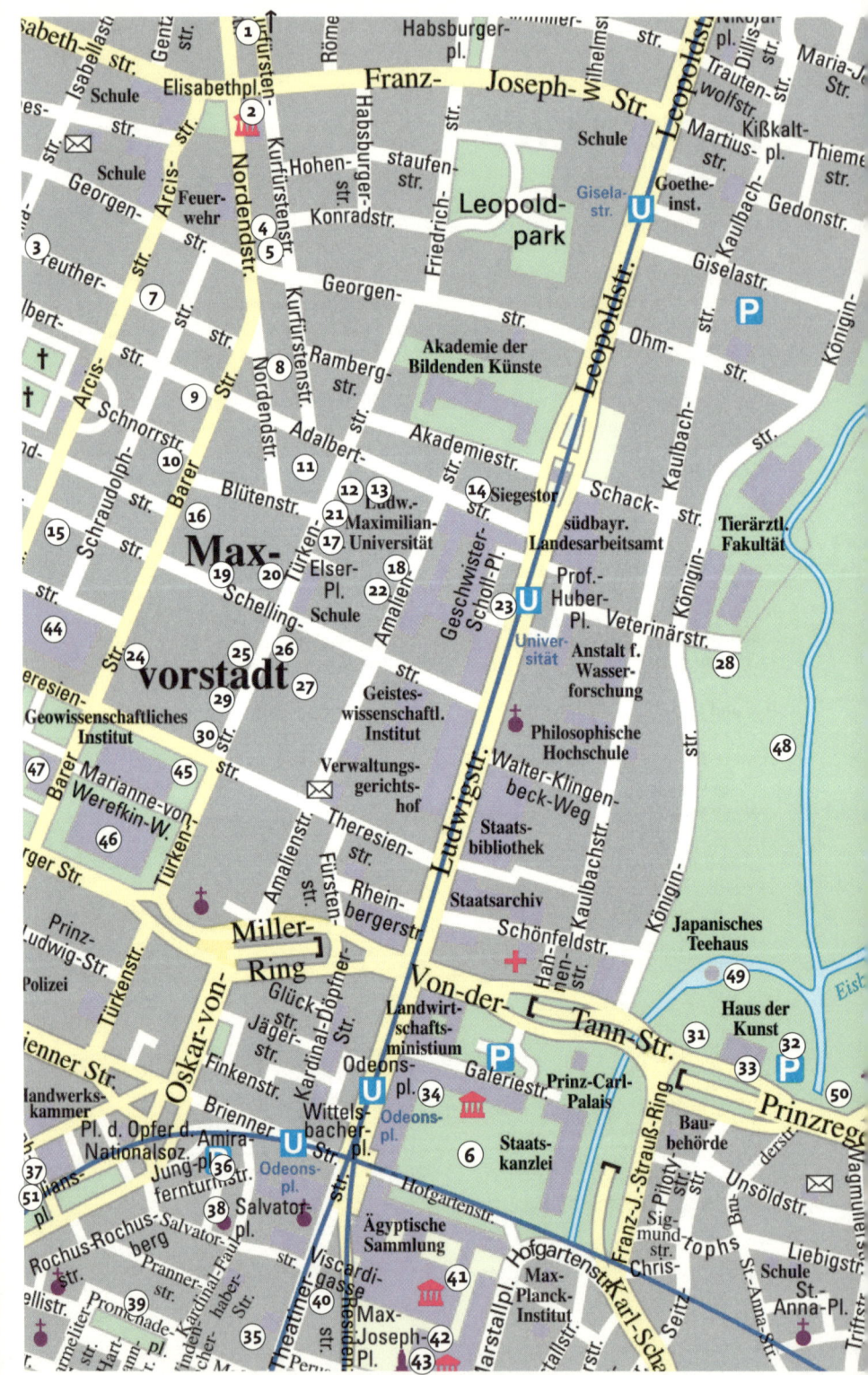

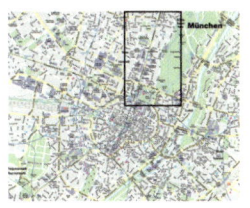

Essen und Trinken
1 Trampolin – La Casa del Gelato, Nordendstraße 62, S. 49
11 Max-Emanuel-Brauerei (mit Biergarten), Adalbertstraße 33, S. 58
12 Gartensalon, Türkenstraße 90 (Amalienpassage), S. 38
13 Sushiya Sansaro, Amalienstraße 89 (Amalienpassage), S. 50
16 Die Waldmeister, Barer Straße 74, S. 38
20 Alter Simpl, Türkenstraße 57, S. 57
22 Der verrückte Eismacher, Amalienstraße 77, S. 49
23 Obststandl Didi, Geschwister-Scholl-Platz 1, S. 54
24 Daddy Longlegs, Barer Straße 42, S. 39
26 Super Danke!, Türkenstraße 66, S. 182
28 MilchHäusl, Königinstraße 6, S. 66, 151
29 Café Katzentempel, Türkenstraße 29, S. 46
30 Ballabeni Icecream, Theresienstraße 46, S. 48

Kultur und Sehenswürdigkeiten
2 Schauburg – Theater der Jugend, Franz-Joseph-Straße 47, S. 91
6 Hofgarten, S. 79, 85
7 Kleines Spiel, Neureutherstraße 12, S. 96
18 Lyrik-Kabinett, Amalienstraße 83a, S. 93
33 Haus der Kunst, Prinzregentenstraße 1, S. 88, 96
38 Literaturhaus München, Salvatorplatz 1, S. 93
40 Theatiner Film, Theatinerstraße 32, S. 98
41 Cuvilliés-Theater in der Residenz, Residenzstraße 1, S. 68, 90, 145
42 Residenztheater, Max-Joseph-Platz 1, S. 90, 145
43 Bayerische Staatsoper, -ballett und -orchester, Max-Joseph-Platz 2, S. 91
44 Neue Pinakothek, Barer Straße 29, S. 24
45 Museum Brandhorst, Theresienstraße 35 a, S. 24
46 Pinakothek der Moderne, Barer Straße 40, S. 24, 89
47 Alte Pinakothek, Barer Straße 27, S. 24, 103, 196
48 Englischer Garten, S. 60, 64–67, 116, 120, 121
49 Japanisches Teehaus, Prinzregentenstraße 1, S. 65
50 Eisbachwelle, S. 22

Shopping
4 Perlenmarkt, Nordendstraße 28, S. 168
5 Ladies First, Kurfürstenstraße 23, S. 177
9 iki M., Adalbertstraße 45, S. 182
10 Nia. Chaussures, Barer Straße 55, S. 180
14 Souve Bag Company, Adalbertstraße 14, S. 181
15 Carta Pura, Schellingstraße 71, S. 178
17 U.G.L.Y., Türkenstraße 80, S. 179
19 Ohne, Schellingstraße 42, S. 187
21 Nicki Marquardt, Türkenstraße 78, S. 181
25 Nia. Prêt-à-porter, Türkenstraße 35, S. 180
27 Brennessel, Türkenstraße 60, S. 185
35 Hugendubel in den Fünf Höfen, Theatinerstraße 11, S. 37
36 Schwittenberg, Salvatorplatz 4, S. 180

Ausgehen
3 Salon Irkutsk, Isabellastraße 4, S. 104
8 Freebird, Nordendstraße 12, S. 105
31 P1, Prinzregentenstraße 1, S. 37
32 Goldene Bar im Haus der Kunst, Prinzregentenstraße 1, S. 88, 96, 105
34 Schumann's, Odeonsplatz 6–7, S. 105
37 089 Bar, Maximiliansplatz 5, S. 86
39 Hotel Bayerischer Hof, Promenadeplatz 2–6, S. 142
51 Rote Sonne, Maximiliansplatz 5, S. 109

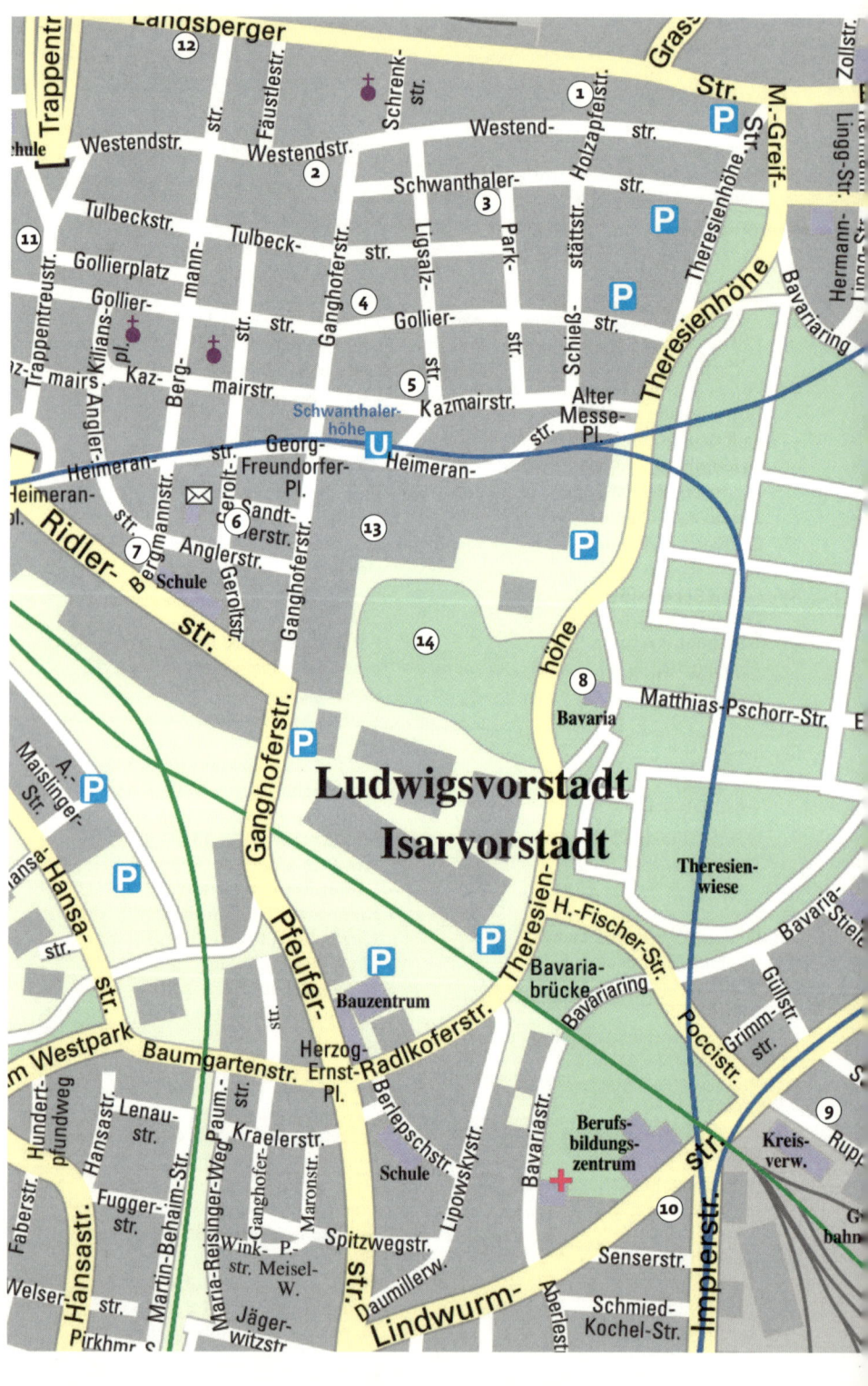

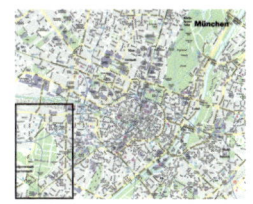

Essen und Trinken
1. Augustiner Bräustuben, Landsberger Straße 19, S. 50
3. Café Marais, Parkstraße 2, S. 39
4. Osteria Bianchi, Gollierstraße 38, S. 50
5. La Kaz, Ligsalzstraße 38, S. 51
6. Café Lohner und Grobitsch, Sandtnerstraße 5, S. 47
10. Jasmin Asia Cuisine, Lindwurmstraße 167, S. 43

Kultur und Sehenswürdigkeiten
8. Bavaria, Theresienhöhe 16, S. 30
13. Deutsches Museum Verkehrszentrum, Am Bavariapark 5, S. 152
14. Bavariapark, S. 79

Shopping
2. La Robe Marie Braut-Couture, Westendstraße 91, S. 124
12. Angermaier, Landsberger Straße 101–103, S. 186

Ausgehen
7. Stragula, Bergmannstraße 66, S. 93
9. Substanz, Ruppertstraße 28, S. 93

und
11. der August Dreesbach Verlag, Gollierstraße 70

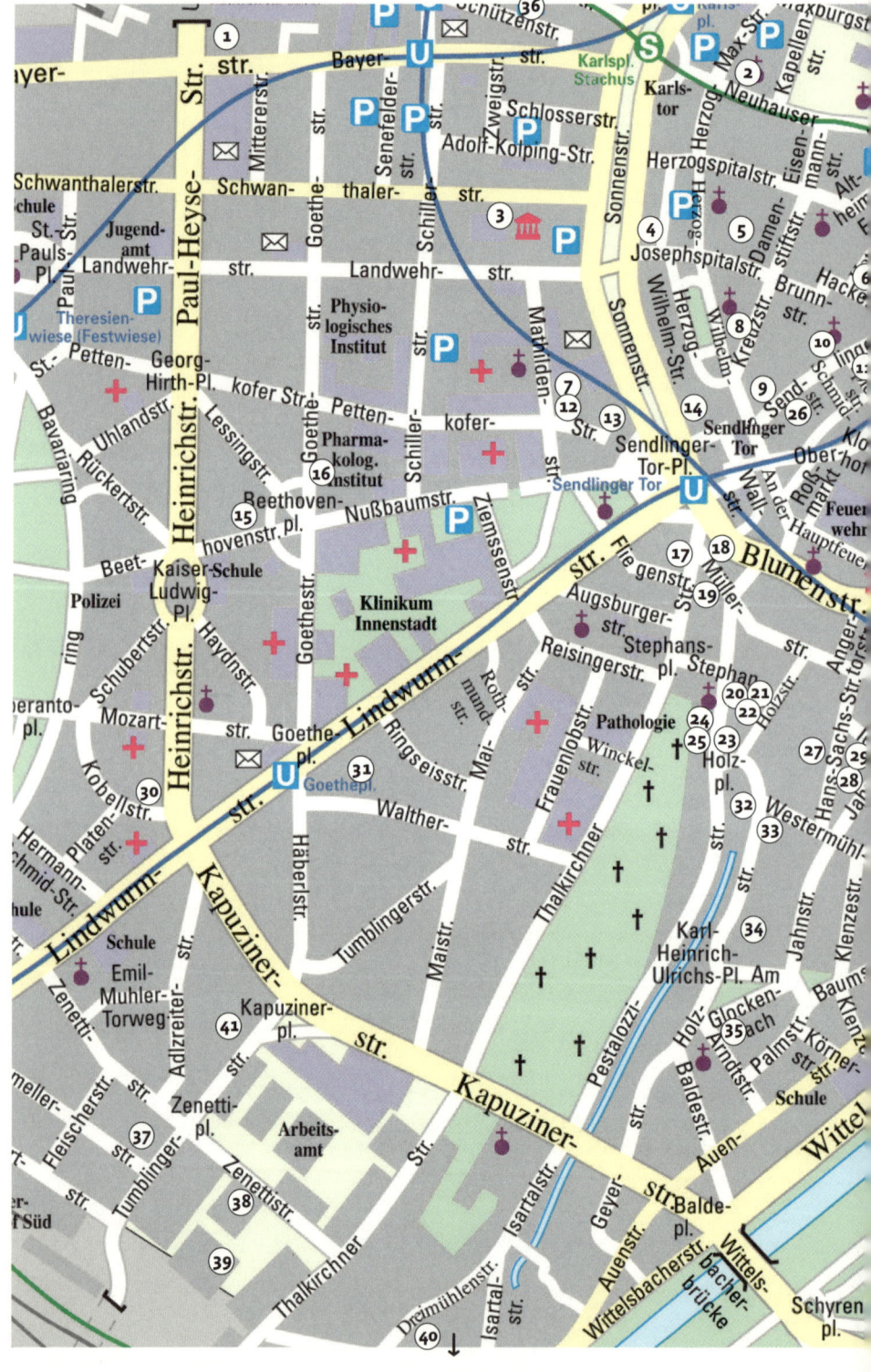

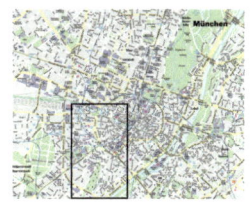

Essen und Trinken
4   Bon Valeur, Sonnenstraße 17, S. 42
6   Prinz Myshkin, Hackenstraße 2, S. 50
7   La Vecchia Masseria, Mathildenstraße 3, S. 27
8   Osteria Tarullo's, Kreuzstraße 18, S. 27
13 Café Mozart, Pettenkoferstraße 2, S. 38
16 Café am Beethovenplatz (Hotel Mariandl), Goethestraße 51, S. 25, 47, 194
19 Jack Glockenbach, Thalkirchner Straße 3, S. 44
20 Café Eismeer, Pestalozzistraße 21, S. 49
22 München '72, Holzstraße 16, S. 45
23 Tabula Rasa, Holzstraße 18, S. 38
24 Aroma Kaffeebar, Pestalozzistraße 24, S. 104
27 Alof, Hans-Sachs-Straße 12, S. 183
31 Marechiaro, Goetheplatz/ Waltherstraße 30, S. 43
39 Papazof's, Zenettistraße 11, S. 22
40 Bavarese, Ehrengutstraße 15, S. 50, 60

Kultur und Sehenswürdigkeiten
3   Deutsches Theater, Schwanthalerstraße 13, S. 92
10 Asamkirche, Sendlinger Straße 32, S. 118, 144
14 Filmtheater Sendlinger Tor, Sendlinger-Tor-Platz 11, S. 27, 98
28 Arena Kino, Hans-Sachs-Straße 7, S. 99
36 TWS Tanz, Schützenstraße 8, S. 37
38 Fastfood Theater (Wirtshaus im Schlachthof), Zenettistraße 9, S. 97
41 Impro Company, Tumblinger Straße 34a, S. 36

Shopping
2   Oberpollinger, Neuhauser Straße 18, S. 31
5   Schachinger, Josephspitalstraße 6, S. 180
11 LUSH, Sendlinger Straße 27, S. 201
25 Haltbar, Pestalozzistraße 28, S. 180
26 Kadoh, Sendlinger Straße 45, S. 179
34 Schmatz, Holzstraße 49, S. 187
35 DearGoods, Am Glockenbach 12, S. 182

Ausgehen
1   Isarbar (Sofitel Munich Bayerpost), Bayerstraße 12, S. 143
15 Bar Gabányi, Beethovenplatz 2, S. 105
17 Kraftwerk, Thalkirchner Straße 4, S. 105
18 Pimpernel, Müllerstraße 56, S. 109
21 Jennifer Parks, Holzstraße 14, S. 105
29 Hoover & Floyd, Ickstattstraße 2, S. 104
30 Mister B's, Herzog-Heinrich-Straße 38, S. 96
32 Milla Liveclub, Holzstraße 28, S. 108
33 Hey Luigi, Holzstraße 29, S. 145
37 Vesperia, Schmellerstraße 4, S. 105

Wellness
12 Hamam Mathilden, Mathildenstraße 5, S. 26

Sonstiges
9   Gabi's Nest, Sendlinger Straße 62, S. 153

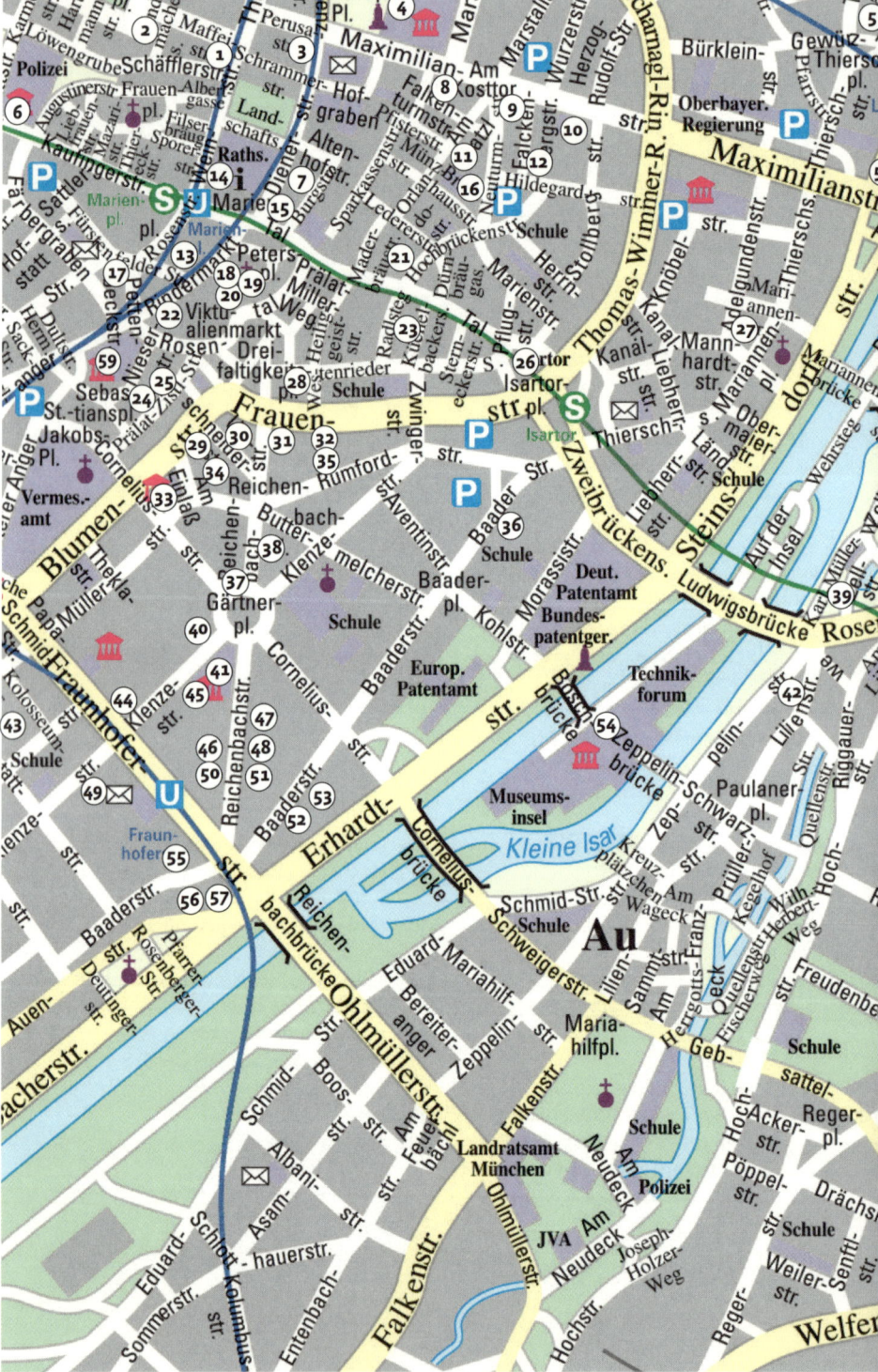

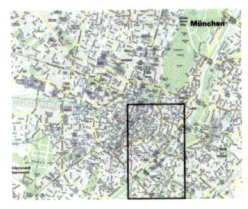

Essen und Trinken

11 Hofbräuhaus, Platzl 9, S. 59, 193
12 Conviva im Blauen Haus, Hildegardstraße 1, S. 50
13 Café Glockenspiel, Marienplatz 28, S. 84
16 Mandarin Oriental, Neuturmstraße 1, S. 142
20 Opatija am Alten Peter, Rindermarkt 2, S. 42
21 Opatija im Tal, Hochbrückenstraße 3, S. 42
22 Karnoll, Viktualienmarkt Abteilung VI, Stand 6/11, S. 56
24 Kleinschmecker, Sebastiansplatz 3, S. 42
25 Café Frischhut, Prälat-Zistl-Straße 8, S. 57
27 Nage & Sauge, Mariannenstraße 2, S. 145
28 Sababa am Viktualienmarkt, Westenriederstraße 9, S. 54
30 Tian, Frauenstraße 4, S. 50
32 The Victorian House, Frauenstraße 14, S. 46
37 Cotidiano, Gärtnerplatz 6, S. 20
40 Gute Nacht Wurst, Klenzestraße 32, S. 56
44 Bergwolf, Fraunhoferstraße 17, S. 56
49 Tushita Teehaus, Klenzestraße 53, S. 47
51 Trachtenvogl, Reichenbachstraße 47, S. 46, 205
57 Hungriges Herz, Fraunhoferstraße 42, S. 46

Kultur und Sehenswürdigkeiten

4   Residenztheater, Bayerische Staatsoper und Bayerisches Staatsballett, Max-Joseph-Platz 1–2, S. 90, 91
6   Deutsches Jagd- und Fischereimuseum, Neuhauser Straße 2, S. 128
10 Münchner Kammerspiele, Maximilianstraße 26–28, S. 90
19 Alter Peter (St. Peter/Peterskirche), Rindermarkt 1, S. 31
26 Valentin-Karlstadt-Musäum, Im Tal 50, S. 96, 154
33 Glockenbachwerkstatt, Blumenstraße 7, S. 92
41 Gärtnerplatztheater, Gärtnerplatz 3, S. 92
42 Museum Lichtspiele, Lilienstraße 2, S. 99
54 Deutsches Museum, Museumsinsel 1, S. 30, 152
58 Kunstfoyer, Maximilianstraße 53, S. 89
59 Filmmuseum, St.-Jakobs-Platz 1, S. 99

Shopping

1   Elly Seidl Pralinen, Maffeistraße 1, S. 186
2   Lodenfrey, Maffeistraße 7, S. 186
3   Zechbauer, Residenzstraße 10, S. 183
7   Dallmayr Delikatessenhaus, Dienerstraße 14–15, S. 60, 179
9   Elly Seidl Pralinen, Am Kosttor 2, S. 186
14 Brückner-Bublitz, Weinstraße/Marienplatz 8, S. 184
15 Ludwig Beck, Marienplatz 11, S. 185
17 Spanisches Fruchthaus, Rindermarkt 10, S. 27
18 Brückner-Bublitz, Rindermarkt 1, S. 184
23 servus.heimat, Tal 20, S. 184
29 Pomade Shop, Blumenstraße 3, S. 187
31 Fun Factory Store, Reichenbachstraße 1, S. 177
34 Jewelberry-Atelier, Utzschneiderstraße 10, S. 145
36 Item Shop, Baaderstraße 1a, S. 184, 205
43 Echt optimal!, Kolosseumstraße 6, S. 183
45 Schritt für Schritt, Klenzestraße 37, S. 181
46 Delikatessen, Reichenbachstraße 24, S. 183
47 Auryn, Reichenbachstraße 35, S. 182
48 Rocket, Reichenbachstraße 41, S. 179
50 Haben Will, Reichenbachstraße 36, S. 186
52 Glore, Baaderstraße 55, S. 182
53 Cat with a Hat, Baaderstraße 53, S. 181
55 Mucamie, Baaderstraße 84, S. 180
56 DearGoods, Baaderstraße 65, S. 182

Ausgehen

5   Roosevelt, Thierschplatz 5, S. 105
8   Pusser's, Falkenturmstraße 9, S. 105
35 Jazzbar Vogler, Rumfordstraße 17, S. 92

Wellness

38 Hotel Deutsche Eiche, Reichenbachstraße 13, S. 176
39 Müller'sches Volksbad, Rosenheimer Straße 1, S. 58, 116

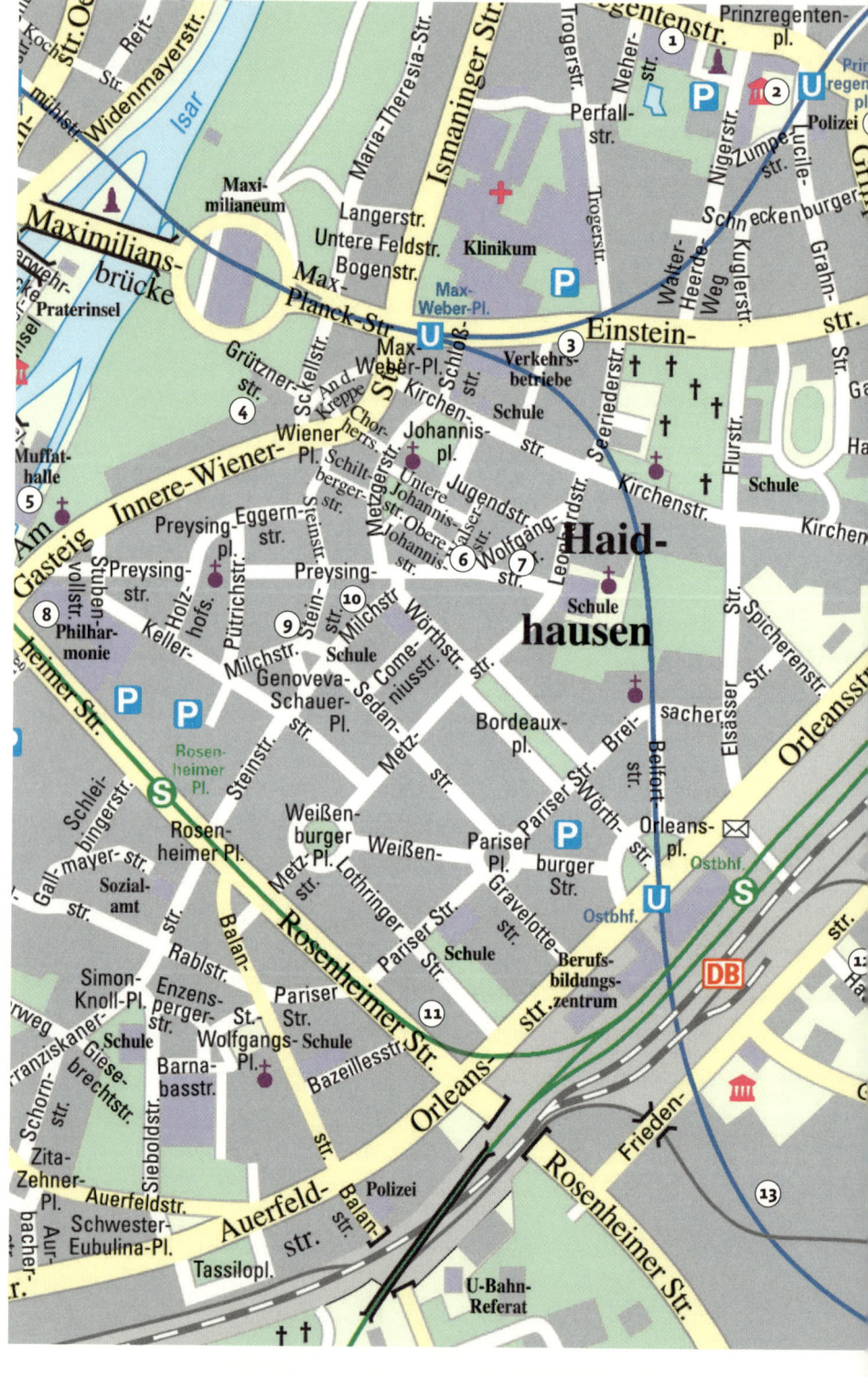

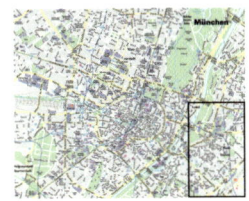

Essen und Trinken

1 Aquamarin, Prinzregentenplatz 8, S. 23
4 Hofbräukeller,
 Innere Wiener Straße 19, S. 128
5 Biergarten im Muffatwerk,
 Zellstraße 4, S. 58
6 PreysingGarten,
 Preysingstraße 69, S. 50
7 Gasthof zum Kloster,
 Preysingstraße 77, S. 51
13 NachtKantine,
 Grafinger Straße 6, S. 56
14 Afros, Braystraße 22, S. 51

Kultur und Sehenswürdigkeiten

2 Prinzregententheater,
 Prinzregentenplatz 12, S. 91, 92
8 Philharmonie im Gasteig
 (Kulturzentrum), Rosenheimer
 Straße 5, S. 92

Ausgehen

3 Jazzclub Unterfahrt im Einstein,
 Einsteinstraße 42, S. 92, 97
9 Bar Maria Passagne,
 Steinstraße 42, S. 96
10 Barroom, Milchstraße 17, S. 105
11 Theater Drehleier,
 Rosenheimer Straße 123, S. 97
12 Beach 38°, Friedenstraße 22 c, S. 129

Der perfekte Tag – Frühling

Wenn es wieder wärmer wird, ist es höchste Zeit rauszugehen, um die ersten schönen Tage nach Winter, Kälte und Schneematsch im Freien zu genießen. Sonnenstrahlen lassen ja bekanntlich den Serotonin-Spiegel ansteigen und sorgen für die nötige Energie und gute Laune, um ein ausgiebiges Tagesprogramm zu zweit durchzuziehen.

Als Einstieg in den Tag bietet sich ein Frühstück im **RESTAURANT COTIDIANO** am Gärtnerplatz an. Je nachdem wie frisch der Morgen noch ist, kann man es sich wahlweise draußen oder drinnen gemütlich machen – entweder mit Blick auf den belebten und beliebten Gärtnerplatz oder im mit hellem Holz ausgekleideten, französisch anmutenden Restaurant. Da die Gastronomie ihre eigene Bäckerei betreibt, gibt es hier den lieben langen Tag ofenwarme Croissants. Die Angst, dass vertrocknete Semmeln zur raffinierten Aufschnitt-Platte gereicht werden, ist völlig unbegründet. Die liebevolle Auswahl an Wurst und Käse lässt keine Wünsche offen und auch für Veganer wird gesorgt.

Der **GÄRTNERPLATZ** eignet sich nicht nur wegen seiner Blumenbeete als Start in einen gelungenen Frühlingstag. Von dort kommt man nämlich auch wunderbar zu Fuß zum **TIERPARK HELLABRUNN**: Durch die **REICHENBACHSTRASSE** mit ihren vielen kleinen Geschäften und über die Reichenbachbrücke sind die Frühlingsanlagen am südöstlichen Isarufer schnell erreicht. Immer am Fluss entlang kann man bis zum Zoo spazieren. Bei wem sich nach einer guten Stunde Marsch schon wieder ein leichtes Hungergefühl meldet, der tut gut daran, sich bei **GELATOBI** am Thalkirchner Platz sein erstes Eis der Saison zu kaufen. Bei der zur Stadtteilattraktion gewordenen Eisdiele gibt es statt Bum Bum und Cornetto frisches Eis aus eigener Herstellung. Über Facebook kann täglich die Sorte des Tages recherchiert werden. Wie abenteuerlustig der Partner ist, kann spätestens festgestellt werden, wenn es darum geht, ob Erdbeere und Schoko oder lieber Shortbread und Sahnegrieß-Himbeere in die Eistüte kommen.

In dem 1911 eröffneten Tiergarten, der 1928 zum ersten Geozoo der Welt umgebaut wurde, sind die Gehege nach Kontinenten geordnet und die Tour durch das Tierpark-Gelände gestaltet sich wie eine Weltreise im Kleinen. Gleich am Isar-Eingang empfangen den Besucher etwa 10.000 Quadratmeter afrikanische Giraffensavanne. Den scheinbar weniger an Frühjahrsmüdigkeit leidenden Giraffen, Erdmännchen und Stachelschweinen kann man hier bei ihren Balzritualen zuschauen. Ist man nach den kalten Tagen selbst noch nicht dem Rausch der Frühlingsgefühle verfallen, kommt das Blut spätestens jetzt in Wallung. Dass sich das Flirtverhalten des Pfaus nur wenig von dem des aufgedonnerten Diskobesuchers gegen 1 Uhr nachts unterscheidet, ist dabei nur

DIE BARTSCHWEINE IN HELLABRUNN.

eine (ernüchternde) Erkenntnis. Wenn die halbstarken Affenjungs versuchen, mit aller Macht die Damen der Schöpfung zu beeindrucken, erinnert sich der Besucher bestimmt an das aus der Jugend verhasste Verhaltensmuster: »Was sich neckt, das liebt sich«. Apropos Familienplanung: In Hellabrunn mangelt es im Frühling auch nicht an Tierbabys – beinahe täglich schlüpfen zum Beispiel flauschige Flamingo-Küken – und Jungtieren, die im Frühling zum ersten Mal den Besuchern präsentiert werden.

Nach dem Tierpark-Ausflug wird es langsam Zeit, den Tag ausklingen zu lassen. Um die letzten Sonnenstunden, bevor die Nacht dann doch wieder kühler wird, auszunutzen, empfiehlt sich ein romantisches Picknick an der Isar. Das Restaurant in der **VILLA FLOSSLÄNDE**, das nur zwölf Gehminuten vom Tierpark entfernt ist, kommt dem hungrigen Paar da sehr gelegen. Dort kann man sich ein vorab im Internet bestelltes Picknick-Paket abholen, das praktischerweise im Leiterwagen mitzunehmen ist. Je nach Bestellung finden sich in dem Gefährt neben dem Fenchel-Orangen-Salat, dem gegrillten Gemüse in Limonen-Kräuter-Marinade und dem Toskanabrot auch zwei Stühle, ein Sonnenschirm, eine Tischdecke und Geschirr. Selbst um Servietten und Mülltüten braucht man sich nicht selbst zu kümmern. Mit viel Zeit für die wichtigeren Dinge im Leben kann der laue Frühlingsabend bei einem eisgekühlten Prosecco genossen werden.

Restaurant Cotidiano, Gärtnerplatz 6, www.cotidiano.de
Tierpark Hellabrunn, Tierparkstraße 30, www.hellabrunn.de
Gelatobi, Thalkirchner Platz (Schäftlarnstraße 179), www.waka-bavarian.de/wordpress
Villa Flosslände, Zentralländstraße 30, www.villa-flosslaende.de

Der perfekte Tag –
Sommer

Sommer in München und bis über beide Ohren verliebt? Was kann es Schöneres geben? Unsere Vorschläge für den perfekten Tag: Im **ARTS 'N' BOARDS** im schönen Schwabing fühlt sich das Sommerfrühstück auch sofort wie Urlaub an – selbst wenn nur Wochenende ist. In dem gemütlichen Hinterhofgarten sitzt man mitten im Grünen, drinnen sorgen Surfbretter an den Wänden, helles Holz und die maritime Thekengestaltung sofort für Hawaii-Feeling. Die Frühstückskarte bietet alles, was das Herz begehrt, unser Pärchen-Tipp ist aber das Waimea-Bay-Frühstück für zwei Personen, das auf einem Shortboard serviert wird. Eins ist klar: So könnt ihr euch gleich mit der perfekten Welle in den Sommertag treiben lassen!

Frisch gestärkt und nur hungrig auf neue Eindrücke geht es nun daran, die Stadt zu erkunden. Wie wäre es etwa mit einer Stadtführung beim **WEIS(S)EN STADTVOGEL**? Zu Fuß, eine Stadtrundfahrt mit dem Bus, per Fahrrad oder mit der Tram, ob klassisch, mit Aperitif oder mit Schauspiel, es werden alle möglichen, äußerst spannenden und informativen Führungen für Einzelpersonen und Gruppen angeboten.

An heißen Sommertagen zieht es halb München in die Nähe des **EISBACHS**. Wer erst einmal nur zuschauen möchte, kann an der Brücke am Haus der Kunst die Surfer beobachten, die dort ihr Glück in der stehenden Welle versuchen. Wem es aber dann doch zu warm wird, der kann selbst in den Eisbach springen. Das Baden im Eisbach ist offiziell verboten, das Verbot wird bis heute aber nicht durchgesetzt. Gleich hinter der Surfwelle geht es los, die Sachen einfach getrost auf die Wiese legen, zwei bis drei Euro in die Badehose packen und von der Strömung einfach bis zur Tivolibrücke tragen lassen. Von dort aus geht's dann mit der Tram (dafür das Kleingeld!) wieder zurück zu den Klamotten – und dann noch zu einer zweiten Runde? Wenn es richtig heiß ist und euch eher nach vergnügt-verliebten Albernheiten zumute ist, macht euch auf zum **STACHUSBRUNNEN**. Das Münchner Publikum ist daran gewöhnt, dass der ein oder andere an heißen Tagen sich dort munter vom Spiel der Wasserfontänen abkühlen lässt. Hand in Hand einmal quer durch den Brunnen zu laufen, ist auch ohne Zweifel ganz besonders romantisch!

Egal ob schwimmen oder »pritscheln« (Anmerkung für Nicht-Münchner: Mit Wasser spielen, andere nass spritzen oder im flachen Wasser tollen): Beides macht enorm hungrig! Und damit das Urlaubsfeeling bleibt, gibt's heute frischen Fisch und zwar bei **PAPAZOF'S** im »Bauch« der Stadt, dem Schlachthofviertel. Dort locken feinste Spezialitäten aus dem Meer von A wie Auster bis Z wie Zackenbarsch. Die edlen Fische haben natürlich ihren Preis und wollen zusammen mit dem perfekten Wein genossen werden; wer also ein etwas

HAWAII-FEELING BEIM FRÜHSTÜCK.

schlankeres Portemonnaie und trotzdem Gelüste auf Fisch hat, schaut lieber bei **AQUAMARIN** vorbei...

Noch nicht müde von diesem ereignisreichen Tag? Keine Sorge, wir haben noch mehr: Als krönenden Abschluss empfehlen wir einen wundervollen Kino-Abend, aber natürlich draußen im Freien! Wer seinen perfekten Sommertag im Juli plant, hat Glück: Ende Juli wird auf dem **KÖNIGSPLATZ** eine riesige Leinwand aufgebaut. Kino in diesem Ambiente ist wohl kaum zu übertreffen und die jährliche Vorführung von drei Folgen »Monaco Franze« (siehe S. 82 und 163) ein echtes Muss für alle Münchner und München-Fans! (Wir empfehlen, die Tickets im Vorverkauf zu besorgen.) Alternativ kann man abends nach Einbruch der Dunkelheit den ganzen Sommer über die neuesten Blockbuster und Kultfilme auf der Wiese am Olympiasee genießen, dort gibt es auch zahlreiche Love-Chairs zum Kuscheln und Händchenhalten.

Arts 'n' Boards, Belgradstraße 9, www.arts-and-boards.de
Weis(s)er Stadtvogel, Unterer Anger 14, www.stadtvogel.de
Papazof's, Zenettistraße 11, www.fischlokal-muenchen.de
Aquamarin, Prinzregentenplatz 8, www.aquamarin-hechtsprung.de
Kino Open Air, Königsplatz, www.kinoopenair.de
Kino am Olympiasee, Coubertinplatz (nahe der Schwimmhalle), www.kinoamolympiasee.de

Der perfekte Tag – Herbst

Der Herbst ist vielleicht die ideale Jahreszeit für einen Besuch in München. In der Stadt ist es nicht mehr zu heiß, aber es gibt noch genug Sonnentage für ausgiebige Biergartenbesuche (siehe S. 58). Zudem lockt im September das weltberühmte Oktoberfest Menschen aus aller Herren Länder an (siehe S. 136). Aber natürlich hat die Stadt auch im Herbst noch viel mehr zu bieten:

Der perfekte Herbsttag in München beginnt gemütlich mit einem späten Frühstück im **CAFÉ JASMIN**, einem der schönsten Cafés der Stadt. Die Originaleinrichtung aus den 50er Jahren mit Goldtapete, Rüschengardinen und Plüschsesseln verströmt eine gediegen-behagliche Atmosphäre – perfekt für ein romantisches Frühstück zu zweit. Trotz oder wegen der Wirtschaftswunderästhetik lockt das Café ein überwiegend junges, studentisches Publikum an. So orientiert sich die Speisekarte eher am heutigen Geschmack als an den gastronomischen Trends der 50er Jahre. Entsprechend gibt es neben Biorühreiern oder dem »Italienischen Lieblingsfrühstück« auch ein »Veganes Energiefrühstück«. Und den besonders Verliebten sei das reichhaltige Frühstück für zwei Personen mit Prosecco empfohlen.

Das Café Jasmin ist der ideale Ausgangspunkt zur Erkundung des **MÜNCHNER KUNSTAREALS**. In maximal zehn Minuten zu Fuß erreicht man die drei Pinakotheken, die Glyptothek, das Museum Ägyptischer Kunst, das Museum Brandhorst sowie das Lenbachhaus, die in ihren herausragenden Sammlungen große Werke aus fast allen Epochen der Kunstgeschichte zu bieten haben. Da es natürlich unmöglich ist, alle Museen an einem Tag zu besuchen, steht man vor der Qual der Wahl: Antike Skulpturen oder doch lieber die alten Meister? Malerei des 19. Jahrhunderts, Klassische Moderne oder lieber Gegenwartskunst? Für ein besonders typisches München-Erlebnis ist das berühmte **LENBACHHAUS** die beste Adresse. Es zeigt vor allem die Werke des Künstlerkreises Blauer Reiter, der zu Beginn des 20. Jahrhunderts in München wirkte und die Kunst der Moderne prägte. Aber nicht nur die farbenfrohen Gemälde von Wassily Kandinsky, Franz Marc oder Paul Klee machen den Museumsbesuch zu einem besonderen Erlebnis, sondern auch die Architektur des Gebäudes. Sie verbindet historische und Gegenwartsarchitektur auf faszinierende Weise und die goldene Fassade mit dem blauen Schriftzug gehört zu den Wahrzeichen der Stadt. Auch regnerische Tage lassen sich dort mit Genuss verbringen.

Wer allerdings einen der warmen, sonnigen Herbsttage erwischt hat, kann nach dem Museumsbesuch im **ALTEN BOTANISCHEN GARTEN** Sonne tanken. Der lauschige Park ist eine kleine grüne Oase mitten in der Innenstadt, zwischen Kunstareal und Karlsplatz (Stachus) gelegen. Dort befindet sich auch das **PARK-CAFÉ**, in dessen romantischem Biergarten man sich bei einem kühlen

Getränk erholen kann. Zum Essen empfiehlt es sich allerdings weiterzuziehen. Eine gute Adresse ist das **Café am Beethovenplatz** im Hotel Mariandl. Mit dem Bus der Linie 58 fährt man vom Hauptbahnhof aus direkt vor die Haustür des denkmalgeschützten Hauses. Das Café am Beethovenplatz verströmt mit seinen hohen Kassettendecken, den Kristallleuchtern, dem historischen Holzmobiliar, dem Flügel (auf dem auch tatsächlich musiziert wird) und der großzügigen Raumgestaltung Wiener Kaffeehausatmosphäre. Passend dazu gibt es Einspänner, Melange oder Verlängerten zur Torte. Aber nicht nur das Kaffee- und Kuchenangebot überzeugt – auch die warmen Speisen sind sehr zu empfehlen. Mit einem schmackhaften Hauptgericht für um die 10 Euro wird man satt und glücklich – keine Selbstverständlichkeit in München. Wer nur ein Glas Wein oder ein Bier trinken möchte, ist hier ebenfalls gut aufgehoben. Dazu gibt es in den Abendstunden kostenlose, meist eher jazzig-entspannte Livemusik. Diese perfekte Kombination aus Café, Restaurant und Kneipe ist einzigartig in München; hier vergehen die Stunden wie im Flug.

Wer den perfekten Herbsttag nicht vor dem Abend loben will, mache sich auf den Weg ins **Kreativquartier** in der Dachauer Straße. Auch wenn die etwa dreißigminütige Anfahrt mit den öffentlichen Verkehrsmitteln für Münchner Verhältnisse recht lang ist (mit dem Bus oder der Tram zum Leonrodplatz), lohnt sich der Weg. Denn er führt zum **Import Export**, einem kleinen Club, der erlesene Konzerte und Tanzveranstaltungen aus dem weiten Feld der World Music anbietet. Was könnte schöner sein, als sich von der Musik in ferne Länder entführen zu lassen und die Welt um sich herum gemeinsam auf der Tanzfläche zu vergessen? Mit einem nächtlichen Spaziergang durch die klare Herbstluft, die vom Tanzen erhitzte Körper und von den vielen Eindrücken des Tages erregte Geister angenehm kühlt, endet ein perfekter Tag in München.

Café Jasmin, Steinheilstraße 20, www.cafe-jasmin.de
Städtische Galerie im Lenbachhaus, Luisenstraße 33, www.lenbachhaus.de
Alter Botanischer Garten; Park-Café, Sophienstraße 7, www.parkcafe089.de
Café am Beethovenplatz, Goethestraße 51, www.mariandl.com
Import Export, Dachauer Straße 114 (Kreativquartier), www.import-export.cc

Der perfekte Tag –
Winter

Der perfekte Tag im Winter könnte im **CAFÉ HÖLZL** in Nymphenburg beginnen, einem der wenigen Cafés in München, das seit Ewigkeiten so ist, wie es eben ist: Der Charme der 80er Jahre und die Frage, ob der Cappuccino mit Sahne oder Milchschaum gewünscht wird, sind hier genauso ernst gemeint, wie die Tatsache, dass es auf der Terrasse Kaffee nur als Portion gibt – aber im Winter sitzt man ja sowieso drinnen. Prinzregenten- und Spanische Vanilletorte gibt es nirgendwo in besserer Qualität, und da es heute kalt ist, dürfen sie ausnahmsweise schon zum Frühstück genossen werden. Aber Achtung: Eine Portion Humor kann neben der obligatorischen Portion Sahne beim Besuch des Café Hölzl nicht schaden!

Danach auf in Richtung Nymphenburger Schloss, entweder zum **SCHLITTSCHUHLAUFEN AUF DEM KANAL VOR DEM SCHLOSS** (Schlittschuhe kann man sich dort auch ausleihen und kleine Stände bieten diverse Köstlichkeiten an) oder auf dem Großen See an der Badenburg, wo das Eis allerdings »naturbelassen« und nicht präpariert ist. Wer Kunstlaufen oder Eisstockschießen will, muss sich die Bahn selbst herrichten. Man kann auch einen **ROMANTISCHEN SCHNEESPAZIERGANG IM PARK** unternehmen. Die hübscheste Parkburg ist die Amalienburg, die Kurfürst Karl Albrecht für seine Gemahlin Maria Amalia, eine Kaisertochter aus Wien, ab 1734 errichten ließ. Im Winter kann sie nicht besucht werden, aber auch von außen ist die Amalienburg, die zu den kostbarsten Schöpfungen des europäischen Rokoko zählt, absolut sehenswert (siehe S. 73).

Ganz in der Nähe von Schloss Nymphenburg befindet sich das Antiquitätengeschäft **WERNER SEITZ**; hier findet man eine reichliche Auswahl an Nymphenburger Porzellan (falls man die Manufaktur selbst nicht aufsuchen will), und auch Figuren der Commedia dell'arte von Bustelli gibt es hier zu bestaunen.

Dann geht es mit der Tram Nr. 17 zum Sendlinger Tor und zum Aufwärmen ins **MATHILDEN-HAMAM**: Von Rosenduft umfangen warten die Besucher bei Tee, Früchten und Ayran. Man kann zwischen Dampfbädern, Massagen und Heilerde-Behandlungen sowie Verwöhnritualen mit klangvollen Namen wie Schechzade, Beysade, Daphne, Selim der Mächtige und Kanuni der Prächtige wählen oder sich im Rasul-Bad verwöhnen lassen. Leider nicht ganz billig und man sollte einen Termin ausmachen, aber es lohnt sich!

DIE AMALIENBURG IM SCHNEE.

Erschöpft und hungrig gilt es nun nur noch, einen gemütlichen und warmen Platz zum Abendessen zu finden, und da empfehlen sich am Sendlinger Tor, also in Hamam-Nähe, **LA VECCHIA MASSERIA** oder das **TARULLO'S**, zwei rustikale Italiener mit Flair und sehr feinem Essen.

Wer den Tag noch weiter ausbauen möchte, kann in der Nähe des Marienplatzes zuckersüße Trocken- und Schokoladenfrüchte im **SPANISCHEN FRUCHTHAUS** kaufen und sich so als Kenner des exaltierten Einzelhandels in München erweisen.

Oder man geht am Abend noch in Münchens schönstes Kino, ins **FILMTHEATER SENDLINGER TOR**, wo es auch ein kleines Café, eine Königsloge und ein Kaminzimmer gibt: Kuschelige Winterromantik ist hier garantiert!

Café Hölzl, Hirschgartenallee 48, www.cafehoelzl.de
Park und Schloss Nymphenburg, www.schloss-nymphenburg.de
Antiquitäten Werner Seitz, Notburgastraße 19
Hamam Mathilden Bäder, Mathildenstraße 5, www.hamam.de
La Vecchia Masseria, Mathildenstraße 3, www.protutti.com/firmen/M/La-Vecchia-Masseria
Tarullo's, Kreuzstraße 18, www.tarullos.de
Spanisches Fruchthaus, Rindermarkt 10
Filmtheater Sendlinger Tor, Sendlinger-Tor-Platz 11, www.filmtheatersendlingertor.de

Flamingos im Tierpark Hellabrunn.

Top 10
»Aussichten«

Die Bavaria (oben).
Blick auf den Marienplatz vom Alten Peter aus (unten).

1_Die Bavaria wurde zwischen 1843 und 1850 vom Münchner Künstler Ludwig Schwanthaler im Auftrag Ludwigs I. entworfen und von Ferdinand von Miller aus Bronze gegossen – eine einzigartige technische Meisterleistung ihrer Zeit. Sie hat eine Höhe von 18 Metern und man kann in die Statue hineinsteigen. Über eine Wendeltreppe geht es bis in den Kopf der Bavaria, von wo aus man einen einmaligen Blick auf die Theresienwiese hat – und auch die »Polster«, auf denen man sitzt, hat Herr Schwanthaler wunderbar gießen lassen! **Wo?** Theresienhöhe 16.

2_Der Olympiaturm bietet mit seiner Aussichtsplattform auf 190 Höhenmetern den besten Blick auf München. Am schönsten ist der 360°-Blick über die Stadt beim Sunset Menü in dem sich gemächlich um die eigene Achse drehenden Restaurant 181 (unbedingt reservieren). Bei gutem Wetter kann man sogar bis zu den Allgäuer Alpen blicken. Eine besonders prickelnde Atmosphäre entzündet das Feuerwerk beim Sommerfestival Impark, auf das man vom Olympiaturm aus freien Blick hat.
Wo? Olympiapark.

3_Fröttmaninger Berg Wer nicht nur seinen Partner, sondern auch den FC Bayern München oder den TSV 1860 München liebt, sollte sich bei einem Heimspiel seines Clubs auf den Weg in den Münchner Norden machen. Aus 75 Metern Höhe bietet sich ein erstklassiger Blick auf die rot oder blau erleuchtete Allianz Arena, aber auch auf die Münchner Skyline. Im Winter lädt

der Fröttmaninger Berg zudem zum gemeinsamen Rodeln ein.
Wo? Fröttmaning.

4_Den Besuch des **Deutschen Museums** können technikbegeisterte Pärchen wunderbar mit einer tollen Aussicht über München verbinden. Unterhalb des Planetariums befinden sich zwei Aussichtspunkte, einer Richtung Süden und einer Richtung Norden.
Wo? Museumsinsel 1.

5_Der bekannteste Aussichtspunkt in München ist der Turm der Peterskirche, den die Münchner liebevoll den **Alten Peter** nennen. Der Aufstieg auf den 91 Meter hohen Turm ist mühsam, aber wer verliebt ist, hat ja bekanntlich viel Energie. Außerdem wird man mit einem wundervollen Blick auf die Altstadt belohnt.
Wo? Rindermarkt 1.

6_Am Fuße des 38 Meter hohen **Friedensengels** befindet sich eine Aussichtsterrasse (Prinzregententerrasse), von der aus man einen einmaligen Blick auf die Prinzregentenstraße mit dem Bayerischen Nationalmuseum und dem Haus der Kunst hat. Der Friedensengel ist von einer kleinen, gemütlichen Parkanlage umgeben und liegt in unmittelbarer Nähe der Isar. Knisternde Romantik ergibt sich an langen Sommerabenden, wenn der unterhalb der Prinzregententerrasse liegende Springbrunnen beleuchtet wird.
Wo? Europaplatz 1.

7_Nicht ganz so hoch wie der Alte Peter, bietet der **Rathausturm** trotzdem eine wunderschöne Aussicht über die Altstadt. Wer so schon genug Herzklopfen verspürt und körperliche Anstrengung lieber meidet, der sollte das Neue Rathaus ohnehin dem Turm der Peterskirche vorziehen: Hier kann man den Aussichtspunkt mit dem Lift erreichen (und während der Fahrt im Aufzug heimlich knutschen).
Wo? Marienplatz 8.

8_Wer mal einen anderen Blick auf München und Umgebung werfen möchte, der ist in **Freising** richtig. Von der Uni mit ihren wunderschönen Gartenanlagen aus (hier studieren neben den Bierbrauern auch die Landschaftsarchitekten), hat man einen tollen Blick auf das Münchner Umland. Die Stadt wirkt dabei, als läge sie direkt vor den Alpen. Und Freising selbst hat auch einiges zu bieten!
Wo? Am Hofgarten 4, 85354 Freising.

9_Die **Großhesseloher Brücke** bietet, anders als die bisher genannten Aussichtpunkte, keinen Blick auf München, dafür aber auf die Isar und die grüne Umgebung. Also einfach mal die Perspektive wechseln und die Münchner Lebensader von oben betrachten.
Wo? Großhesselohe oder Menterschwaige.

10_Da man am größten Kaufhaus Süddeutschlands manchmal nicht vorbeikommt und Einkaufen mitunter recht anstrengend sein kann, haben wir immerhin eine Belohnung für müde Füße und geduldige Taschenträger: Im 5. Stock des **Oberpollingers** gibt es nicht nur eine riesige Süßwarenabteilung, die die Herzen aller Naschkatzen höher schlagen lässt, sondern auch ein Selbstbedienungsrestaurant mit einer großzügigen Dachterrasse, von der aus man einen traumhaften Blick auf die Münchner Innenstadt hat.
Wo? Le Buffet im Oberpollinger, Neuhauser Straße 18.

Experteninterview
Münchner Singles

Was zeichnet die Münchner Singles aus?
Zunächst einmal gibt es nicht »den Münchner Single«. Bei 60.000 aktiven Mitgliedern kann ich diese Frage nicht pauschal beantworten. Die einen nutzen unsere Plattform für ihre Freizeitgestaltung und verabreden sich auf Events, um über gemeinsame Aktivitäten andere Leute kennenzulernen und etwas zu unternehmen. Die anderen haben schon genug Freunde, sind aber auf der Suche nach dem Partner fürs Leben und suchen die große Liebe bei den Münchner Singles.

Was sind gute Orte, um in München Singles kennenzulernen?
Wenn man neu in der Stadt ist und gerne ausgeht, bieten sich natürlich die Münchner Clubs, Bars, Kneipen oder Singlepartys an, um andere Münchner Singles kennenzulernen. Das ist aber nicht jedermanns Sache – manche mögen's lieber gemütlich. Daher tummeln sich die Münchner, sobald es das Wetter irgendwie zulässt, in den zahlreichen Biergärten, wo man schnell mit den Tischnachbarn ins Gespräch kommt. Absoluter Geheimtipp ist übrigens das Tollwood, welches im Sommer und Winter stattfindet und viele Bars, Konzerte und Märkte aufweist. Hier kann man im Sommer im Liegestuhl einen Cocktail schlürfen und sich im Winter an einer Feuerzangenbowle wärmen – ideale Grundlage für einen heißen Flirt. Und natürlich auf der Wiesn! Wer nicht alleine losziehen will, kann auch einfach einen Blick in den Eventkalender der Münchner Singles werfen, sich zu interessanten Events anmelden und gemeinsam mit anderen Singles losziehen.

Und was sind deiner Meinung nach die besten Orte fürs erste Date in München?
Ideal für das erste Date ist ein Spaziergang durch den Englischen Garten. Durch die Bewegung ergeben sich ganz automatisch Gesprächsthemen, man unterhält sich ganz nebenbei und kann anschließend noch im Biergarten am Kleinhesseloher See oder am Chinesischen Turm einkehren oder sich in einem der Cafés stärken. Wenn es passt, wird sich das Date automatisch in den Abend oder in die Nacht hinein verlängern. Wenn man den anderen nicht so sympathisch findet, kann man sich nach einer Weile auch unkompliziert wieder verabschieden. Ein Date, das einen ganzen Tag dauert, etwa eine Wanderung oder einen Ausflug, kann man dann ruhig beim zweiten oder dritten Date machen, fürs erste aber lieber ganz traditionell.

Laut aktuellen Erhebungen ist München eine der deutschen Single-Städte überhaupt, wenn man von den Haushalten ausgeht, die von Alleinstehenden bewohnt werden. Also müsste es doch einfach sein, hier einen Partner oder eine Partnerin zu finden, oder?
Das sollte man meinen, doch wie die

Veronika Link sorgt bei Münchens beliebtester und größter Online-Singlebörse www.muenchnersingles.de dafür, dass immer mehr Münchnerinnen und Münchner sich kennenlernen und verlieben.

Statistik zeigt, ist es auch in einer Single-Stadt wie München nicht ganz leicht, den passenden Partner zu finden. Im Vergleich zu anderen deutschen Städten sind die Münchner recht verschlossen. Daher muss man als Single in München schon selbst aktiv werden, rausgehen und was unternehmen, um neue Leute kennenzulernen, etwa bei den Events der Münchner Singles.

Sind die Münchner bei der Wahl ihrer Partner besonders anspruchsvoll oder einfach glücklicher allein?
Ich denke nicht, dass Münchner Singles besonders anspruchsvoll sind. Aufgrund des großen Freizeitangebots – Berge, Seen, Partys, Wiesn, Tollwood, Starkbierfest, Isar – kann man in München als Single ein tolles Leben führen und ist nur alleine, wenn man es wirklich möchte. Daher suchen viele Münchner Singles einen Partner, der wirklich zu ihnen passt und mit dem sie glücklicher sind als alleine.

Wer ist bei den »Müsis« angemeldet und wen kann man auf der Plattform treffen?
Das Geschlechter-Verhältnis der Münchner Singles ist sehr ausgeglichen: 51 Prozent sind Männer, 49 Prozent Frauen. Bei uns ist so ziemlich jede Altersgruppe ab 20 Jahren gut vertreten, wobei die 30- bis 39-Jährigen die größte Gruppe bilden. Die Mehrheit der Mitglieder ist auf der Suche nach dem anderen Geschlecht und nicht an gleichgeschlechtlichen Partnerschaften interessiert.

Wie kann man herausfinden, ob jemand wirklich an einer festen Partnerschaft interessiert ist oder doch nur ein schnelles Abenteuer sucht?
In seinem Profil kann jedes Mitglied angeben, ob es Männer oder Frauen

für Dating & Beziehung, Flirten & Abenteuer, Sport oder Freizeitaktivitäten sucht. Wenn ich also auf der Suche nach einer festen Partnerschaft bin, sollte ich in diesem Fall Dating & Beziehung ankreuzen und in der Profilsuche danach filtern. Dann werden mir nur Profile von Personen vorgeschlagen, die an einer festen Partnerschaft interessiert sind.

Und worauf sollte man im Allgemeinen achten, wenn man sich bei einer Online-Dating-Plattform anmeldet? Gibt es typische Anfängerfehler?
Ganz wichtig ist ein guter Benutzername, der etwas über einen selbst aussagt, und ein sympathisches und aktuelles Bild. Wir raten unseren Mitgliedern dazu, ruhig mehrere Bilder hochzuladen, die sie beispielsweise bei ihrem Hobby zeigen. Solche Fotos kommen immer gut an, weil man einen authentischen Eindruck von der Person erhält. Ein typischer Anfängerfehler ist, falsche Angaben bei Gewicht, Größe oder Alter zu machen. Früher oder später kommt das ohnehin raus, daher lieber ehrlich sein. Auch Schwächen können sympathisch wirken, wenn man zu ihnen steht. Wenn ich ein interessantes Profil gefunden habe, sollte ich bei meiner Nachricht Bezug darauf nehmen und etwa Gemeinsamkeiten ansprechen. Rechtschreib- und Tippfehler kommen übrigens nicht gut an – daher lieber nochmal drüberlesen.

Kann Online-Dating denn romantisch sein? Gibt es eine besonders romantische Geschichte, die du bei den »Müsis« miterlebt hast?
Klar kann Online-Dating romantisch sein! Zum Beispiel schicken sich manche Mitglieder romantische E-Cards oder lassen sich andere kreative Dinge einfallen. Das Geheimnisvolle stellt dabei einen besonderen Reiz dar. Wenn man merkt, dass der andere auf derselben Wellenlänge liegt, sympathisch schreibt, einen zum Lachen bringt und eine sexy Telefonstimme hat, kann es ganz schön prickeln und man ist aufgeregt, ob es in der Realität auch passt. Wenn sich zwei Singles gefunden haben und sich wieder abmelden, können sie uns ihre Liebesgeschichte schicken. Die Geschichte eines Pärchens, welches in unmittelbarer Nachbarschaft voneinander wohnte, sich bereits im Supermarkt gesehen, aber nicht getraut hatte, sich anzusprechen und sich dann zufällig bei den Münchner Singles fand, finde ich besonders romantisch.

Oder haftet nun sogar schon der Single-Plattform in Zeiten von Tinder & Co. etwas Nostalgisches an?
Bei Tinder & Co. geht es ja meist um die schnelle Nummer, man muss kaum Profilangaben machen und bewertet nur das Bild. Viele Singles sind jedoch auf der Suche nach einer festen Beziehung. Abenteuer findet man auch in Clubs, dafür brauche ich keine Plattform. Wir legen Wert auf gut ausgefüllte Profile, in denen die Mitglieder angeben, was sie suchen, wer sie sind, wo man sie in ihrer Freizeit findet und wofür sie sich begeistern. Dadurch kann man sich ein ausführlicheres Bild von der Person machen – was bei der Suche nach einer festen Partnerschaft sehr hilft. Deshalb würde ich das als seriös bezeichnen, nicht als nostalgisch.

Mitten in München, in der Müllerstraße, sitzen die Macher der »Müsis«, die vor 16 Jahren als Freizeitprojekt gegründet wurden. Dank regelmäßiger Treffen mit den Mitgliedern und vielfachem Feedback aus der Community konnte sich die Seite zur größten Single-Plattform in München entwickeln.

Face-to-Face-Dating

Keine Lust, Profile nach Mr. Right oder der Traumfrau zu durchforsten und digitale Nachrichten zu verschicken? Kein Problem, schon mal was von Face-to-Face-Dating gehört? In München finden in regelmäßigen Abständen in verschiedenen Stadtteilen Bar-Abende für Singles statt. Nach Altersstufen sortiert treffen sich Alleinstehende, Zugezogene und Menschen, die einfach neue Leute kennenlernen wollen. Im Verlauf des Abends werden drei verschiedene Locations besucht. In der Gruppe kommt man leicht ins Gespräch, und gemeinsam einen interessanten und tollen Abend zu verbringen, steht im Vordergund. Wer mag, kann sich später natürlich auch zu einem Date zu zweit verabreden.
www.face-to-face-dating.de/muenchen

BEZIEHUNGSSTADIUM:
Kennenlernen

Wenn es langsam sommerlich in München wird, bekommen wir nicht nur Lust auf kühle Getränke, sondern auch auf heiße Blicke, und von wo aus lassen sich andere Leute eigentlich besser beobachten, als von einem Liegestuhl im Schatten? Am **PRATERSTRAND** lautet das Motto »Ausklinken und Eingrooven« und in paradiesischer Kulisse kommt man zwischen Sand und Palmen in gelöster Urlaubsstimmung leicht ins Gespräch.

Den ersten Smalltalk mit interessanten Personen vereinfacht der Wing-Man unter den Haustieren ungemein: **DER BESTE FREUND DES MENSCHEN** ist nämlich nicht nur ein treuer Begleiter, sondern auch ein gewiefter Verkuppler. Für aufgeschlossene Hundebesitzer- und -besitzerinnen wird das Kennenlernen anderer tier- und naturfreundlicher Zweibeiner beim Aufeinandertreffen im Englischen Garten zum Kinderspiel und während Waldi und Bella sich aufgeregt und unverkrampft beschnuppern und anschließend über die Wiese tollen (verbotenerweise, es gilt nämlich streng genommen Anleinpflicht im Englischen Garten – aber no risk, no fun), kommen vielleicht auch Wolfgang und Bernadette auf die Idee, sich einander vorzustellen und wer weiß, vielleicht können sie sich ja auch ganz gut riechen...

Tanzschritte zu erlernen und in Zweisamkeit übers Parkett zu wirbeln ist nicht nur etwas für Gymnasiasten, Kreuzfahrtfans und ältere Ehepaare, sondern auch eine gute Gelegenheit für Singles aller Altersstufen, auf Gleichgesinnte zu treffen, während das eigene Körperbewusstsein geschult wird. Die **TANZSCHULE WOLFGANG STEUER** bietet in jeweils fünf kompakten Unterrichtseinheiten verschiedene Kurse extra für Singles an. Ob Standard- oder Lateintänze, ob U- oder Ü-30, hier ist für jede/n was dabei. Und vielleicht lernt ihr ja neben Walzer, Cha-Cha-Cha und Rumba auch die Liebe eures Lebens kennen?

Bibliophile Menschen und Literatur-Liebhaber bevorzugen als Partner meist andere **BÜCHERMENSCHEN** und diese oft scheuen Geschöpfe trifft man, ja genau: in ihrem natürlichen Lebensraum, der Buchhandlung. Hier kann auch gleich, vorsichtig getarnt hinter einem schönen Schmöker ganz nach persönlichem Geschmack (hinter Atlanten versteckt es sich besonders gut, allerdings sind die nicht wirklich sexy; wir empfehlen an dieser Stelle gerne Gedichtbände englischer Romantiker oder natürlich diesen Stadtführer), beobachtet werden, welche Lektüre der verträumte Herr oder die attraktive Dame im Lesesessel bevorzugt und schwupps, haben wir gleich wieder einen tollen Aufhänger für ein interessantes Gespräch!

In jedem von uns steckt schauspielerisches Talent und die Fähigkeit zu Improvisation, und Spontaneität hilft in allen zwischenmenschlichen Situationen, ob beim Bewerbungsgespräch, bei der Kundenbetreuung oder beim Knüpfen neuer sozialer Kontakte! Abgesehen davon macht **IMPRO-THEATER** wahnsinnig viel Spaß, fördert Offenheit, Akzeptanz, Humor und ganz wichtig: den Mut, sich auch mal zu blamieren. All das sind im Übrigen auch Grundvoraussetzungen für erfolgreiches Flirten. Während der Kurse fallen die Masken und die Gruppendynamik regt dazu an, aus sich herauszugehen und sich damit von seiner authentischsten, ergo attraktivsten Seite zu zeigen.

Am Rande des Viktualienmarkts findet sich in inspirierender Kulisse direkt neben dem Karl-Valentin-Brunnen der inoffizielle Singletreff Nummer 1. Gemeint ist das Café Nymphenburg, unter alteingesessenen Münchnern schlicht und einfach »SEKTSTANDL« genannt. Seit 1982 wird hier (spät) gefrühstückt, sich verabredet und vor allem gern ein Gläschen Sekt geschlürft. Hier treffen Genießer der bayerischen Lebensart, Touristen und Münchenkenner aufeinander. Wer hier alleine sitzt, schlemmt und den Blick über den Markt schweifen lässt, strahlt Zufriedenheit und Münchner Savoir Vivre aus und beides macht bekanntlich höchst attraktiv. Der Sekt lockert Stimmung und Zunge und unter diesen Voraussetzungen kommt man schnell ins Gespräch mit Gleichgesinnten.

Wenn's ein Promi sein soll, dann ab in den legendären »Oanser«, Münchens weltbekannte Nobeldiskothek, das P1! Aber bitte nicht ohne perfektes Make-up, top sitzende Frisur, High Heels, Designerhemd und Segelschuhe. Zugegeben: Die Zeiten, in denen die ganz großen Stars wie Mick Jagger, Naomi Campbell, J.Lo und Oliver Kahn hier feierten, sind vorbei, aber mit etwas Glück trifft man in den gehypten Hallen heute auf Horst Seehofer, dessen Party- ... äh... Parteigenossen und auf Ex-Teilnehmerinnen von GNTM. Wer sich auf die Kulisse und die Spielregeln des P1 einlassen kann, hat dennoch gute Flirtchancen: Er zahlt ein paar Drinks, sie erwartet, eingeladen zu werden. Alle anderen werden in der modernen Münchner Schickeria dafür ein interessantes Feld für Milieustudien finden. Und wer doch lieber einen FC-Bayern-Spieler kennenlernen will, versucht sein Glück an der Hochleite südwestlich vom Tierpark – außerhalb der Spielsaison haben wir die Jungs hier schon öfter beim Joggen beobachtet.

Praterstrand: zwischen Mai und September, Praterinsel 3–4
Hund: im Englischen Garten, im Luitpoldpark oder im Hirschgarten
TWS Tanz GmbH, Schützenstraße 8, www.tanz.de/tanzkurse/erwachsene-singles
Leseinsel im Hugendubel Fünf Höfe, Theatinerstraße 11
Impro Company, Tumblingerstraße 34a, www.improcompany.de
Café Nymphenburg, Viktualienmarkt 5/I, www.nymphenburg-sekt-cafe.de
P1, Prinzregentenstraße 1, www.p1-club.de

Frühstücken

_**Die Waldmeister** Neues Café in der Maxvorstadt, das vor allem durch seine ungewöhnliche, aber total gemütliche Inneneinrichtung besticht: dunkle Farben, Holzmöbel, dazu Kronleuchter. Auf der Frühstückskarte wird angekreuzt, was man gerne essen möchte, alles lecker und preislich okay und Hundi hat sofort Wasser bekommen. Die Tische sind nicht so eng gestellt, sodass man wirklich schön ratschen kann – man darf nicht verwundert sein, wenn plötzlich auch der Mittag vorbei ist.
Wo? Barer Straße 74, www.diewaldmeister.com.

_Mit seiner Mischung aus moderner Küche aus aller Welt und Wiener-Kaffeehaus-Chic punktet das **Café Mozart** direkt am Sendlinger-Tor-Platz. In den Räumlichkeiten einer ehemaligen Konditorei gibt es viele kuschelige Sitzgelegenheiten, sodass nicht zwingend reserviert werden muss. Retro-Charme versprühen alte Tapeten, Lampen und Polstermöbel wie aus Omis Zeiten – das ursprüngliche Interieur der Vorbesitzer ist teilweise erhalten. Dort lässt sich nicht nur klassisch, sondern zum Beispiel auch andalusisch, norwegisch oder persisch frühstücken.
Wo? Pettenkoferstraße 2, www.cafe-mozart.info.

_Nicht ganz leicht zu finden ist der **Gartensalon**. Im Innenhof der Amalienpassage lässt sich daher aber auch umso eher und sogar am Wochenende ein Plätzchen in der Sonne ergattern. Das wild zusammengetragene Mobiliar sowie die vielen verschiedenen bunten Teller, die wie das Vermächtnis einer über die Jahrzehnte bestehenden WG aussehen, lassen fast ein Berlin-Flair aufkommen. Das Frühstück zum selbst zusammenstellen und der unglaublich sympathische Service runden diesen Eindruck ab.
Wo? Türkenstraße 90 / Amalienpassage, www.gartensalon.net.

_Glockenbach-Viertel-Feeling pur verströmt das **Tabula Rasa**. Ein niedlicher Laden mit Hipster-Charme, in dem nicht nur die hausgemachten Kuchen ein echter Geheimtipp sind. Die Liebe, mit der dieser echte Familienbetrieb geführt wird, schmeckt man in jedem Gericht. Mit moderaten Preisen macht das selbsternannte »Nachbarschaftscafé« seinem Namen alle Ehre.
Wo? Holzstraße 18, www.cafetabularasa.de.

IM CAFÉ MOZART.

_Wer bei seinem Frühstück mal in eine völlig andere Sphäre eintauchen möchte, der entscheidet sich für das **Café Lotti**. Ein Traum in Pastelltönen wird hier Wirklichkeit; draußen kann ruhig die Welt untergehen, aber hier ist alles pretty in pink. Dass die »Verliebte Lotti« inklusive Prosecco und regionalen Köstlichkeiten für das Frühstück zu zweit ein regelrechtes Muss ist, versteht sich von selbst.
Wo? Schleißheimer Straße 13, www.cafe-lotti.de.

_Besonders ausgefallen frühstücken lässt es sich im **Daddy Longlegs**. Wer auf Superfood steht, wird die leckeren Smoothies und Beeren-Bowls in diesem minimalistisch, aber farbenfroh eingerichteten Lokal lieben, das sich voll und ganz der Açai-Superfrucht der Ureinwohner Brasiliens verschrieben hat.
Wo? Barer Straße 42, www.daddy-longlegs.de.

_Das **Ladencafé Marais**, das nach einem der schönsten Pariser Stadtviertel benannt ist, könnte ebenso auch im 3. beziehungsweise 4. Arrondissement der Weltstadt zu finden sein. In dem gemütlich-mondänen Ambiente, das dem eines Kolonialwarenladens um die Jahrhundertwende gleichkommt, kann ebenso köstlich gefrühstückt wie eifrig geshoppt werden. Neben außergewöhnlichem Mobiliar stehen dort auch Accessoires und Bioseifen zum Verkauf. Kunstfreunde dürfen sich außerdem auf wechselnde Ausstellungen diverser Künstler freuen.
Wo? Parkstraße 2, www.cafe-marais.de.

IM GARTENSALON.

Mittagessen

Wer fleißig Museen und Galerien besucht, sich im Trubel der vielen Münchner Einkaufszentren und der Kaufingerstraße bei der gemeinsamen Shopping-Tour verausgabt oder einfach nur etwas später aufgestanden ist, braucht jetzt vor allem eines: ein schmackhaftes Mittagessen, damit es anschließend gleich gut gestärkt weitergehen kann mit der romantischen Entdeckungsreise durch München.

Zugegeben: Von außen wirkt diese Soulfood-Oase inmitten der City etwas schräg. Das **BON VALEUR** ist ein kleiner verglaster Parterre-Imbiss beim Radiologischen Zentrum, direkt daneben eine Agip-Tanke, ringsherum Bürobetonklötze so weit das Auge reicht. Aber es geht ja bekanntlich um die inneren Werte! Im Bon Valeur gibt es täglich wechselnde biozertifizierte warme Snacks wie Paninis (total kross und gut) oder Sandwiches und knackige Salate mit dem gewissen Extra. Für Vegetarier ist immer etwas dabei und auch das Kuchensortiment weiß zu überzeugen.

Wer es dagegen etwas deftiger mag und die Balkanküche liebt, sollte unbedingt beim **OPATIJA** in der Viktualienmarkt-Passage oder in der Hochbrückenstraße (Nähe Marienplatz) einkehren. Dort sind die Portionen groß (wirklich groß!) und die Preise – für Münchner Innenstadtverhältnisse – klein; das Personal ist sehr herzlich. Auf der Karte stehen verschiedene Grillteller, an denen man sich zu zweit gut satt essen kann; Cevapcici, Ražnjici und Pljeskavica erinnern an Kindheitstage und Campingurlaube an der kroatischen Küste. Daneben gibt es auch eine große Auswahl an Schnitzelvariationen, Pizza und Pasta. Es bleibt ganz bestimmt keiner hungrig!

Wenn es etwas Besonderes sein soll, das auch seinen Preis haben darf, empfehlen wir gerne das Restaurant **KLEINSCHMECKER** am Sebastiansplatz. Zwischen 12 und 15 Uhr gibt es in unverkrampfter und zugleich eleganter Szenerie ein täglich wechselndes Mittagsmenü, bestehend aus zwei feinen Gängen internationaler und raffinierter Couleur und einem Espresso, dazu gibt es eine feine Weinkarte und eine professionelle, freundliche Beratung durch eine Sommelière. Die Außenplätze sind ruhig gelegen zwischen Synagoge und Schrannenhalle und laden dazu ein, nach dem Essen noch ein wenig zu verweilen und bei einem Gläschen Wein mit dem oder der Liebsten im Arm den Nachmittag zu planen.

RESTAURANT KLEINSCHMECKER.

Was wäre die nördlichste Stadt Italiens ohne ihre tollen italienischen Restaurants? Sich für DEN Italiener zu entscheiden, ist unmöglich, aber gerade zur Mittagszeit raten wir zu einem Besuch bei **MARECHIARO**. Zentral gelegen am Goetheplatz überzeugt der »Lieblingsitaliener« mit neapolitanischer Regionalküche, die man so sicher nirgendwo sonst in München bekommt. Zudem gibt es eine große Auswahl an Pizzen (die meisten unter 10 Euro), hausgemachte Pasta und ein Mittagsmenü (bis 14.30 Uhr), das alle Liebhaber der italienischen Küche jubeln lassen wird. Übrigens bekommen alle Damen, die den Namen »Carolina« tragen, ein Freigetränk! Warum das so ist, muss selbst herausgefunden werden... So viel sei verraten: Das gastfreundliche Personal erzählt die Geschichte gerne!

Freunde der asiatischen Küche, exotischer Gewürze und bunten Gemüses sollten mittags unbedingt einen Ausflug in die Lindwurmstraße unternehmen und bei **JASMIN ASIA CUISINE** vorbeischauen. Wer wenig Zeit hat, bekommt dort auch Take-away-Boxen, allerdings finden wir das Ambiente und den Service hier so überzeugend, dass wir gerne ein bisschen bleiben und uns Zeit beim Essen lassen, denn dort ist vieles ganz anders als im typischen Asia-Take-away: Die Einrichtung ist gemütlich und minimalistisch zugleich, es gibt keinen Winkekatzenkitsch und gekocht wird ohne Glutamat. Das Angebot ist spannend und authentisch und bei Weitem umfangreicher als die übliche knusprige Ente und das Schweinefleisch süß-sauer. Aus der vietnamesischen Küche, die nicht nur gut schmeckt, sondern auch hübsch aussieht, empfehlen wir als frischen Start die Sommerrollen und zum aufregenden Abschluss das schwarze Sesameis, dazwischen kann man bei der Auswahl nichts falsch machen.

Noch einmal vietnamesisch, dafür etwas hipper als im Familienbetrieb Jasmin, ist es bei **JACK GLOCKENBACH** am Anfang der Thalkirchner Straße,

Vietnamesisch im Jack Glockenbach.

gegenüber von der Schnellen Liebe und vom Kraftwerk. Seit 2013 besteht das kleine Lokal erst, längst hat es unter seinen kreativen, jungen Besuchern im Glockenbachviertel aber Kultstatus. Die meisten Gerichte werden auf Wunsch vegan zubereitet. Schon die kreativen Bezeichnungen auf der Speisekarte lassen einem das Wasser im Munde zusammenlaufen. Eine kleine Kostprobe: »Ente im Kokosteich« oder »Tofu im Urwald«. Besonders toll ist auch die große Auswahl an frischen Suppen und Desserts.

Das **Ysenegger** ist in München längst eine Institution, viele behaupten, hier gäbe es die allerbesten Burger der Stadt. Aber es ist schwer, die Burger-Kreationen mit denen der Schnellen Liebe und des M.C. Müller zu vergleichen: Wir finden alle auf ihre eigene Art und Weise total super und raten jedem Freund der amerikanischen Schlemmertürme zu einer ausgiebigen Burger-Tour durch unsere Lieblingsstadt.

Zurück zum Thema: Im Ysenegger findet sich ein lauschiger Biergarten, drinnen ist es urig und rustikal und es gibt neben den schon erwähnten Burgern auch tolles und deftiges Frühstück (bis 16 Uhr). Vom typisch deutschen Strammen Max bis zum American One mit Spiegeleiern, Speck oder Pfannkuchen mit Ahornsirup ist alles dabei, was man sich nur wünschen kann.

Einen schönen Geheimtipp haben wir auch noch für alle, die nach dem Shoppen mit knurrendem Magen und schlankem Portemonnaie durch die City tigern und keine Lust auf Fastfood haben: Manche Firmenkantinen sind auch für die Öffentlichkeit zugänglich und bieten zum Teil gute Küche zum kleinen Preis an. Wer obendrein noch in außergewöhnlichem Ambiente speisen möchte, dem sei vor allem zur Mittagszeit die **Kantine im Justizpalast** empfohlen. Der Kantineneingang ist ein bisschen versteckt, also im Notfall einfach unten an der Pforte fragen. Aufgetischt werden mittags bis 14 Uhr täglich drei verschiedene Menüs für rund 8 Euro. Die gut sättigenden Portionen und die wechselnden Gerichte überzeugen durch ihre bayerisch inspirierte Auswahl und die frische Zubereitung ohne »Packerlsoß«.

Für Weinliebhaber haben wir auch noch einen speziellen Tipp: Das **RUFFINI** ist in München seit Ende der 70er Jahre eine Institution und wurde im Stil einer italienischen Cantina eingerichtet. Es wird nicht nur eine täglich wechselnde, sehr schmackhafte Mittagsküche angeboten, sondern auch eine wunderbare Auswahl an feinen offenen Weinen.

Sportsfreunde aufgepasst: Bei wem Böcke, Barren und Co. keine Traumata, sondern wohlige Erinnerungen an athletische Erfolge in der guten alten Schulzeit hervorrufen, der sollte unbedingt im **MÜNCHEN'72** speisen, denn hier fungieren die genannten Sportmöbel und anderes Gerät als Einrichtungsgegenstände. Man trifft sich wahlweise zum späten Frühstück oder zum frühen Mittagessen (zum Beispiel nach dem Training), um die Akkus wieder aufzuladen, und nicht nur Turnväter werden beim Anblick der Karte, auf der man das Essen der Wahl ankreuzen kann, große Augen bekommen. Aber auch abends ist die Turnhalle ... äh, das Café einen Besuch wert, denn hier gibt es natürlich auch Schnitzel, Pommes, Bier und am Sonntagabend ganz klassisch Tatort. Na dann: Auf die Plätze, fertig, los!

Bon Valeur, Sonnenstraße 17, www.bonvaleur.de
Opatija, Viktualienmarkt-Passage und Hochbrückenstraße 3, www.opatija-restaurant.com
Kleinschmecker, Sebastiansplatz 3, www.restaurant-kleinschmecker.de
Marechiaro, Waltherstraße 30, www.ristorante-marechiaro.de
Jasmin Asia Cuisine, Lindwurmstraße 167, www.jasmin-asia-cuisine.de
Jack Glockenbach, Thalkirchner Straße 3, www.jack-glockenbach.de
Ysenegger, Ysenburgstraße 3, www.ysenegger.de
Kantine im Justizpalast, Prielmayerstraße 7
Ruffini, Orffstraße 22–24, www.ruffini.de
München'72, Holzstraße 16, www.muenchen72.de

Kaffee- und Teetrinken

Wenn man verliebt ist, dann ist das nachmittägliche Kaffeetrinken vielleicht die wichtigste Mahlzeit des Tages. Vor lauter Schmetterlingen im Bauch bleibt der große Hunger meist aus und nach dem gemeinsamen Ausschlafen und einem ausgiebigen Frühstück zu zweit ist für das Mittagessen sowieso keine Zeit mehr – zumal man die gemeinsamen Stunden lieber zum Küssen als zum Kochen nutzt. Aber irgendwann brauchen auch die verliebtesten Turteltauben wieder etwas Energienachschub. Dann wird es Zeit für etwas Süßes. Bei dem Überangebot an schönen Cafés in München kann eine kleine Entscheidungshilfe nicht schaden:

_**Tante Emma** Das kleine Café in Schwabing macht seinem Namen alle Ehre: Mit den Sesselchen im Design der 50er Jahre, den alten Fensterläden und den Zuckerdosen mit Blumendekor weckt die Einrichtung wohlige Erinnerungen an Großmutters Wohnküche. Das Farbkonzept in Türkis und Weiß lässt das Ganze modern und frisch wirken. Auch die Speisekarte ist alles andere als altbacken. Warme Gerichte aus Bio-Zutaten, Kaffeespezialitäten und natürlich selbstgebackener Kuchen kommen jeden Tag frisch auf den Tisch.
Wo? Destouchesstraße 63.

_**Das Hungrige Herz** ist wie gemacht für Verliebte, denn der Name ist Programm und das ohne Kitschalarm: Es ist hell und gemütlich, die Speisekarte bietet von herzhaft über glutenfrei und vegan alles, was das Herz begehrt, und zum Kaffee werden Schokoherzen gereicht. Die Kuchen sind hausgemacht, und es gibt immer auch eine vegane Variante. Alles schmeckt vorzüglich.
Wo? Fraunhoferstraße 42, www.hungrigesherz.com.

_**Café Katzentempel** Wem das Kuscheln mit seiner oder seinem Liebsten noch nicht genug ist, der mache sich auf den Weg in die Türkenstraße. Im dortigen Katzentempel, dem ersten Katzencafé Deutschlands, kann man nicht nur großartigen veganen Kuchen naschen, sondern auch mit den sechs Samtpfoten des Hauses schmusen.
Wo? Türkenstraße 29, www.katzentempel.de.

_**Der Trachtenvogl** ist gemütlicher als so manches Wohnzimmer und hat einiges zu bieten: Dementsprechend findet sich ein hip-urbanes Publikum, das, in die Sofas gefläzt, die Stunden verstreichen lässt. Schnapp dir dein Herzblatt und verbring hier den ganzen Tag. Die Kuchen und Speisen sind ein Gedicht.
Wo? Reichenbachstraße 47, www.trachtenvogl.de.

_**The Victorian House** Scones, Clotted Cream und dazu einen feinen Earl Grey – genauso britisch wie der Afternoon Tea kommt auch die Einrichtung des Victorian House daher. Die große und erlesene Auswahl an Tee und englischen Spezialitäten sowie das gedie-

gene Ambiente lassen die nicht ganz günstigen Preise schnell vergessen. Keep calm also.
Wo? Frauenstraße 14 oder Ysenburgstraße 13, www.victorianhouse.de.

_Auch im Glockenbachviertel werden Teeliebhaber glücklich. Mit 150 hochwertigen Teesorten bietet das **Tushita Teehaus** wahrscheinlich die größte Teeauswahl der Stadt; alle Tees werden auf traditionelle und ästhetische Weise zubereitet. Zudem gibt es veganen und gluten- oder zuckerfreien Kuchen. Für die heimische Teezeremonie kann das nötige Zubehör käuflich erworben werden.
Wo? Klenzestraße 53, www.tushita.eu.

_Ein besonderer Tipp ist das **Café Lohner und Grobitsch** im Westend. Nicht nur weil es sehr guten Kaffee und hausgemachten Kuchen aus regionalen Zutaten gibt, sondern auch weil der Raum groß und lichtdurchflutet ist mit Blick ins Grüne und er schlicht, aber mit besonderen Details eingerichtet wurde. Seine 40-jährige Geschichte als Lebensmittelladen ist dank alter Emaille-Schilder und Fotos sichtbar.
Wo? Sandtnerstraße 5, www.lohnerundgrobitsch.de.

The Victorian House (oben) und Café Lohner und Grobitsch (unten).

_Das schönste, größte und überhaupt wunderbarste Lokal Münchens ist das **Café am Beethovenplatz**. Die Kombination aus authentischer Kaffeehausatmosphäre, großzügiger Raumgestaltung, Wiener Kaffeespezialitäten, freundlichem und entspanntem Service, gesprächsfreundlicher Livemusik und gutem Essen auch spät am Abend ist einzigartig in München und uneingeschränkt zu empfehlen.
Wo? Goethestraße 51, www.mariandl.com.

Eisessen

Zum vielerlei zitierten Ausspruch, München sei die nördlichste Stadt Italiens, sagen wir mal lieber nichts, denn das ist wohl Interpretationssache! Dass die Münchner, sobald die Märzsonne durch die Wolken spitzelt, am liebsten draußen sitzen und Aperol Sprizz, Latte Macchiato und vor allem Eiscreme genießen und la dolce vita feiern, lässt sich nicht bestreiten. Eines steht fest: Sich auf zwei oder drei Lieblingseisdielen zu beschränken, ist schwierig bis unmöglich, wenn man als Kenner kalter Kugeln für längere Zeit in der bayerischen Landeshauptstadt weilt. Wir versuchen es trotzdem – zieht euch warm an, hier kommen die coolsten Date-Hotspots für heiße Tage und laue Nächte!

Mit einer über 100-jährigen Geschichte gehört die Eisdiele **SARCLETTI** wohl zu den ältesten der Stadt. Schon 1879 hat der gelernte Hufschmied Peter Paul Sarcletti Eis in München verkauft, und auch heute noch ist das Lokal in Familienbesitz. Beliebt ist das Sarcletti-Eis aber nicht nur wegen seines exzellenten Rufs und der fantastischen Auswahl (angeboten werden bis zu 60 verschiedene Sorten in der Hauptsaison, davon sind beinahe alle ohne Ei und sehr viele ohne Kuhmilch, worüber sich vor allem Allergiker und Veganer freuen!), sondern auch aufgrund der guten Qualität: Hier wird das Eis sogar ohne Konservierungsstoffe zubereitet. Und wer sich davon nicht locken lässt (es soll ja auch Menschen geben, die kein Eis mögen), kann sich in der stadtbekannten Eisdiele am Rotkreuzplatz auch über ein großes und ständig wechselndes Kuchen- und Tortensortiment freuen. Mamma mia!

Eis-Fans sind in der Umgebung des Rotkreuzplatzes sommers sowieso gut aufgehoben: Direkt gegenüber, ungefähr zwei Gehminuten (oder: eine Eiskugelschleckeinheit) entfernt, sitzt schon die größte Konkurrenz des Münchner Eisimperiums: das **VENEZIA**. Auch hier gibt es alles, was das Herz begehrt: eine große Auswahl an Eisvariationen, schattige Sitzplätze, von wo aus man herrlich den vorbeischlendernden Leuten zuschauen kann, und noch dazu: Zuppa Romana, Tiramisu und Profiteroles – mio cuore, was willst du mehr!

Eine gute Eisdiele erkennt man im Sommer vor allem an der Länge der Schlange – aber das Warten lohnt sich! Für die längste Warteschlange ist das **BALLABENI ICECREAM** stadtbekannt, und das aus gutem Grund: Die Eisvariationen, die Giorgio Ballabeni seinen zahlreichen Fans anbietet, zeichnen sich nicht wie bei den anderen eiskalten Hotspots der Stadt durch eine überbordende Auswahl (es gibt ein täglich wechselndes Sortiment von 12 Sorten), sondern durch ihr spezielles Rezept aus, das er in den Wintermonaten inzwischen auch an seine Kunden weitergibt: In der Ballabeni Icecream Werkstatt in der Seidlstraße (tagsüber gibt es hier auch vegetarisches Essen) kann man lernen, wie mit der eigenen Haushaltsmaschine fantastische Eissorten zubereitet werden können. Wäre das nicht auch eine verlockende Date-Idee? Der Gedanke an ein tolles Eis lässt eure Herzen im Takt hüpfen, während ihr gerade durchs romantische Schwabing schlendert? Dann auf zum **TRAMPOLIN**, der besten Eisdiele der Gegend! Es werden vorwiegend Bio-Zutaten verwendet und auch hier werden die Sorten täglich frisch zubereitet. Obendrein gibt es on top hausgemachte Likörchen, die die hübschen Eisbällchen garnieren und jedem Eiskenner das Köpfchen verdrehen.

Aber auch im Glockenbachviertel gibt es Eis für alle, die auf regionale und hochwertige Inhaltsstoffe Wert legen. Im **EISMEER** gibt es viele vegane Eissorten und die im Milchspeiseeis verwendete Kuhmilch stammt aus regionalen Molkereien. Hundert Prozent hausgemacht und das mit Liebe, die man spüren kann: Freundlicher Service, tolle Beratung und eine helle Inneneinrichtung überzeugen neben den zauberhaften Eisbecher-Ideen wie dem »Glockenbacher Erdbeerkörbchen« und den hausgemachten belgischen Waffeln. Zum Dahinschmelzen!

Wer sein Herzblatt mit einem besonderen Eis überraschen möchte, lädt es auf ein paar Eiskugeln beim **VERRÜCKTEN EISMACHER** ein! Eismacher Matthias ist inzwischen in München selbst bekannt wie ein bunter Hund und das nicht nur wegen seines verrückten Huts, sondern vor allem wegen seiner gewagten Eiskreationen, die ständig wechseln. Neben wahnsinnig köstlichen »normalen« Eissorten gibt es hier im saisonalen Wechsel zum Beispiel auch die Sorten Augustiner Bier, Weißwurst, Büffelmozzarella-Basilikum, Dürüm, Schwangerschaftstraum (Essiggurke & Nutella), Parmesan, Fischstäbchen mit Spinat, Rollmops, Hanf, Christstollen und Gin Tonic. Geheimtipp: Beim Sommerschlussverkauf zuschlagen und die Kühltruhe mit leckerem Eis vom verrückten Eismacher füllen.

Last but not least kommt noch unser Geheimtipp: Direkt gegenüber vom Gewerbehof Westend gibt es im **FLORENZ** neben der tollen 70er-Jahre-Typografie in den leuchtenden Flaggenfarben von Bella Italia auch grandiose täglich wechselnde Eiskreationen und großzügige Becher, die Kindheitsträume wahr werden lassen. Ob Spaghetti-Eis, Tartufo oder Joghurt-Becher: Hier gibt es alles, was einen heißen Sommertag zu zweit noch schöner macht!

Eiskonditorei Sarcletti, Nymphenburger Straße 155, www.sarcletti.de
Eiscafé Venezia, Rotkreuzplatz 8, www.eiscafe-venezia-muenchen.de
Ballabeni Icecream, Theresienstraße 46 und Ballabeni Icecream Werkstatt,
Seidlstraße 28, www.ballabeni.de
Trampolin – La casa del gelato, Nordendstraße 62, www.trampolin-eis.com
Café Eismeer, Pestalozzistraße 21, www.daseismeer.de
Der verrückte Eismacher, Amalienstraße 77 und Holzstraße 24, www.dvem.de
Eiscafe Florenz, Tulbeckstraße 52, www.eiscafeflorenz.com

Abendessen

_**Prinz Myshkin** Großzügiges, helles Ambiente, vorzügliche vegetarische und vegane Küche – man könnte meinen, man sei in New York!
Wo? Hackenstraße 2,
www.prinzmyshkin.com.

_**Conviva im Blauen Haus** Eine absolute Lieblingsadresse: Das Restaurant wird von den Cooperativen Beschützenden Arbeitsstätten e. V. betrieben, das Essen ist super, die Einrichtung luftig, der Service wunderbar. Dass sich nach Vorstellungen der Kammerspiele Schauspieler unter die Gäste mischen, zaubert eine besondere Atmosphäre.
Wo? Hildegardstraße 1,
www.conviva-muenchen.de.

_**Osteria Bianchi** Der vielleicht italienischste Italiener in München, karierte Tischdecken, tolles Essen, vor allem die Pizza und das Risotto nero (Achtung: Nicht essen, wenn man beeindrucken möchte, die Zähne werden wirklich schwarz!), laute, lustige Stimmung: passt ins unprätentiöse Westend.
Wo? Gollierstraße 38,
www.osteria-bianchi.de.

_**Sushiya Sansaro** Eines der besten japanischen Restaurants der Stadt, köstliches Sushi und toll eingerichtet; liegt etwas versteckt in der Amalienpassage zwischen Amalien- und Türkenstraße.
Wo? Amalienstraße 89,
www.sushiya.de.

_**Tian** Sehr schick und teuer, aber bestes Essen und tolle Weinauswahl, nur vegetarisch und vegan, netter Service, für einen besonderen Abend; hat sich gerade die erste Haube erkocht!
Wo? Frauenstraße 4,
www.taste-tian.com.

_Das **Bavarese** im Dreimühlenviertel ist eine Mischung aus Italien und Bayern, hell, gemütlich und wenn einem der supernette Kellner nach einer fantastischen Pizza und einem noch besseren Tiramisu in den Mantel hilft, dann hat man München von seiner allerbesten Seite erlebt.
Wo? Ehrengutstraße 15,
www.bavarese.net.

_Der **PreysingGarten**, ein Klassiker, den man nicht missen möchte. Drinnen wie draußen schönes Ambiente, leckeres, nicht überkandideltes Essen, gemischtes Publikum, nettes Personal.
Wo? Preysingstraße 69,
www.preysinggarten.com.

_Die **Augustiner Bräustuben** in der Landsberger Straße kann man zwar nicht als romantisch bezeichnen, aber manchmal muss es einfach bayerisch

sein. Dann sind die Bräustuben eine gute Wahl, Touristen und Einheimische mischen sich, die Preise sind wirklich moderat und das Essen ist recht gut.
Wo? Landsberger Straße 19, www.braeustuben.de.

_Der Traumgrieche **Afros**. Griechischer kann es selbst in Griechenland nicht sein und das Essen ist eine Wucht!
Wo? Braystraße 22, www.afros-restaurant.de.

_Das oder die **Frida** in der Maxvorstadt ist eine entspannte Burger-Kneipe mit vegetarischem Hummusburger. Und Ketchup und Mayo kommen aus der Plastikquetschflasche.
Wo? Steinheilstraße 10, www.frida10.de.

_Das **Last Supper** hasst oder liebt man, auf jeden Fall ist es sehenswert, wenn man seinem Partner mal etwas anderes bieten möchte. Die Rocker unter uns werden es jedenfalls lieben!
Wo? Karlstraße 10, www.restaurant-lastsupper.de.

_Das **La Kaz** im Westend ist ein Restaurant, von dem die Münchner heimlich denken, dass es auch in Berlin sein könnte: etwas verwegener als die einheimische Gastronomie, sehr feines Essen und sehr nettes Personal und alles an wackeligen Holztischen.
Wo? Ligsalzstraße 38, www.lakaz.jimdo.com.

_Wohlfühl-Feeling ist im Gasthof **Zum Kloster** garantiert. Nur selten lässt sich ungezwungenere Atmosphäre genießen. In dem bodenständigen Lokal gibt es viele vegetarische Gerichte und man kann es sich draußen unter Kirschbäumen gemütlich machen; malerisch ist die Inneneinrichtung der niedlichen Gaststätte, in der man manchmal ungefragt einen Gruß aus der Küche erhält, wenn der Koch gerade die Muße zum Experimentieren hat.
Wo? Preysingstraße 77.

Streetfood

Die Esskultur hat sich in den vergangenen Jahrzehnten massiv verändert. Während die Wertschätzung des Esstischs als Ort der sozialen Zusammenkunft abgenommen hat, ist die Take-away-Kultur immer mehr im Kommen. Dabei geht es aber schon lange nicht mehr nur um den schnellen Cheeseburger auf die Hand, sondern um kulinarischen Hochgenuss im Eilverfahren.

Ein Trend des neuen Take-away-Lebesstils ist das »Streetfood«, das in Asien und den USA längst zum Alltag gehört und mittlerweile auch Deutschland erreicht hat. Dabei haben die Münchner schon seit weit über hundert Jahren ihren ganz eigenen Streetfood-Markt: den **Viktualienmarkt** im Herzen der Altstadt, auf dem es seit 1870 feste Stände gibt. Die kulinarische Vielfalt an den über 140 Ständen ist riesig, denn es finden sich neben einheimischen Produkten auch exotische Waren aus der ganzen Welt. Die vielleicht besten Falafel der Innenstadt und weitere orientalische Spezialitäten gibt es etwa bei **Sababa**. Beim eigenständigen Befüllen der Falafeltasche am Salat- beziehungsweise Antipasti-Buffet wird das kochkünstlerische Geschick auf die Probe gestellt. Zur Belohnung gibt es so viel Topping wie das Herz begehrt und die Tasche fasst.

Der wohl populärste Obstverkäufer der Stadt versorgt die vielbeschäftigten Münchner an seinem **Obststandl Didi** mit Vitaminen. Seit 1984 bietet das Münchner Original am Ausgang der U-Bahn-Station Universität frisches Obst und Gemüse an. Der geborene Münchner und waschechte Bayer Dieter »Didi« Schweiger gilt als Unikum und ist gerade bei den Studenten der LMU sehr beliebt. Spätestens seit seinem kuriosen Imagefilm ist Didi aber auch über studentische Kreise hinaus in München bekannt.

Auch die Gourmet-Restaurants auf Rädern, die »Food Trucks«, sind mittlerweile – man ist versucht zu sagen – in aller Munde. In den umgebauten und hip gestylten Kleintransportern sind teilweise sogar Sterne-Köche unterwegs, um auch den letzten Fast-Food-Kritiker zu missionieren. Da sie immer auf Achse sind, liest man die Standplätze von **Chivito – King of Sandwich**, **Salsa Verde** oder **The Cave** am besten online auf den entsprechenden Websites oder bei Facebook nach. Ebenso verhält es sich mit dem **Kaffee-Radl**, das neben italienischen Kaffee-Spezialitäten auch Tee, frisch gepressten Orangensaft, Butterbrezen und Croissants anbietet, zur Zeit aber in München auch keinen festen Stellplatz hat.

Wer doch lieber alles auf einen Schlag konsumieren möchte, für den bietet es sich an, unter www.streetfoodmarket.de die Termine des **Hall of Taste-Streetfoodmarkts** einzusehen. Hier tummeln sich viele kleine Essensstände, brodeln Garküchen und suchen sich Food Trucks ihren Platz. Livemusik, DJs und Künstler sorgen für zusätzliche Unterhaltung.

Die Bazi-Box.

Nicht nur Bibi Blocksberg liebt bekanntlich die gute alte Stampfkartoffel, auch wir sind seit unserer Kindheit große Fans der bayerischen Spezialität, die zu jeder Tageszeit ein Hochgenuss ist! Und wer keine Zeit hat, Kartoffeln zu kochen, Milch beizugeben und das Handrührgerät zu schwingen, der schaut bei **Brezelina** am U-Bahnhof Marienplatz oder den Stachus-Passagen vorbei, denn hier gibt es – ja genau: Kartoffelpüree to go.

Blaukraut, Knödel und Schweinsbraten to go? Aber sicher! Bei **Bazi's Schlemmerkucherl** gibt es die klassisch bayerischen Schmankerl praktisch in Boxen zum Mitnehmen. Ein besonderes Highlight sind auch die hübschen Jungs, die die Leckerbissen bajuwarischer Kochkunst nicht nur mit einem Lächeln auf den Lippen anpreisen und einpacken, sondern auch noch Lederhosen tragen. Da legst di nieder!

Sababa am Viktualienmarkt, Westenriederstraße 9, www.sababa-munich.com
Obststandl Didi, Geschwister-Scholl-Platz 1, www.obststandl-didi.org
Chivito, www.kingofsandwich.de
Salsa Verde, www.salsa-verde-streetfood.de
The Cave, www.thecavemunich.de
Kaffee-Radl, www.kaffee-radl.de
Brezelina, U-Bahnhof Marienplatz im Zwischengeschoß und Stachus Passagen im U- und S-Bahnhof Karlsplatz, www.brezelina.com
Bazi's Schlemmerkucherl, Müllerstraße 43

Nachtsnack

Die Auswahl an unterschiedlichen Speisen ist in der bayerischen Landeshauptstadt gewaltig, nahezu unüberschaubar und äußerst international. Nicht umsonst ließ sich etwa Tocotronic-Frontmann Dirk von Lowtzow einst zu der Aussage hinreißen: »Das Essen in München – es ist einfach besser.« Zu nachtschlafender Zeit ist die Auswahl an Essensmöglichkeiten beschränkt, doch hungern muss niemand auf dem nächtlichen Streifzug durch München. Eine feine Auswahl an Gaststätten lädt zu einer späten Mahlzeit ein – sei es als Nachtsnack vor dem Schlafengehen, als Zwischenstation vor dem Club-Besuch oder als Stärkung vor einem amourösen Abenteuer.

_**Bergwolf** Der Bergwolf ist eine Institution im Münchner Nachtleben. Zu später Stunde sitzen die Nachteulen auf engstem Raum und geben sich dem Genuss der Currywurst, die für viele als die beste der Stadt gilt, und von Pommes Frites hin. Gelegenheit zum Kennenlernen und Verschnaufen.
Wo? Fraunhoferstraße 17, Eingang Klenzestraße (Zugang zur U-Bahn).

_**Gute Nacht Wurst** Unweit des Gärtnerplatzes hat die Gute Nacht Wurst bis spät in die Nacht Currywurst mit verschiedenen Saucen im Angebot; es gibt auch schmackhafte vegetarische Alternativen. Zahlreiche Nachtschwärmer machen dort zwischendurch Halt.
Wo? Klenzestraße 32, www.gute-nacht-wurst.heliohost.org.

Jukebox in der Gute Nacht Wurst.

_Ab 6 Uhr gibt es bei **Karnoll** am Viktualienmarkt frische und allerfeinste Backwaren, Kaffee und für viele die besten Brezn der Welt; und man kommt schnell mit den Marktleuten ins Gespräch.
Wo? Viktualienmarkt Abteilung VI, Stand 6/11, www.karnoll-standl.de.

_Tanzen macht hungrig, und wer bis in die Morgenstunden seine Runden am Ostbahnhof dreht, bekommt in der **NachtKantine** noch bis morgens leckere und deftige Snacks; auch wer die Batterien lieber mit knackigen Salaten als mit fettiger Pizza auffüllt,

CAFÉ FRISCHHUT.

wird dort fündig. Zudem gibt es auf der Live-Bühne immer wieder spannende Konzerte und die helle und warme Einrichtung ist ein schöner Kontrast nach langen Stunden auf dunklen Tanzflächen. Auch mittags eine schöne Location.
Wo? Grafinger Straße 6, www.nachtkantine.de.

_Café Frischhut Vielen Münchnern vor allem als Schmalznudel bekannt. Das Café ist eine Legende im städtischen Nachtleben und erfreut sich seit den späten 70er Jahren großer Beliebheit. Auch wenn die Schmalznudel heute erst um 7 Uhr die Türen aufsperrt und die Wartenden mit heißem Hefegebäck und Kaffee versorgt, lohnt es sich, nach dem Feiern noch ein bisschen aufzubleiben. Mit seinem Schatz kann man danach immer noch nach Hause gehen.
Wo? Prälat-Zistl-Straße 8.

_Alter Simpl Zu Bohème-Zeiten war der Alte Simpl ein Treffpunkt der Künstler in der Maxvorstadt. Heute sitzt ein eher studentisches Publikum an den rustikalen Tischen und gibt sich Speis und Trank hin. Dort ist auch noch zu später Stunde viel los. Gute Gelegenheit zum Flirten und Kennenlernen.
Wo? Türkenstraße 57, www.eggerlokale.de

Öffnungszeiten:
Bergwolf
Mo–Do 12–15 Uhr u. 18–2 Uhr, Fr 12–15 Uhr und 18–4 Uhr, Sa 12–4 Uhr, So 17–22 Uhr
Gute Nacht Wurst
Mo–Do 17–24 Uhr, Fr 17–4 Uhr, Sa 12–4 Uhr, So 12–24 Uhr
Karnoll
Mo–Fr 5.30–17.30 Uhr, Sa 5.30–14.30 Uhr
NachtKantine
Mo–Fr 11–1 Uhr, Sa 17.30–3 Uhr
Café Frischhut
Mo–Fr 7–18 Uhr, Sa 5–17 Uhr
Alter Simpl
Mo–Fr 11–3 Uhr (Küche bis 2 Uhr), Sa–So 11–4 Uhr (Küche bis 3 Uhr)

Biergärten

München – Stadt des blauen Himmels und der Biergärten. Sobald im Frühjahr die ersten Sonnenstrahlen locken, zieht es die Münchnerinnen und Münchner zu ihrem liebsten Hobby neben dem Bergwandern: dem Biergartenbesuch. Es ist auch längst kein Geheimtipp mehr, dass Trank und Schmaus unter freiem Himmel zum Flirten einladen. Alle Auswärtigen sollten auch wissen, dass man sein Essen in den Biergarten selbst mitbringen darf, Getränke gilt es aber beim Wirt zu kaufen!

**Muffatwerk** Zwischen Muffathalle und Müller'schem Volksbad gelegen befindet sich einer der schönsten Biergärten Münchens überhaupt – der Biergarten im Muffatwerk. Öko-Food, kühle Getränke und die rauschende Isar gleich nebenan führen dazu, dass die 400 Plätze bei passendem Wetter voll belegt sind. Es heißt also zusammenrücken und mit den Sitznachbarn anstoßen.
Wo? Zellstraße 4, www.muffatwerk.de.

**Hirschgarten** Im Königlichen Hirschgarten liegt ein wunderbarer Biergarten (immer dem Geruch nach Gegrilltem und süffigem Bier folgen) – einer der größten der Stadt. Zu Recht lässt sich hier vom Wohnzimmer der Münchner sprechen. Unter riesigen Kastanien und direkt neben einem Damwildgehege lassen sich wunderbare Tage und Abende verbringen. Münchner Lebensgefühl at its purest!
Wo? Hirschgarten 1, www.hirschgarten.de.

**Max-Emanuel-Brauerei** Etwas versteckt in der umtriebigen Maxvorstadt, dem Universitätsviertel, verbirgt sich in der Adalbertstraße der Biergarten der Max-Emanuel-Brauerei. Nicht so groß wie Hirschgarten oder Augustiner-Keller überzeugt dieses lauschige Plätzchen durch Atmosphäre und die netten Menschen. Hier gibt es nicht sonderlich viel Platz – die beste Gelegenheit, um mit anderen ins Gespräch zu kommen.
Wo? Adalbertstraße 33, www.max-emanuel-brauerei.de.

**Viktualienmarkt** Der Viktualienmarkt ist die gute Stube Münchens, ein Besuch am Samstag für viele Münchnerinnen und Münchner schon fast Tradition. Dabei geht es oftmals auch ums Sehen und Gesehenwerden. Im Herzen des Marktes und somit der Stadt hat auch ein Biergarten seinen festen Platz. Der perfekte Ort, um den Trubel um sich herum in Ruhe zu beobachten und gemeinsam ein wenig Kraft zu tanken.
Wo? Viktualienmarkt 9, www.biergarten-viktualienmarkt.com.

_Mit über 5.000 Sitzplätzen und über 100 Stammtischen gehört der **Augustiner-Keller** gerade an Samstagssommerabenden vielleicht nicht zu den ruhigsten Adressen der Stadt, dafür aber auf jeden Fall zum Pflichtprogramm für an der Bierkultur interessierte Touristen! Seit 1812 wird der

DER BIERGARTEN DES HOFBRÄUHAUSES.

deutschlandweit bekannte Edelstoff hier aus Holzfässern gezapft, der Anstich eines frischen Fasses wird mit Glockengeläut verkündet. Das Essen ist klassisch bayerisch und fabelhaft, wer aber nur die Atmosphäre schnuppern und eine Maß trinken will, darf hier – wie in allen traditionellen Biergärten laut Erlass von 1812 – auch seine eigene Brotzeit mitbringen.
Wo? Arnulfstraße 52, www.augustinerkeller.de.

_Fast ebenso alt und bestimmt genauso beliebt bei Einheimischen wie Touristen ist der **Löwenbräukeller** am Stiglmaierplatz, und die Frage nach dem besten Münchner Bier ist ein Fass, das wir hier lieber nicht aufmachen. Besonders empfehlenswert ist der Besuch auch außerhalb der Hauptsaison im Winter: Hier gibt es eine Eisstockbahn und Glühwein. Ein Highlight für alle Oktoberfest-Fans und Dirndl-Enthusiasten ist auch die jährlich im April stattfindene »Nacht der Tracht«, bei der in zünftiger Wiesnstimmung geflirtet, gesungen und getanzt wird.
Wo? Nymphenburger Straße 2, www.loewenbraeukeller.com.

_Genauso wenig wie an dem weltberühmten Stimmungslied kommt man bei einem Besuch in München an dessen Inspirationsort und Namensgeber vorbei: dem **Hofbräuhaus**! Von Wilhelm v. als Brauerei für die Versorgung der Wittelsbacher ins Leben gerufen, lockt der Bierpalast am Platzl seit Geheiß von Ludwig II. 1828 auch das nicht-höfische Volk in die altehrwürdigen Mauern. Das weltberühmte Brauhaus bietet ungeübten Trinkern vor 18 Uhr auch einen halben Liter an, der Schweinebraten ist famos und die Terrasse auch bei hoher Frequentierung sehr gemütlich. Was soll man da noch sagen außer: Oans, zwoa, gsuffa!
Wo? Platzl 9, www.hofbraeuhaus.de.

Picknick

Ein Picknick erfordert etwas mehr Vorbereitung als den oder die Liebste(n) einfach zum Essen auszuführen, ist aber auch viel romantischer, zumindest wenn niemand Heuschnupfen hat, es keine Mücken gibt und die Sonne scheint; hier sind jedenfalls die besten Picknick-Plätze der Stadt!

Fürs Einkaufen empfiehlt sich selbstverständlich der Dallmayr, das unschlagbare Münchner Feinkost-Paradies, der Viktualienmarkt; wer's italienisch mag, kauft sein Picknick im Eataly in der Schrannenhalle; französisch wird's in der Boulangerie Dompierre (Tengstraße 31 oder Hans-Sachs-Straße 1); und wer mitten in der Nacht die Idee hat, dem sei der Kiosk an der Reichenbachbrücke empfohlen. Dann noch eine kuschelige Decke und Autan einpacken, und los geht's!

_Schlossmauer in Nymphenburg
Die Mauer, die den Nymphenburger Schlosspark von der restlichen Welt abtrennt, ist nicht von überall sichtbar; an vier Stellen gibt es sogenannte Ahas (auch Ha-Has genannt), also Gräben ohne Wasser, die den Park vor ungebetenen Besuchern schützen – man kann deshalb, je nachdem, wo die Picknickdecke ausgebreitet wird, teilweise Blick auf das Schloss haben, ohne eigentlich im Schlosspark zu sein, denn...

_Im **Nymphenburger Park** ist Picknicken verboten, allerdings kann man sich trotzdem trauen, vor allem gibt es ja auch viele schöne Bänke, die dazu einladen...

_An der Isar im **nördlichen Englischen Garten**; fertig gepackte Picknickkörbe oder ganze »Picknickwagerl« samt Körbchen, Decke, Kissen und einem Plan des Englischen Gartens kann man zum Beispiel unter **www.emmeramsmuehle.de** bestellen.

_Die **Grünanlagen an der Isar**, vor allem am Flaucher; hier darf übrigens an einigen Stellen auch gegrillt werden. Bei www.isarpicknick.de kann man gefüllte Picknickkörbe im Leiterwagen bestellen, die man dann an der **Villa Flosslände** abholen kann. Und auch das **Bavarese** packt wunderbare Picknick-Rucksäcke, die man an die Isar mitnehmen kann.

_An sonnigen Tagen und an lauen Abenden weniger überlaufen und bekannt als andere Grünanlagen ist der **Kronepark in Giesing**. Hier ist viel Platz, um die Picknickdecke auszubreiten. Toll und praktisch, um Obst zu waschen und für die kleine Abkühlung oder die romantische Wasserschlacht zwischendurch, ist die Wasserpumpe am Spielplatz.

_Die Münchner hassen oder lieben ihn: den Trubel am **Gärtnerplatz**. Tag und Nacht ist die Grünflächen-Insel inmitten der hippen Isarvorstadt vor allem beim jungen Publikum als Treffpunkt

PICKNICKKORB VON DER EMMERAMSMÜHLE.

beliebt, das hier auch gerne Brotzeit, Bier und Boxen auf Picknickdecke oder Lederjacke ausbreitet. Wer neu in München ist, mitgebrachte Snacks aus dem Picknickkorb auch gerne mit neuen Freunden teilt oder einfach Leute beobachten will, ist hier richtig!

_Gollierplatz Auf diesem hübschen Platz im Westend kann man picknicken, Tischtennis spielen oder den Boule-Spielern zusehen. Im Schatten der Kirche St. Rupert spielt sich hier unverfälschtes städtisches Leben ab.

_Ostpark Nicht so bekannt wie die anderen Gärten in München, lädt der Ostpark im Stadtteil Neuperlach mit seinen vielen Wiesen und Wegen zum Sport, Spazierengehen, Sonnenbaden und eben auch zum Picknicken ein. Im Norden geht der Ostpark ins Michaelibad über, wo man sich an heißen Sommertagen mit einem Sprung ins kühle Nass erfrischen kann.

_Schön picknicken lässt es sich auch in den vielen **Biergärten** der Stadt. Aus Tradition ist es dort erlaubt, mitgebrachte Speisen zu verzehren. Getränke müssen jedoch beim Wirt bestellt werden. An dieser Stelle sei auf die Seiten 58 und 59 verwiesen, dort widmen wir uns gebührlich den nettesten Biergärten Münchens.

Parks

Singende Vögel, raschelnde Blätter im Wind, Blütenduft und umhertollende Eichhörnchen – was gibt es Romantischeres, als händchenhaltend durch einen Park zu spazieren? Nicht umsonst ist die kunstvoll gestaltete Parklandschaft als »lieblicher Ort« seit Jahrhunderten Schauplatz für das Zusammentreffen von Liebenden in Kunst und Literatur. Der bekannteste Park in München ist der Englische Garten (siehe S. 64), die Grüne Lunge der Stadt. Doch die Landeshauptstadt hat mehr zu bieten: Eine Vielzahl unterschiedlicher Grünanlagen lädt zum Verweilen ein und lässt den Trubel der Stadt vergessen. So findet jeder den perfekten Ort im Grünen für sich.

_Der **Olympiapark** ist allseits bekannt und beliebt und mit der berühmten Zeltdachkonstruktion des Olympiastadions eines der Wahrzeichen der Stadt. Während man im Sommer einen Film im Open-Air-Kino genießen und dabei ein Picknick machen oder auf dem See in trauter Zweisamkeit Tretboot fahren kann, so wird der Olympiaberg im Winter zur Rodelbahn. Sportfans kommen bei den unterschiedlichen Veranstaltungen voll auf ihre Kosten, denn von Minigolf bis Inlineskaten wird hier alles geboten. Aber auch die architektonischen Highlights wie Olympiaturm und -stadion bieten viel Abwechslung.
Wo? Spiridon-Louis-Ring 21.

_Wer es lieber etwas besinnlicher mag, der findet im sanfthügeligen **Westpark** den idealen Platz zum Entspannen. Neben den beiden Seen lockt ein romantischer Rosengarten zu einem Spaziergang zu zweit. Aber vor allem der ostasiatische Themenbereich des Parks verspricht Abwechslung. So kann man sich im Japanischen oder im Chinesischen Garten in ferne Kulturen entführen lassen oder den goldglänzenden thailändischen Sala mit Buddha-Statue bewundern. Laue Sommerabende kann man im Biergarten, an den Grillstellen oder im Open-Air-Kino Kino, Mond und Sterne ausklingen lassen.
Wo? Preßburger Straße 35.

_**Riemer Park** Geometrische Formen, große Flächen und eine klare Struktur. Das erwartet den Besucher auf dem Gelände der Bundesgartenschau von 2005. Diese hoch artifizielle Gartenlandschaft erhielt den Landschaftsarchitektur-Preis und bietet den Münchnern nun ein weitläufiges Erholungsgebiet direkt am Messegelände. Die langen, geraden Wege laden zum Fahrradfahren ein. Im Sommer lockt der Riemer See mit seinen Stränden zum Schwimmen, im Winter bietet der Rodelhügel Spaß im Schneegestöber.
Wo? Trudering-Riem.

_Wer sich für die Flora verschiedener Regionen der Welt interessiert, ist im **Botanischen Garten** richtig. Neben den wunderschönen Parkanlagen, wie dem Alpinum, dem Rosen- und dem Frühlingsgarten oder dem Rhododendronhain, sollte man unbedingt die

DER BOTANISCHE GARTEN.

Gewächshäuser besichtigen. Von riesigen tropischen Seerosen über fleischfressende Pflanzen bis hin zu Kakteen in allen Formen kann man hier die ganze Vielfalt der Pflanzen unserer Erde bewundern. Der Eintritt von 4,50 Euro lohnt sich allemal. Nicht zuletzt, weil man im Botanischen Garten wirklich in aller Ruhe und fernab vom Trubel Außergewöhnliches entdecken kann.
Wo? Menzinger Straße 61.

_Der **Ostpark** bietet mit seinen verschlungenen Wegen nicht nur viele lauschige Plätze für das romantische Picknick zu zweit, sondern auch Raum für zahlreiche Sportmöglichkeiten: Volleyball oder Tischtennis im Sommer, Langlaufen und Schlittschuhfahren rund um die kleine Insel im See im Winter. Auch kulturelle Veranstaltungen kommen hier nicht zu kurz: Im FestSpielHaus findet der Tag mit der oder dem Liebsten einen unterhaltsamen Ausklang.
Wo? Feichtstraße 19.

_Im Münchner Westen liegt der **Pasinger Stadtpark**, den die Würm durchfließt und dem Park so sein einzigartiges Flair verleiht. Idealer Startort für Radltouren entlang der Würm mit Rast in urigen Biergärten oder einer Besichtigung von Schloss Blutenburg.
Wo? Hugo-Fey-Weg 1.

_Französisches Flair genießen lässt sich auf dem **Bordeauxplatz**. In Haidhausen, in der Nähe des Ostbahnhofs, findet sich diese wunderschön angelegte Grünanlage, die, gesäumt von Hecken, regelmäßig bepflanzt wird und gerade im Sommer der Treffpunkt schlechthin im Franzosenviertel ist. Gut 240 Meter lang und 60 Meter breit bietet der Platz Raum zum Flanieren, Baguette-Essen und für das mehr oder weniger romantische Public-Viewing-Sportevent. Schatten spendet dabei die rings um den Platz laufende Allee.
Wo? Bordeauxplatz.

Der Englische Garten

Ohne den Englischen Garten kann man sich München gar nicht vorstellen. Rund ums Jahr gibt es unendlich viele Gründe, hier ein paar entspannte Stunden zu verbringen – und das seit über 225 Jahren.
Als 1777 der bayerische Kurfürst Max III. Joseph, genannt der »Vielgeliebte«, kinderlos starb, trat der pfälzische Kurfürst Karl Theodor die Nachfolge an. Für uns heute kaum vorstellbar: Er war überhaupt nicht erfreut, hatte er es sich doch in Mannheim im Schloss zwischen Ehefrau und Mätresse, die ein Palais gegenüber bewohnte, mit einem reichen Kulturleben gerade so richtig gemütlich gemacht. Nachdem sein Versuch, das ungeliebte Bayern gegen die Österreichischen Niederlande einzutauschen (man muss sich das vorstellen!) scheiterte, zog er schweren Herzens nach München und widmete sich der Umgestaltung der Stadt. Doch die Münchner ihrerseits schätzten Karl Theodor genauso wenig wie er sie, und nachdem 1789 die Französische Revolution Europa erschüttert hatte und die Fürsten nicht mehr so sicher auf ihrem jeweiligen Thron saßen, schlug ihm Benjamin Thompson (der spätere Graf Rumford), quasi sein Imageberater, vor, den Garten, der erst nur für das Militär gedacht war, der Öffentlichkeit zugänglich zu machen, was 1792 auch geschah – und dem Kurfürsten viele Sympathiepunkte einbrachte. Der Garten hieß im Volksmund bald nur noch der »englische« Garten, nach der Art seiner Gestaltung und als Pendant zum französischen Barockgarten.

Für Pärchen bieten sich zahlreiche Möglichkeiten, Zweisamkeit zu genießen:

SPORT ZU ZWEIT
· im Sommer 78 Kilometer Wege für Jogger und Spaziergänger, im Winter Platz für Langläufer, Winterspaziergänger und Schneebegeisterte
· Seiltanzen oder Slackline zwischen Bäumen
· Frisbee und Crocket, Yoga und Tai Chi
· eine Auswahl an Reitwegen

ROMANTISCHE UNTERNEHMUNGEN
· Rudern auf dem Kleinhesseloher See an der Grenze zum nördlichen Englischen Garten
· Schwimmen im Schwabinger Bach, dessen Strömung weniger wild ist als die des Eisbachs
· Picknick im nördlichen, verwunschenen Teil des Englischen Gartens, etwa am Oberstjägermeisterbach

DER MONOPTEROS.

KULTUR
Japanisches Teehaus
Unweit nördlich des Hauses der Kunst (siehe Seiten 88 und 96) findet sich das Japanische Teehaus, idyllisch auf einer kleinen Insel im Schwabinger Bach gelegen. 1972, im Jahr der Olympischen Spiele in München, wurde es als Ort für eine authentische Teezeremonie aufgestellt: eine Stätte der Kontemplation in der Großstadt.

Schönfeldwiese und Schwabinger Bach
Vom Japanischen Teehaus oder von der Uni kommend, betritt man bald historisches Gelände, nämlich die Schönfeldwiese am Schwabinger Bach. Sie hat als Zentrum der textilfreien Bewegung Geschichte gemacht. Es muss Ende der 1970er Jahre gewesen sein, als ihre ersten halb- und dann splitternackten Verfechter am Ufer des Eisbachs auftauchten. Den Erfolg der Bewegung konnte auch das beherzt-bekleidete Eingreifen der Polizei nicht aufhalten. Heute ist das Nacktbaden sogar ausdrücklich erlaubt. Ihr könnt euch hier also in Übereinstimmung mit der Badekleidungsverordnung von 2014 ohne Bedenken dazugesellen. Ansonsten wird die Umgebung – im Sinne der damaligen Planer – von Spaziergängern, Biergartenbesuchern, Joggern, Hundebesitzern, Selbstdarstellern sowie nicht mehr oder noch nicht bekannten Musikertalenten frequentiert.

Monopteros
Von der Schönfeldwiese aus sieht man bereits den künstlich aufgeschütteten Hügel mit dem Monopteros, einer kleinen Tempelrotunde, errichtet 1836 durch Leo von Klenze. Eine Gedächtnisstele in der Mitte würdigt jene Wittelsbacher,

die die Anlage des Englischen Gartens gefördert hatten (Karl Theodor und Max I. Joseph). Vom Hügel bietet sich ein bildschöner Ausblick von wahrhaft »münchnerischem« Charakter auf die Gartenlandschaft und auf die Silhouette der Stadt – Steigerungen ins Romantische sind möglich: bei Sonnenuntergang und mit der oder dem Liebsten im Arm.

Chinesischer Turm
Auch die Münchner höfische Kultur entwickelte Ende des 18. Jahrhunderts eine wahre Manie für Chinoiserien, die sich etwa äußerte im Chinesischen Kabinett der Residenz, der Pagodenburg im Schlosspark Nymphenburg und eben im Chinesischen Turm im Englischen Garten. Im Mai 1790 war er fertiggestellt als freie Interpretation seines Vorbilds, der Pagode in den Kew Gardens in London, die wiederum der Porzellanpagode in Nanking nachempfunden ist. Während des Zweiten Weltkrieges brannte der Chinesische Turm vollständig ab. Dem 1951 eigens dafür gegründeten Verein zum Wiederaufbau des Chinesischen Turms ist es zu verdanken, dass der Turm seit dem 6. September 1952 wieder steht, so wie er jetzt ist. Und wie eh und je ist er eine Stätte Münchner Lebensfreude.

Theater unter freiem Himmel
Immer im Juli spielt das Münchner Sommertheater ganz hervorragende Inszenierungen im Amphitheater im Englischen Garten, zu Fuß erreichbar von der U-Bahn-Station Alte Heide.

Tivoli-Kraftwerk
Aber auch Technikbegeisterte kommen im Englischen Garten voll auf ihre Kosten! Im Nordteil des Parks, direkt am Eisbach, steht das 1895/96 erbaute und 1986 nach einer Renovierung wieder in Betrieb genommene historische Wasserkraftwerk, das bis zum heutigen Tage aktiv ist. Das denkmalgeschützte Gebäude kann zweimal im Jahr auch von innen besichtigt werden, jeweils am dritten Samstag im April um 14 Uhr und am dritten Sonntag im November um 10 Uhr.

GASTRONOMIE
Südlicher Teil
Der quirlige Biergarten am **CHINESISCHEN TURM** ist mit etwa 7.000 Sitzplätzen einer der größten der Stadt; am Mittwoch, Freitag, Samstag und Sonntag sorgt nachmittags Blasmusik für Stimmung und im Schatten von Turm und Bäumen sitzt es sich selbst an den heißesten Sommertagen recht angenehm. Exquisiter ist das **SEEHAUS** am Kleinhesseloher See, empfehlenswert aber auch eher der Wirtsgarten, von dem man einen herrlichen Blick über den See hat. Besonders hübsch ist der Kiosk **MILCHHÄUSL** am Eingang Veterinärstraße, wenn man von der Uni kommt.

Nördlicher Teil
Am südlichen Ende des Nordteils liegt der lauschige Biergarten **HIRSCHAU** und an seinem nördlichen Ende der **AUMEISTER**, ein schnuckeliges und unter

der Woche nachmittags ruhiges Ziel für eine kleine Radtour. Wer weniger weit radeln möchte, kann im **MINI-HOFBRÄUHAUS** im Nordteil einkehren.

EXTRA-TIPP: KOCHERLBALL

Man muss schon früh aufstehen und am besten schon weit vor Beginn um 6 Uhr am Tisch sitzen, bevor die anderen gut zehntausend Kocherl zum Biergarten am Chinesischen Turm kommen. Seit 1880 fand der Ball der Köchinnen (Kocherl), Hausangestellten und Dienstboten sonntags von 5 Uhr bis etwa 8 Uhr (Dienstantritt 9 Uhr!) statt, bis er 1904 von der Obrigkeit verboten wurde: Angeblich trieben es die Ballbesucher zu bunt. Zum 200. Geburtstag des Englischen Gartens wurde der Ball 1989 wiederbelebt: Die Gäste kommen seitdem in historischem Gwand und tanzen Zwiefachen und Münchner Française.

Japanisches Teehaus, Prinzregentenstraße 1, www.urasenke-muenchen.de
Chinesischer Turm, Englischer Garten, www.chinaturm.de
Sommertheater im Englischen Garten, www.mstheater.de
Tivoli-Kraftwerk, Gyßlingstraße 12
Seehaus im Englischen Garten, Kleinhesselohe 3
MilchHäusl, Königinstraße 6, www.milchhaeusl.de
Biergarten Hirschau, Gyßlingstraße 15, www.hirschau-muenchen.de
Aumeister, Sondermeierstraße 1, www.aumeister.de
Mini-Hofbräuhaus, Gyßlingstraße, www.minihofbraeuhaus.de
Kocherlball, www.muenchen.de/veranstaltungen

Schlösser

Als größtes Innenstadtschloss Deutschlands ist die **MÜNCHNER RESIDENZ** mit ihren Gärten und Höfen fester Bestandteil des Stadtbilds. Von 1508 bis 1918 Wohn- und Regierungssitz der bayerischen Herzöge, Kurfürsten und Könige werden die Gebäude heute als Museum genutzt und bieten Raum für kulturelle Veranstaltungen. Das Residenzmuseum zeugt von den sich wandelnden Moden der Renaissance, des Barock, Rokoko, Klassizismus und Historismus. Mobiliar, Gemälde, Teppiche und Skulpturen machen dem Besucher den Wert der Raumkunstwerke ziemlich schnell bewusst. Sehr lohnenswert ist ein Besuch im Cuvilliés-Theater, ein von Kurfürst Max III. Joseph in Auftrag gegebenes und in der Residenz, genauer zwischen Apothekenhof und Brunnenhof, angesiedeltes Rokoko-Theater, in welchem immer noch Inszenierungen aufgeführt werden.

Das ehemalige Jagdschloss **BLUTENBURG** im Münchner Westen ist trotz der Nähe zur Autobahn eine kleine Ruheoase. Direkt an der Würm gelegen beherbergt das spätgotische Bauwerk etwa das Michael-Ende-Museum. Außerdem soll Agnes Bernauer, die unstandesgemäße Geliebte von Albrecht III., hier kurz gelebt haben; Albrechts Vater, der regierende Herzog Ernst, ließ Agnes schließlich in der Donau ertränken, um die reine Linie des Münchner Herzogsgeschlechts zu sichern. Die Anlage und die Räumlichkeiten des Schlosses können gut in einem Tag erlaufen werden, für Stärkung sorgt die urige Schlossschänke.

Die Anlage **SCHLEISSHEIM** besteht aus drei einzelnen Schlössern, dem Neuen Schloss, dem Alten Schloss und dem Schloss Lustheim. Der Komplex inklusive barocker Gartenanlage ist in seiner bis heute fast unverändert erhaltenen Form ein Paradebeispiel für höfische Architektur und Gartenbaukunst des 17. und 18. Jahrhunderts. Im Angebot sind auch romantische sowie kulinarische Gondelfahrten mit Picknick im abendlichen Hofgarten.

Warum das **WASSERSCHLOSS UNTERWITTELSBACH** in Aichach so berühmt ist, erschließt sich aus seinem weit bekannteren Namen: In dem »Sisi-Schloss«, welches das Jagdschloss von Sisis Vater Herzog Max in Bayern war, verbrachte die spätere Kaiserin von Österreich einige ihrer Kindertage. Das Schloss ist von November bis Mitte Mai nicht für den Publikumsverkehr zugänglich, öffnet aber während der Winterpause für verschiedene Veranstaltungen, wie dem Ostermarkt, dem Kunst-Antik-Markt und anderen kleineren Ausstellungen, die Tore. Jährlich gibt es auch eine Sonderausstellung zu sehen.

NEUSCHWANSTEIN, LINDERHOF UND HERRENCHIEMSEE, die Anwesen Ludwigs II., zählen zu den Klassikern der bayerischen Schlösser. Obwohl sie nicht in der unmittelbaren Nähe von München liegen, lohnt sich die Anfahrt allein wegen der idyllischen Umgebung. Die Bautätigkeit von Ludwig II. startete 1868 mit Neuschwanstein, welches er, menschenscheu wie er war, als Rückzugsort bauen ließ. Ironischerweise gehört es heute zu den meistbesuch-

LUDWIGS TRAUM: SCHLOSS NEUSCHWANSTEIN.

ten Schlössern Europas. Aufgrund seiner exponierten Lage müssen sowohl das Fundament als auch die Fassaden des Schlosses sowie die steilen Felswände, auf denen es thront, regelmäßig untersucht werden. Noch während Neuschwanstein gebaut wurde, ging der Märchenkönig das Projekt Schloss Linderhof an. Es war geplant, sich bei dem Bauvorhaben an Versailles zu orientieren und noch zusätzlich einen großen byzantinischen Palast zu errichten. Schlussendlich hielt sich der König aber zurück und schuf ein schickes, aber weitaus weniger protziges Schlösschen. Auf keinen Fall verpassen darf man die Venusgrotte im Park – die künstliche Tropfsteinhöhle ist nach dem Vorbild des Hörselberges aus der Wagneroper »Tannhäuser« gestaltet und mit See und Wasserfall ein Spektakel für die Sinne. Last but not least bietet sich ein Besuch Herrenchiemsees an. Schon die Anreise gestaltet sich abenteuerlich, da man nur per Fähre auf die Herreninsel inmitten des Chiemsees gelangt, auf der sich das Schloss befindet. Dort kann man den ganzen Tag verbringen – Königsschloss, Parkanlagen, Wasserspiele und das Museum im Augustiner-Chorherrenstift sorgen für Zerstreuung.

Residenz München, Residenzstraße 1, www.residenz-muenchen.de
Schloss Blutenburg, Seldweg 15, www.blutenburg.de
Schlossanlage Schleißheim, Max-Emanuel-Platz 1, 85764 Oberschleißheim, www.schloesser-schleissheim.de
Wasserschloss Unterwittelsbach, Klausenweg 1, 86551 Aichach
Schloss Neuschwanstein, Neuschwansteinstraße 20, 87645 Schwangau, www.neuschwanstein.de
Schloss Linderhof, Linderhof 12, 82488 Ettal, www.schlosslinderhof.de
Neues Schloss Herrenchiemsee, 83209 Herrenchiemsee, www.herrenchiemsee.de

Schloss und Park Nymphenburg

Schloss Nymphenburg und der dazugehörende Park üben zu jeder Jahreszeit großen Reiz auf Münchner wie auf Touristen aus, sei es, um lauschige Spaziergänge im Frühling oder eine Gondelfahrt im Sommer zu unternehmen, zum Genießen der letzten warmen Tage im Herbst oder zum Schlittschuhlaufen im Winter. Doch auch für an der Münchner Geschichte Interessierte ist ein Besuch von Schloss und Park ein reines Vergnügen – und vieles hat hier mit der Liebe zu tun!

Geschichte

Schon die Gründung des Schlosses geht auf eine Liebesgeschichte und eine Hochzeit zurück: die von Kurfürst Ferdinand Maria und Henriette Adelaide. **Kurfürst Ferdinand Maria** (regierte 1651 bis 1679) wurde der »Friedliebende« genannt, weil er durch seine zurückhaltende Politik gegenüber Frankreich unter Ludwig XIV. den Frieden für Bayern wahren konnte. Durch die Einführung merkantilistischer Methoden gelang es Bayern schneller als den anderen deutschen Staaten, die verheerenden Folgen des Dreißigjährigen Krieges zu überwinden. Doch das Privatleben des Kurfürsten gestaltete sich nicht ganz so erfolgreich: Als 14-Jähriger wurde er mit der ebenfalls erst 14-jährigen **Henriette Adelaide von Savoyen** per procurationem, also durch einen Stellvertreter und nur in Anwesenheit der Braut, in Turin vermählt. Ein Jahr später starb sein Vater, er selbst wurde Kurfürst, Henriette Adelaide Kurfürstin eines Landes, dessen Boden sie noch nie betreten hatte. Am 16. Mai 1652 brach sie mit einem Tross von 336 Pferden und 350 Packwagen nach München auf. Ferdinand Maria holte sie in Kufstein ab, wohin er inkognito mit kleinem Gefolge gereist war, um seine Frau ungestört kennenzulernen. Doch das erste Treffen war für die junge Braut ein Reinfall: Er besuchte sie in ihrem Zimmer und wie sie ihrer Mutter später schrieb, konnte sie die Tränen nicht zurückhalten und zitterte am ganzen Leibe, als er sie küsste. Während er sich vom Fleck weg in Henriette Adelaide verliebte, gefiel er ihr gar nicht. Sie schrieb an ihre Mutter, dass er sich schlecht halte, stets eine unschöne Grimasse mit seinem Mund schneide und dass er überhaupt nichts sähe (ja, er war kurzsichtig!). Sie selbst bete täglich zu Gott, dass er sie ihren Ehemann lieben können lasse. Und obwohl sie einen italienischen Koch, einen Arzt, einen Apotheker und zahlreiche Hofdamen sowie ihren Beichtvater mitbrachte, fühlte sie sich in München einsam und in eine unkultivierte Provinz versetzt. Am Münchner Hof wurde zudem um den verstorbenen Kurfürsten getrauert, weswegen es keine Amusements, keine Bälle, Konzerte oder Schlittenfahrten gab. Die Kurfürstin selbst durfte keine dekolletierten Kleider tragen, musste eine Haube aufsetzen und um 21 Uhr im Bett sein – kein Wunder, dass sie das üppige Leben am Turiner Hof vermisste.

Die Erbauer von Schloss Nymphenburg: Kurfürst Ferdinand Maria und seine Gemahlin Henriette Adelaide.

Ferdinand Maria gab in den ersten Jahren keinen guten Ehemann ab: Er war seiner Mutter hörig, die die Regentschaft inne hatte und machte keinen Schritt ohne sie. Auch als er volljährig wurde, wurde es nicht besser. Er lehnte sogar auf Anraten der Mutter die Kaiserwürde ab. Die Klagebriefe Henriette Adelaides nach Turin, die das überhaupt nicht verstehen konnte, nahmen kein Ende.

Erst als ihre Schwiegermutter starb, besserte sich das Verhältnis zwischen den Eheleuten. Adelaide, die die dynastischen Interessen der Bourbonen vertrat, konnte nun Einfluss auf die Politik Bayerns ausüben. Dies gipfelte im Allianzvertrag zwischen Bayern und Frankreich von 1670. Von nun an standen Bayern und Frankreich bis in die Mitte des 18. Jahrhunderts stets Seite an Seite. Nach zehnjähriger Kinderlosigkeit brachte Adelaide auch Nachkommen zur Welt, 1660 eine Tochter, 1662 den ersehnten Thronfolger Max Emanuel; es folgten noch weitere sechs Kinder. Adelaide lernte in jenen Jahren ihren Mann zu lieben, der selbst sowieso weiterhin in sie vernarrt war. Sie erfüllten ihr Gelübde, eine große Kirche bauen zu lassen, wenn sie einen gesunden Jungen bekämen, und so wurde die Theatinerkirche nach Plänen des Oberitalieners Agostino Barelli gebaut. Barelli erdachte auch die Pläne für **SCHLOSS NYMPHENBURG**, das ein Geschenk des Kurfürsten anlässlich der Geburt des Thronfolgers für die Kurfürstin war. 1664 wurde mit dem Bau begonnen. Das Schloss war zu jener Zeit mehr ein Pavillon, umgeben von der Hofmarkskirche, einigen Neben- und Wirtschaftsgebäuden sowie einem in geometrischen Formen angelegten Garten.

Adelaide wurde schließlich glücklich in München, sie förderte die Künste und holte mit italienischen Künstlern und Architekten den Barock nach Bayern. Sie sang, spielte Harfe, trat als Balletttänzerin auf und war Ideengeberin für Librettisten. Doch ihr jetzt so erfülltes Leben als »schönste und vollkommenste Fürstin der Welt« (wie ein französischer Gesandter nach Paris schrieb) endete abrupt: Bei einem verheerenden Brand in der Residenz rettete sie, in Abwesenheit Ferdinand Marias, ihre Kinder und gab leicht bekleidet bis 3 Uhr morgens Anweisungen, wie das Feuer zu löschen sei – der zuständige Hofbeamte hatte einen Zusammenbruch erlitten. Bei den Löscharbeiten zog sie sich eine Erkältung zu, der sie schließlich erlag. »Ihr gebührt der Ruhm für alles Schöne an diesem Hof!«, wurde nach Hause geschrieben. Ferdinand Maria, der seiner Frau nur drei Jahre später in den Tod folgte, und Henriette Adelaide sind in der Theatinerkirche bestattet.

Unter dem Sohn der beiden, **KURFÜRST MAX II. EMANUEL** (regierte 1679 bis 1726), genannt der »Blaue Kurfürst«, Kriegsheld (er war einer der wenigen Fürsten, die sich an den Türkenkriegen beteiligten) und Vater von mindestens 16 Kindern, erhielt Nymphenburg seine heutigen Maße. Der italienische Architekt Enrico Zuccalli entwarf zwei sich nördlich und südlich an den vorhandenen Bau anschließende Pavillons, die durch Galerien verbunden werden sollten. Doch der Spanische Erbfolgekrieg beendete die Baumaßnahmen, Max Emanuel musste München verlassen und erst als er 1715 aus Paris zurückkam, wurde das Schloss von den Handwerkern und Künstlern, die er aus Frankreich mitgebracht hatte, unter der Leitung von Hofbaumeister Joseph Effner vollendet. Max Emanuel hatte während der Türkenkriege den im Orient üblichen Luxus eines Badehauses kennengelernt und ließ sich mit der **BADENBURG** ein solches Bad errichten, auch dieses ein Meisterwerk von Joseph Effner. »Das Haus der Bäder ist ein rechtes Meisterstück der Kunst«, lobte Pierre de Bretagne, Max Emanuels Beichtvater. Und in einer Reisebeschreibung aus dem Jahr 1792 heißt es, man müsse in Nymphenburg zwei Dinge gesehen haben: »Das eine ist die Amalienburg..., das andere ist das schönste Bad, das mit allen Bequemlichkeiten, so die Pracht nur eingeben kann, in einer anderen Ecke dieses Gartens, vom Kurfürst Maximilian Emanuel erbauet worden. Ich besinne mich nicht, irgendwo etwas zierlicher und besser Ausgedachtes gesehen zu haben. Das Bassin ist so groß, dass man bequem darin schwimmen kann, und wenn man Zuschauer dabey haben will, so ist ein Platz da (die Galerie), wo sie sich hinstellen können.«

Max Emanuels Sohn **KARL ALBRECHT**, Kurfürst von Bayern und deutscher Kaiser (regierte 1726 bis 1745, seit 1742 als Kaiser Karl VII.), setzte in Nymphenburg die vom Vater begonnenen Baumaßnahmen fort. In seiner Zeit entstand das Schlossrondell. Sein kostbarstes Vermächtnis wurde jedoch die Amalienburg, deren Architekt François Cuvilliés d. J. war, ein in Paris ausgebildeter Architekt.

Unglückliche Ehefrau: Kurfürstin Maria Amalia.

Ausgeführt von hervorragenden Künstlern und spezialisierten Hofwerkstätten entstand eine der bezauberndsten Schöpfungen der europäischen Kunst jener Zeit. Die Amalienburg war ein Lust- und Jagdschlösschen für Karl Albrechts Gemahlin **MARIA AMALIA**, eine Kaisertochter. Maria Amalia (1701–1756) war nicht glücklich mit ihrem Mann, der sie verprügelte und ihr ganze Haarbüschel ausriss – und das vor versammeltem Hofe. Kein Wunder, dass ihre Liebe ihren Hunden galt. Der Zeitgenosse Keyssler schrieb 1729 über sie: »Die Hunde finden eine große Liebhaberin in ihr, welches man vornehmlich zu Nymphenburg an den übel zugerichteten, rotdamastenen Tapeten und Betten abmerken kann. Die kleinen englischen Windspiele gelten jetzt das Meiste. Der Lieblingshund der Churfürstin Amalie ruhte unter einem gelbdamastseidenen kleinen Zelte auf einem Kissen von gleichem Stoff.« Auch das Bild von Maria Amalias Leithund Caesar im Amalienzimmer ist ein Beispiel für die Wertschätzung, die den kostbaren Hunden entgegengebracht wurde.

Unter **KURFÜRST MAX III. JOSEPH** (regierte 1745 bis 1777), dem Sohn Maria Amalias und ihres Mannes Karl Albrecht, erhielt der Festsaal von Schloss Nymphenburg seine heutige prunkvolle Dekoration. Und die Nymphenburger Porzellanmanufaktur bezog ihren heutigen Platz im vorderen Schlossrondell. **KURFÜRST KARL THEODOR**, der von 1777 bis 1799 regierte, veränderte in

Nymphenburg wenig, doch 1792 ließ er den Nymphenburger Schlosspark für das Volk öffnen, wie auch den Englischen Garten. Als Bayern zu Beginn des 19. Jahrhunderts Königreich wurde, erhielt Nymphenburg wieder eine neue bedeutende Funktion. **KURFÜRST MAX IV. JOSEPH**, seit 1806 als Max I. Joseph der erste König von Bayern, ließ einen Teil der Räume umbauen und mit noblem, klassizistischem Mobiliar ausstatten. Der Hofgartenintendant Friedrich Ludwig von Sckell verwandelte den geometrischen französischen Garten in einen Landschaftspark englischer Prägung. **KÖNIG MAX I. JOSEPH** starb 1825 in Nymphenburg und **KÖNIG LUDWIG II.** von Bayern erblickte hier am 25. August 1845 das Licht der Welt. Unter seinem Großvater, dem Frauenverehrer König Ludwig I. regierte noch einmal die Liebe in Schloss Nymphenburg: Er ließ von Hofmaler Joseph Karl Stieler die **SCHÖNHEITENGALERIE** mit den 36 schönsten Damen aus unterschiedlichen Gesellschaftsschichten malen, darunter auch Lola Montez.

ZU BESICHTIGEN
An lauschigen Ecken mangelt es dem Park Nymphenburg ganz sicher nicht, vor allem seien den Besuchern hier die **STUFEN DER BADENBURG** im Park von Schloss Nymphenburg mit Blick auf den Apollotempel sowie die etwas versteckten **BRUNNHÄUSER**, in denen sich die Technik für die Fontänen des Schlossparks verbirgt, ans Herz gelegt. Unsere Empfehlung: einfach loslaufen und die Augen offen halten, dann zeigt sich verliebten Paaren vielleicht sogar ein Reh oder gar Franz Herzog von Bayern, das amtierende Haupt der Wittelsbacher – er geht hier gerne mit seinem Dackel spazieren. Sehr hübsch ist auch das **EISERNE HAUS**, das von einem wunderschönen, kleinen eigenen Park umgeben ist, der **KRONPRINZENGARTEN** mit Pavillon, den Friedrich Ludwig von Sckell für Ludwig I. schuf, oder das **DÖRFCHEN**, in dem im 18. Jahrhundert Hofbedienstete wohnten und das die hohen Herrschaften besuchten, wenn ihnen nach idyllischem Landleben der Sinn stand.

Im historischen Abriss oben wurde die **PAGODENBURG** noch nicht erwähnt, die ebenfalls Max II. Emanuel errichten ließ, um sich nach dem golfartigen »Mailspiel« zu erholen. In einer zeitgenössischen Beschreibung heißt es: »Dieses indianische Gebäude ist ein Ort für die hohen Herrschaften daselbst auszuruhen, wenn sie auf der Mailbahn gespielt haben... Ganz unten hat es einen Saal und zwei Kabinette, das Getäfel ist auf arabische und indianische Art gemacht mit allerhand chinesischen Figuren und Pagoden.« Ebenfalls auf Max II. Emanuel geht die **MAGDALENENKLAUSE** zurück, in die sich der Fürst zur Kontemplation zurückziehen konnte; irgenwann braucht schließlich auch der stärkste Kurfürst eine Pause von seinem ausschweifenden Leben.

Empfehlenswert ist auch das **MARSTALLMUSEUM**, eine einzigartige Sammlung, die sich ganz den noblen Fortbewegungsmitteln der bayerischen Fürsten verschrieben hat, also Kutschen, Schlitten und Reitzubehör. Unter anderem findet sich hier der Prunkschlitten von Ludwig II. Im Obergeschoss befindet sich eine Porzellanausstellung. Einen Kaffee kann man gut im **CAFÉ PALMENHAUS** trinken, das sich in einem der ehemaligen Gewächshäuser befindet.

Lola Montez in der Schönheitengalerie.

Schloss Nymphenburg im Herbst.

Top 10
»Lauschige Ecken«

1_Der Finanzgarten (Dichtergarten) liegt an der Galeriestraße zwischen dem Ministerium für Ernährung, Landwirtschaft und Forsten (Ludwigstraße 2) und dem Prinz-Carl-Palais. In dem kleinen Park, der auf dem Gelände einer Bastion aus dem Dreißigjährigen Krieg angelegt wurde, werden seit 1984 Dichter und Literaten, die mit München verbunden sind, gewürdigt.
Wo? Galeriestraße 1.

2_Der Kabinettsgarten grenzt an die Allerheiligen-Hofkirche. Mitte des 19. Jahrhunderts entstand dieser Hof, der mit einer Mauer abgegrenzt war und nur durch eine schmale Öffnung betreten werden konnte, am östlichen Rand der Residenz. Im 20. Jahrhundert verwilderte die Anlage und wurde als Gemüsegarten und Hühnerhof zweckentfremdet. Erst 2002 wurde vom bayerischen Finanzministerium eine Neugestaltung durch den Landschaftsarchitekten Peter Kluska beschlossen.
Wo? Residenzstraße 1.

Kabinettsgarten und Rosengarten.

3_Der Rosengarten der städtischen Baumschule Bischweiler ist eine bewirtschaftete Grünanlage des Münchner Gartenbaureferats im Stadtteil Untergiesing, die zu einem beliebten Naherholungsgebiet geworden ist. Im Jahr 1901 wurde die Baumschule als ein Teil der Isaranlagen unmittelbar oberhalb des Schyrenbads gebaut. Hier werden Blumen, Ziergehölze und Bäume für die städtischen Grünanlagen gepflanzt und es gibt Themengärten für Besucher. Man kann dort wirklich in Rosen schwelgen: Der Rosengarten ist eine etwa 4.500 Quadratmeter große Fläche mit rund 200 verschiedenen Rosensorten und 8.500 Rosenstöcken.
Wo? Zwischen Sachsenstraße und Isar.

4_Der Harmlos ist eine Marmorskulptur in gräzisierendem Stil von Franz Jakob Schwanthaler. Sie stellt Antinoos dar. Die linke Hand des Jünglings ruht auf einer Tafel. Von der dort eingemei-

ßelten Inschrift erhielt das Standbild seinen volkstümlichen Namen: HARMLOS / WANDELT HIER / DANN KEHRET / NEU GESTÄRKT / ZU JEDER / PFLICHT ZURÜCK
Der Harmlos steht südwestlich des Englischen Gartens im sogenannten Unteren Hofgarten. Die Grünfläche vor dem Standbild wird »Harmlos-Wiese« genannt.
Wo? Am Übergang vom Hofgarten zum Englischen Garten.

5_Verwunschen und sehr romantisch ist auch der **Alte Nordfriedhof** in Schwabing, der von den Anwohnern als kleine Parkanlage genutzt wird. Zahlreiche Bänke stehen den Spaziergängern zur Verfügung und an schönen Tagen wird der Platz zwischen den teilweise mit Efeu umrankten Grabmälern gerne als Liegewiese verwendet.
Wo? Arcisstraße 45.

6_Ein weiterer kleiner, hübscher Park ist der **Luitpoldpark**, der 1911 zum Anlass des 90. Geburtstages des Prinzregenten eröffnet wurde. Im Nordteil befindet sich außerdem der Luitpoldhügel, ein begrünter Aussichtspunkt mit Blick über das nördliche München: Das ans Gelände grenzende Freibad Georgenschwaige, aber auch der Olympiaturm und die Allianz Arena sind zu sehen. Der Hügel entstand aus dem Schutt des im Zweiten Weltkrieg stark zerstörten München. Im Bamberger Haus kann man gediegen essen und Kaffee trinken.
Wo? Zwischen Brunnerstraße und Scheidplatz.

7_Die **Maximiliansanlagen** sind Park- und Gartenanlagen in den Münchner Stadtteilen Bogenhausen und Haidhausen. Zentraler Punkt ist der 38 Meter hohe **Friedensengel**. Die Anlagen wurden zwischen 1856 und 1866 unter der Leitung von Carl von Effner angelegt, Auftraggeber und Namensgeber war König Maximilian II.
Wo? Zwischen der Ludwigsbrücke und der Max-Joseph-Brücke.

8_Gleich hinter der Bavaria befindet sich der **Bavariapark**. Wildromantisch, von alten Eichen umgeben und mit wunderschönen Steinskulpturen bestückt, findet sich hier unweit vom Trubel des Oktoberfests oder des Wintertollwoods ein lauschiges Plätzchen.
Wo? Am Bavariapark/Theresienhöhe.

9_Etwas außerhalb, aber in wunderschöner Umgebung gelegen, findet man das **Kloster Andechs**. Egal von wo aus man den Aufstieg zum Kloster startet, von oben wird eine fantastische Aussicht geboten. Und wer einen weiteren Weg in Kauf nimmt, findet viele schöne Orte, an denen die Natur gemeinsam mit dem Partner genossen werden kann.
Wo? Bergstraße 2, 82346 Andechs.

10_Der **Petuelpark** ist der richtige Ort für alle, die es nicht nur ruhig mögen, sondern auch ein Faible für Kunst haben. Hier findet sich neben einem kunstvoll arrangierten Grünkonzept auch ein modern gestalteter Skulpturenparcours. Für Auflockerung sorgt der Fontänenplatz und wer nach der ganzen Kunst eine Stärkung braucht, kann sich im Café in der Mitte des Parks erholen.
Wo? Barlachstraße, entlang des Petueltunnels.

BEZIEHUNGSSTADIUM:
Verlieben

Wie verliebt man sich als Single eigentlich am einfachsten in München? Ein Reiseführer kann hier natürlich keine eindeutige Antwort und auch keine Anleitung geben. Auch kann das intensive Studium des ganzen Buches nicht garantieren, innerhalb kürzester Zeit glücklich dem eigenen Single-Dasein zu entrinnen. Die bayerische Landeshauptstadt bietet jedoch eine perfekte Bühne, um seinen zukünftigen Schatz kennenzulernen und steht somit Städten wie Paris oder Rom in nichts nach. Das wohlgefällige Stadtbild, eine sehr hohe Singledichte sowie ein breites Programm an Unternehmensmöglichkeiten stellen zumindest eine gute Basis dar, aktiv zu sein, neue Leute zu treffen und sich zu verlieben – zu allen Jahreszeiten.

Große Chancen hierzu bestehen etwa in einem der zahlreichen Biergärten – sozusagen das zweite Wohnzimmer der Münchner. Bei schönem Wetter drängt es sich auf den Bänken; gutes Essen und erfrischende Getränke sowie die gelöste Stimmung sorgen schon ganz allein dafür, dass man ins Gespräch kommt. Besonders beliebt bei gutem Wetter sind auch die Isarauen gleich in der Innenstadt. Wenn langsam die Sonne hinter der Silhouette der Stadt verschwindet, treffen sich dort viele Nachtschwärmer zu ihrer ersten Station. Selbiges gilt übrigens auch für den Gärtnerplatz. Nahezu ein Geheimtipp sind die kostenfreien Tangoabende unter dem Vordach der ehrwürdigen Staatlichen Antikensammlungen am Königsplatz. Bei schönem Wetter treffen sich dort ab 18 Uhr Freunde des lateinamerikanischen Tanzes und drehen dort ihre anmutigen Kreise. Vorkenntnisse sind nicht notwendig, ein feuriger Tanzlehrer gibt eine Einführung – nur Mut!

Doch nicht nur im Sommer bestehen Möglichkeiten zum Verlieben! Gilt doch gerade der Herbst in München und seinem Umland als schönste Jahreszeit. Die letzten warmen Sonnenstrahlen und das bunte Farbengemisch in den Parks und Stadtgärten zaubern nahezu jedem ein Lächeln auf das Gesicht. Beste Voraussetzungen für große Gefühle! Im Winter erwecken dagegen Eisbahnen, Schneeballschlachten und kuschelige Kaffeenachmittage prasselnde Gefühle.

Ampelpärchen anlässlich des Christopher Street Days im Glockenbachviertel.

Münchner Liebesfilme und -serien

DER KÖNIGSWALZER (1955)
Die verschrobene romantische Komödie in bayerischer Mundart, die unter anderem in Schloss Nymphenburg und im Englischen Garten aufgenommen wurde, dreht sich um die irrwitzigen Liebesgeschichten des Münchner Adels. Statt die Traumhochzeit von Sisi und ihrem Franz noch einmal auf die Leinwand zu bringen, widmet sich Regisseur Viktor Tourjansky dem Weg dorthin – mit allen seinen Irrungen und Wirrungen.

ZUR SACHE SCHÄTZCHEN (1968)
Regisseurin May Spils hält in dieser Komödie das Schwabing der 60er Jahre fest. Die junge Uschi Glas und der in seiner Rolle aufgehende Werner Enke verkörpern die freizügige und anarchische Moral der 68er und unterhalten das Publikum auf eine großartig lässige und unbekümmerte Art und Weise.

ANGST ESSEN SEELE AUF (1974)
Das Melodram zählt zu Rainer Werner Fassbinders zentralen Werken. Erzählt wird die Liebesgeschichte der Putzfrau Emmi (Brigitte Mira) und des Marokkaners Ali (El Hedi Ben Salem). Die Vorurteile, denen sich das Paar stellen muss, reiben die beiden auf und führen schließlich in die Krise. Gesellschaftskritisch, tragisch und leider immer noch erschreckend aktuell.

MÜNCHNER GESCHICHTEN (1974)
In der Vorabendserie von Helmut Dietl spielen das Lehel, Tscharlie (Günther Maria Halmer) und seine Oma Anna Häusler (Therese Giese) die Hauptrollen: Tscharlie, Lebenskünstler und Vorstadtstrizzi, der noch bei seiner Oma wohnt, ist immer auf der Suche nach der »Riesensach«, während das Lehel (heute würde man sagen) gentrifiziert wird und die Oma gegen Bauspekulanten kämpfen muss. Liebevolle Milieustudie Münchens in den 70er Jahren mit Kultstatus.

MONACO FRANZE – DER EWIGE STENZ (1983)
Helmut Fischer in seiner Paraderolle als Monaco Franze, ein ins Alter gekommener Charmeur, der immer noch nichts anbrennen lässt und den Frauen der Münchner Oberklasse den Hof macht – trotz glücklicher Ehe mit »Spatzl«, fantastisch gespielt von Ruth Maria Kubitschek (siehe dazu auch S. 163).

KIR ROYAL (1985)
In dieser sechsteiligen Fernsehserie, die aus dem Leben des Klatschreporters Baby Schimmerlos erzählt, wird die Münchner Schickeria von Regisseur Hel-

mut Dietl mal ordentlich aufs Korn genommen. Kein geringerer als Patrick Süskind hat an dem Drehbuch mitgewirkt – auch heute noch Kult und unbedingt sehenswert, vor allem wegen Baby und seiner Freundin Mona (Senta Berger).

Rossini (1997)
Helmut Dietl widmet sich in dieser Komödie den wichtigen Fragen des Lebens, nämlich der »mörderischen Frage, wer mit wem schlief«. Hochkarätig besetzt mit Götz George, Mario Adorf, Heiner Lauterbach, Veronica Ferres und Jan Josef Liefers – allesamt karikieren sie die Münchner Medienszene. Auch hier hatte Patrick Süskind als Drehbuchschreiber seine Finger mit im Spiel.

München – Geheimnisse einer Stadt (2000)
Eine poetisch anmutende Filmcollage, zusammengeschnitten aus historischem und aktuellem Dokumentarfilm-Material aus dem Archiv des Bayerischen Rundfunks sowie neuaufgenommenen fiktiven Szenen. Die Zusammenarbeit von Regisseur Dominik Graf und Filmkritiker Michael Althen fängt deren Liebe zu ihrer Stadt in großartigen Bildern ein.

Verschwende deine Jugend (2003)
Tom Schilling, Robert Stadlober und Jessica Schwarz versuchen in den 80er Jahren mit ihrer Band Apollo Schwabing groß rauszukommen. Manager Harry will auf eigene Faust ein DAF-Konzert im Circus Krone organisieren, bei dem Apollo Schwabing als Vorband der Stars auftreten soll. Sein Konzept: kein Konzept. Schwierig: Gleich mehrere Bandmitglieder stehen auf Jessica Schwarz.

Shoppen (2006)
Dieser Ensemble-Film gehört zum Pflichtprogramm für alle Münchner Singles und macht in einer lustigen Runde mit anderen Single-Freunden und -Freundinnen besonders viel Spaß, wirft er doch ein mal überraschend treffendes und berührendes, mal herrlich überzogen-skurriles Licht auf die Welt der Speed-Dating-Szene.

Fack Ju Göhte (2013)
In dem Filmhit des Jahres 2013 begeistern Elyas M'Barek und Karoline Herfurth die Massen. Handlungsort ist die Goethe-Gesamtschule – Kulisse hierfür war das Lise-Meitner-Gymnasium in Unterhaching. Hier schlagen sich Aushilfslehrer und Bankräuber Zeki Müller und Referendarin Elisabeth »Lisi« Schnabelstedt mit ihren pubertären Zöglingen herum und verlieben sich natürlich nebenbei auch noch. Kleines Gimmick: Uschi Glas springt aus dem Fenster.

Lindenstrasse (1985 – heute)
Die erste deutsche Seifenoper, die seit mittlerweile über 30 Jahren wöchentlich im Fernsehen läuft, hat Generationen von Zuschauern am Schicksal – allem voran an den Liebesgeschichten – der Bewohner der Lindenstraße in München teilhaben lassen. Untermalt von der Kult gewordenen Titelmelodie entlässt die Serie ihre Fans jeden Sonntag mit einem neuen Cliffhanger in die neue Woche.

Top 10
»Plätze zum Knutschen«

1_Lift zum Café Glockenspiel Ein Knutsch-Klassiker, den wir aus dem Kino kennen (zum Beispiel aus dem Neo-Noir-Thriller »Drive« mit Ryan Gosling und Carey Mulligan), ist der leidenschaftliche Kuss im Fahrstuhl. Der Reiz, erwischt zu werden, wenn die Türen sich im dritten Stock lautlos öffnen und Magen und Herz beim Anhalten des Lifts kurz eine Etage tiefer sinken, macht ihn zum Hotspot für stürmische Lippenbegegnungen. Der Aufzug zum Café Glockenspiel ist hierfür besonders geeignet, da nach der wildromantischen Fahrt nach oben auch noch eine berauschende Aussicht über die Stadt lockt.
Wo? Marienplatz 28.

2_Kettenkarussell Frühlingsfest Dass unser Gehirn in luftiger Höhe gerne mal das Kribbelhormon Adrenalin durch unsere Blutbahnen jagt, ist allgemein bekannt, weniger verbreitet ist das Wissen über die Ausschüttung des Liebeshormons Dopamin bei der Einschüttung von Bier in den menschlichen Körper. Spätestens jetzt dürfte klar sein, worauf es hinausläuft: Erst eine Maß teilen (wenn nur einer nach Bier aus dem Mund riecht, wird's unromantisch) und dann im Kettenkarussell den Hormonrausch beim Knutschen multiplizieren.
Wo? Theresienwiese.

3_Wittelsbacher Brunnen Am Wochenende kann man sich kaum vorstellen, dass am Wittelsbacher Brunnen am Maximiliansplatz so etwas wie Romantik aufkommen könnte, zieht doch hier das Münchner Feierpublikum seine Bahnen. Unter der Woche kann man jedoch herrlich ungestört auf dem Mäuerchen des klassizistischen Monumentalbrunnens sitzen, seinem sanften Plätschern lauschen und die wilden Kaninchen beobachten, die sich in Dunkelheit und Stille hier gerne zeigen. In solch einer Kulisse liegt es doch nahe, sich ein klein wenig näher zu kommen...
Wo? Lenbachplatz/Maximiliansplatz.

4_U-Bahnhof Westfriedhof Auch unter der Erde verbergen sich in München romantische Plätze: Wer ein bisschen Science-Fiction-Feeling mag, sollte mit dem oder der Liebsten mal am U-Bahnhof Westfriedhof aus- oder umsteigen. Wegen seiner stimmungsvollen Lichtgestaltung wird dieser häufig von Agenturen für Werbefotos verwendet, aber auch die britische Funk-Band »The Haggis Horns« fühlte sich von den orange, gelb und blau leuchtenden Lampen derart inspiriert, dass sie ein Foto des U-Bahnhofs als Motiv für das Cover einer ihrer Platten auswählte. Am westlichen Ende fällt etwas Sonnenlicht in den an eine futuristische Höhle erinnernden U-Bahnhof – einen Kuss in dieser Szenerie werdet ihr wohl nicht so schnell wieder vergessen...
Wo? U 1 oder U 7 bis Westfriedhof.

5_Botanischer Garten Und jetzt noch ein Klassiker für die Frühlingsmonate von März bis Mai: Im Frühlingsgarten des Botanischen Gartens kann man wundervoll händchenhaltend zwischen Schmuckhof und Café lustwandeln und sich an der Pracht der frühblühenden Sträucher und Blumen erfreuen. Besonders im April lohnt sich ein Besuch: Zwischen Wildtulpen, Narzissen und verschiedenen Schneeballsorten küsst es sich – dezent benebelt von floralen Düften und dem Anblick des geliebten Subjekts – ganz besonders romantisch. **Wo?** Menzinger Straße 61.

6_Väterchen Timofejs Garten Ein magischer und geheimnisvoller Ort versteckt sich auf dem Oberwiesenfeld, südlich vom Olympiasee. Hier baute der in München sagenumwobende russische Einsiedler Timofej Wassiljewitsch Prochorow zusammen mit seiner Frau die Ost-West-Friedenskirche sowie eine Wohnung. Sie lebten von selbstangebautem Gemüse. Als 1968 die Pläne für die Olympischen Spiele gemacht wurden, sollte das Ehepaar in eine Wohnung umgesiedelt werden, aber nach zahlreichen Protesten der Münchner wurde das Olympiagelände etwas weiter nördlich gebaut. 2004 verstarb Timofej im Alter von 110 Jahren, noch heute ranken sich zahlreiche Legenden um den Hellseher und Katzenfreund, den sogar der ehemalige Bürgermeister Christian Ude regelmäßig um Rat gefragt haben soll. Das meist einsame Gelände lädt zu zweisamen Stunden in Natur und Stille sowie ersten scheuen Lippenbekenntnissen ein.
Wo? Spiridon-Louis-Ring 100, den verwirrenden Schildern folgen und nicht aufgeben. Zusammen schafft ihr das!

7_Brücken Gemeinsam den Blick in die Ferne schweifen zu lassen und den oder die Geliebte(n) nach intensivem Augenkontakt anschließend sanft oder wild an die Brüstung einer Brücke zu drücken und sich in einem langen Kuss zu verlieren, zählt zu den Knutsch-Klassikern schlechthin. In München eignen sich dafür die Praterwehrbrücke, der Kabelsteg oder die Mariannenbrücke, die alle einen großartigen Blick auf Isar und Lukaskirche bieten und dazu noch autofrei sind.
Wo? Praterwehrbrücke, Kabelsteg oder Mariannenbrücke.

8_Manhattan Studentenstadt Wer eher das wahre Leben sucht und keine Zuschauer scheut, der wage sich in die coolste Cocktailbar der Stadt: das Manhattan in der Studentenstadt inklusive tollem Blick von der Dachterrasse!
Wo? Christoph-Probst-Straße 16.

9_Stufen auf dem Königsplatz Ein schöner Sommerabend und dann auf den Stufen der Glyptothek oder der Staatlichen Antikensammlungen knutschen (mit und ohne Sonne!) – das ist was ganz Wunderbares!
Wo? Königsplatz.

10_Dianatempel Hofgarten Muss nicht erklärt werden, ultraromantisch, kitschig, königlich, und sogar im Winter zu empfehlen, wenn man dick eingemummelt nur kurz auf den Steinbänken sitzen kann, dafür aber niemand zu sehen und nichts Anderes zu hören ist als das Quietschen der alten Laterne, die leise im Wind schaukelt.
Wo? Hofgartenstraße 6.

Verrückte Dates

Für alle, denen Kaffeetrinken und Kino auf Dauer zu langweilig sind, haben wir hier ein paar ungewöhnliche Date-Möglichkeiten gesammelt. Diese sind auch besonders geeignet dafür, den Lieblingsmenschen zu überraschen!

Ihr liebt Musik, habt aber gerade Ebbe im Geldbeutel oder einfach mal keine Lust auf andere Menschen? Da haben wir was: Die Soundqualität in der **OLYMPIA-HALLE** ist bei Rockkonzerten meist sowieso nicht überragend und die Karten sind oft überteuert. Ganz anders klingt es, wenn man in trauter Zweisamkeit auf einer Decke auf der Wiese neben der Halle lauscht, und ganz ehrlich: Bruce Springsteen, Phil Collins und Co. hören sich auch besser an, als sie aussehen. Das Beste daran: Man darf seine eigenen Getränke mitbringen (und auch nebenbei knutschen, Wunderkerzen anzünden, Karten spielen, picknicken und was einem sonst noch einfällt), niemand tritt einem auf die Füße und außerdem ist so ein **PRIVATES GRATIS-KONZERT** wahnsinnig romantisch!

Ein Klassiker der verrückt-spontanen Dates ist der nächtliche Schwimmbadeinbruch – aber da wir hier niemanden zu Straftaten ermuntern wollen und Bußgelder bezahlen ziemlich uncool ist, empfehlen wir an dieser Stelle den **SPÄTABENDLICHEN BESUCH IM DANTEBAD**, dessen großzügiger Stadionbereich in den Sommermonaten bis 23 Uhr geöffnet ist. In den letzten beiden Stunden, bevor die strengen Bademeister Feierabend machen, ist meistens nicht mehr viel los (keine schreienden Kinder, keine plappernden Omigruppen, die in Reih und Glied durchs Becken pflügen) und das wild-romantische Abenteuerfeeling bleibt in den nachts dunkelblau schimmernden Wassern ganz sicher auch erhalten, wenn man an der Kasse ganz brav und vorbildlich für den Eintritt löhnt.

Wer in der Innenstadt unterwegs ist und vorerst genug gequatscht und geknutscht hat, sollte einmal die Augen an der Münchner Freiheit offenhalten: Hier gibt es ein wunderschönes hölzernes **OUTDOOR-SCHACH**. Strategische Spiele, die die Konzentration und das logische Denken fördern, sind in Zuständen erhöhter Oxytocin-Ausschüttung zudem besonders vergnüglich.

Wo wir schon beim Thema Spielen sind: Mittwochs ab 21 Uhr findet in der gemütlichen **089 BAR** das legendäre **ROCK 'N' ROLL-BINGO** statt. Das zu Unrecht als Alte-Damen-Beschäftigung abgetane Partyspiel wird hier mit viel Musik und einem sympathisch durchmischten Stammpublikum gefeiert, statt Zahlen anzukreuzen, müssen hier Songs erraten werden: Von Funk und Soul, bis hin zu Hip Hop, House, Oldies und Rock, hier ist für jeden was dabei! Und zu gewinnen gibt es einen echten Franzl – was das ist, wird hier nicht verraten...

Was gibt es Romantischeres als einen Blumenstrauß zu verschenken? Gemeinsam zu säen, anstatt dem angebeteten Wesen halbtote Schnittblumen mit-

GUERILLA GARDENING.

zubringen! Beim sogenannten **Guerilla Gardening** wird die Stadt von einem bunt zusammengewürfelten Team aus Blumenliebhabern und Gartenfans auf eigene Faust verschönert und mit Samenbomben beworfen. Hier kann jeder mitmachen beim Bepflanzen von Parkinseln, Randstreifen und und und ... Die Guerilla-Gärtner und -Gärtnerinnen Münchens treffen sich jeden Samstag in ihrem Hauptquartier ... äh ... Gemeinschaftsgarten in der Goethestraße. Und wenn es noch romantischer sein soll, dann geht doch einfach in trauter Zweisamkeit auf die Suche nach einer tristen Stelle, die nach floraler Verschönerung schreit und die euch immer an einen einzigartigen Tag erinnern wird.

Ein versteckter Schatz am Rande Münchens ist die **Wiede-Fabrik**, eine alte Industrieanlage in Johanneskirchen. Das Gelände der ehemaligen Wiede-Acetylen-Fabrik dient heute bis zu 25 Künstlern als Heimstatt. Zweimal im Jahr findet eine Gemeinschaftsausstellung statt, dann ist das Gelände für alle offen und die Künstler stellen ihre Werke in den kleinen Ateliers aus. Dazu gibt es in der Mitte des Geländes einen Stand mit Essen und Getränken. Dort kann man ganz zauberhafte Abende verbringen, da diesem Gelände mit seinen versteckten Künstler-Ateliers etwas Märchenhaftes anhaftet.

Olympiahalle, Spiridon-Louis-Ring 21, www.olympiapark.de
Dantebad, Postillonstraße 17, www.swm.de
Outdoor-Schach, Münchner Freiheit
089 Bar & Lounge, Maximiliansplatz 5, www.089bar.de (da es manchmal sehr voll werden kann, ist es ratsam, einen Tisch zu reservieren: office@089-bar.de)
Green City e. V., Goethestraße 34, www.greencity.de
Wiede-Fabrik, Rambaldistraße 27, www.wiede-fabrik.de

Museen

München bietet an Kunst und Kultur interessierten Besuchern eine Vielzahl von Aktivitäten. In diesem Kapitel laden wir zu einem Streifzug durch die sehens- und erlebenswertesten Kunstsammlungen unserer Lieblingsstadt ein. Viel Vergnügen beim Entdecken!

Die **Glyptothek** am Königsplatz wurde einst von Ludwig I. gegründet und beherbergt antike Skulpturen der griechischen und römischen Antike, die zum Großteil auch aus der Privatsammlung des königlichen Bauherrn stammen. Dessen Begeisterung für das alte Griechenland spiegelt sich nicht nur in der Architektur der Glyptothek, sondern auch in vielen anderen Münchner Bauwerken und Straßen wider, wie der Gestaltung von Ludwigstraße und Universität, der Staatsbibliothek oder der Ruhmeshalle mit der bekannten Bavaria-Statue an der Theresienwiese. Die 1830 von Leo von Klenze errichtete Glyptothek ist das älteste öffentliche Münchner Museum. Zu den Glanzstücken der Sammlung gehört der Barberinische Faun eine beeindruckende Marmorskulptur eines muskulösen Satyrs in lasziver Pose. Das Werk ist nach wie vor umstrittenen Ursprungs und Alters. Das zauberhaft im Innenhof gelegene und windgeschützte Café ist ein wunderbarer Start- oder Endpunkt für die Entdeckungsrunde durch die altehrwürdigen Hallen.

Gleichermaßen schwer zu übersehen und bei einem Besuch der bayerischen Landeshauptstadt auszulassen, ist der Monumentalbau an der Prinzregentenstraße: Das **Haus der Kunst** gehört zum kulturellen Pflichtprogramm und zwar nicht nur bei Regenwetter, denn an glühend heißen Sommertagen ist schon das Betreten der kolossalen marmornen Eingangshalle eine Wohltat. Auf über 5.000 Quadratmetern Ausstellungsfläche werden hier wechselnde Ausstellungen zeitgenössischer Kunst präsentiert, zudem finden in regelmäßigen Abständen viele unterschiedliche Workshops und Konzerte statt. Zur Mahnung an die nationalsozialistische Vergangenheit des Gebäudes wurde 2014 die Archiv-Galerie eröffnet, die vor allem in Verbindung mit einer Führung einen tiefgreifenden Eindruck bei ihren Besucherinnen und Besuchern hinterlassen wird.

Nach so viel Kunst kann man sich schon mal einen Absacker oder eine feine antialkoholische Erfrischung genehmigen – zudem hat die Goldene Bar ihren Namen nicht ohne Grund und ist eine wahre Augenweide und ein Ort, an dem man gerne noch ein wenig länger verweilt. Star-Bartender Klaus St. Rainer und sein Team mixen hier klassische Cocktails und aufregende Eigenkreationen.

Die Buchhandlung Walther König in der Eingangshalle ist zudem eine tolle Fundgrube für alle Freunde von moderner Kunst, Gestaltung, Architektur, Malerei und Fotografie; auch außergewöhnliche wie skurrile Ge-

Der Barberinische Faun.

schenkartikel gibt es hier zu erwerben. Stöbern lohnt sich!

Wer nach einem Besuch dieses imposanten Gebäudes noch nicht genug Eindrücke für einen Tag gesammelt hat, kann gleich die Straße runter in der **VILLA STUCK** vorbeischauen: In dem neoklassizistischen Gebäude können die ehemaligen Wohn- und Atelierräume des Münchner Künstlers Franz von Stuck sowie dessen Gemälde bestaunt werden. Seine Bilder, die dem Symbolismus zuzuordnen sind, haben meist die griechische Mythologie zur Inspiration: Sie zeigen Fabelwesen wie Zentauren, Nymphen und Göttergestalten. Seine bekanntesten Werke sind »Die Sünde« (1893) und »Der Krieg« (1894); ersteres zeigt die biblische Eva mit einer Schlange, ein wiederkehrendes Motiv in von Stucks Werk, ihr Gesicht liegt im Schatten, der kräftige Schädel des Reptils auf ihrer nackten Schulter. Nicht nur an diesem bedeutenden Gemälde wird die Erotik als zentrales Thema im Schaffen des Künstlers sichtbar. Besonders sehenswert wie romantisch ist auch der Künstlergarten mit Terrasse, Säulenarkade, Brunnen und begrünter Pergola.

Die **PINAKOTHEK DER MODERNE** im Kunstareal umfasst als eines der größten Sammlungshäuser für zeitgenössische Kunst, Architektur und Design vier voneinander unabhängige Museen: die Sammlung Moderne Kunst, die Neue Sammlung (The Design Museum), das Architekturmuseum der Technischen Universität München und die Staatliche Graphische Sammlung München. Ausgangspunkt für die meisten Rundgänge ist die große Rotunde mit ihrer eindrucksvollen Glaskuppel. In der Sammlung Moderne Kunst findet sich das Who is Who des 21. Jahrhunderts.

Und jetzt noch ein echter Geheimtipp: Im **KUNSTFOYER DER VERSICHERUNGSKAMMER** gibt es ständig wechselnde und hochspannende Ausstellungen zeitgenössischer Fotokünstler und immer mal wieder Installationen zu sehen, auch Grafiken und Zeichnungen werden hier ausgestellt. Der Eintritt zum Kunstfoyer ist außerdem kostenfrei – Herz, was willst du mehr!

Staatliche Antikensammlungen und Glyptothek, Königsplatz 1 und 3,
www.antike-am-koenigsplatz.mwn.de
Haus der Kunst, Prinzregentenstraße 1,
www.hausderkunst.de
Museum Villa Stuck, Prinzregentenstraße 60,
www.villastuck.de
Pinakothek der Moderne, Barer Straße 40,
www.pinakothek.de
Kunstfoyer in der Versicherungskammer Kulturstiftung, Maximilianstraße 53,
www.versicherungskammer-kulturstiftung.de/kunstfoyer

Kulturelle Abendgestaltung

Was könnte schöner sein, als am Abend zu zweit auszugehen, gemeinsam einem Konzert zu lauschen oder eine aufregende Theaterinszenierung zu sehen und sich im Anschluss bei einem Glas Wein über das Erlebte auszutauschen (oder gar angeregt darüber zu diskutieren)?

München ist ein Eldorado für alle Kulturinteressierten und jene, die es noch werden wollen. Vor allem in den konventionellen Sparten der Hochkultur – Theater, Oper, klassische Musik – bietet die Stadt ein breites Angebot an Spielorten und Inszenierungen. Zahlreiche Bühnen und Orchester verschiedener Couleur warten mit Aufführungen höchster Qualität auf und ziehen damit an, was Rang und Namen hat. Um einen mondänen Abend voller ästhetisch-intellektueller Anregung in prachtvollen Kulturstätten zu verbringen, ist München immer eine Reise wert.

Aber auch wer die freie Kulturszene schätzt oder es etwas kleiner oder alternativer mag, kommt in München durchaus auf seine Kosten (auch wenn die Szene zugegebenermaßen mit denen anderer Großstädte nicht mithalten kann). Die freien Theater, Jazz- und Konzert-Clubs, Kleinkunst- und Lesebühnen und natürlich die vielfältige Kinolandschaft mit ihren zahlreichen Filmfestivals (siehe dazu S. 98) bieten ein abwechslungsreiches kulturelles Angebot, bei dem für jeden Geschmack (und jeden Geldbeutel) etwas dabei ist.

Wer also mit seiner/m Liebsten neben dem leiblichen auch den geistigen Hochgenuss oder aber doch lieber die leichte Kost sucht, wird München lieben.

THEATER

München ist ein Mekka für Theaterbegeisterte, denn es gibt zahlreiche renommierte Bühnen, wunderschöne Theaterarchitektur und die Breite des Angebots hat für jeden etwas zu bieten. Das von den Münchnern liebevoll »Resi« genannte **RESIDENZTHEATER** gehört zu den führenden Bühnen in der deutschen Theaterlandschaft und ist immer eine gute Adresse für Liebhaber des Sprechtheaters. Es bietet sowohl Neuinszenierungen von Klassikern als auch Erstaufführungen zeitgenössischer Dramatik und wartet mit namhaften Regisseuren und Darstellern auf. Neben dem Neuen Residenztheater gehören auch das Cuvilliés-Theater, ein Rokokojuwel in der Residenz, und der Marstall, der Raum für experimentellere Inszenierungen und offenere Formen bietet, zu den Spielstätten des Hauses. Wer eine Aufführung im Neuen Residenztheater besucht, sollte sich Zeit nehmen und etwas eher kommen, um in der Bar Zur schönen Aussicht eben jene bei einem Getränk seiner Wahl zu genießen.

Auch die **MÜNCHNER KAMMERSPIELE** zählen zu den bedeutendsten Bühnen im deutschsprachigen Raum. Das Theater bietet ästhetisch-innovative

Inszenierungen, sucht mit offenen Formen den Dialog mit dem Publikum und scheut sich nicht vor gesellschaftspolitischen Themen und internationalen Kooperationen. Das Schauspielhaus in der Maximilianstraße ist mit seinem Jugendstil-Interieur eines der letzten seiner Art in Deutschland und allemal sehenswert.

Junge Regie, junges Ensemble, aufregende Inszenierungen und das jährlich stattfindende Festival Radikal jung zeichnen das **VOLKSTHEATER** aus. Wer es auf der Bühne rasant mag, ist dort gut aufgehoben.

Für Paare mit Kindern ist die **SCHAUBURG**, das Theater der Jugend am Elisabethplatz, die richtige Adresse, denn es bietet anspruchsvolles und spannendes Theater für Kinder und Jugendliche, das auch die Erwachsenen begeistert.

Das **PRINZREGENTENTHEATER** ist Sitz und Aufführungsort der Theaterakademie August Everding, der größten Ausbildungsstätte für Bühnenberufe in Deutschland. Wer also neue Talente entdecken möchte, ist hier am richtigen Ort. Das neoklassizistische Theaterhaus dient auch der Oper, dem Gärtnerplatztheater und verschiedenen Münchner Orchestern als Spielort.

Neben den staatlichen und städtischen Bühnen lässt sich in München aber auch eine breite Landschaft an freien und Off-Theatern entdecken. Das **PATHOS** ist ein renommiertes Off-Theater und existiert schon seit den 1980er Jahren. Mit internationalen und interdisziplinären Koproduktionen und mehreren Festivals bietet es Raum für die freie Szene, die mit experimentellen und zuweilen provokativen Inszenierungen und Performances für Aufsehen sorgt. Neben dem **PATHOS** hat auch das **SCHWERE REITER** seinen Sitz im Kreativquartier, einem der kulturell aufregendsten und unkonventionellsten Orte Münchens. Tanz, Musik und Theater kommen hier auf die Bühne – spartenübergreifend, zeitgenössisch und vor allem experimentell. Es ist aus einer Kooperation der Gruppen Tanztendenz München, **PATHOS** München und Kunstbahnsteig hervorgegangen. Etwas konventioneller geht es im **METROPOLTHEATER** zu. Es gehört zu den beliebtesten freien Bühnen Deutschlands. Mit modernem Erzähltheater und eigenständigen Stückentwicklungen bietet es ein ambitioniertes Programm, das den Vergleich mit den städtischen Theatern nicht scheuen muss.

OPER, MUSIKTHEATER, BALLETT UND MUSICAL

Wem es nicht mondän genug sein kann, für den ist die Oper das Richtige. Die **STAATSOPER** und das **STAATSBALLETT** sind das Aushängeschild schlechthin für die Münchner Bühnenlandschaft. Sie bespielen die Bühne des Bayerischen Nationaltheaters. Der klassizistische Bau ist mit seinen 2101 Plätzen das größte und vielleicht auch das schönste Opernhaus Deutschlands. Mit seiner 350-jährigen Geschichte, dem renommierten Orchester und Ensemble und den jährlich über 300 Veranstaltungen trägt es entscheidend zu Münchens Stellung als internationale Kulturstadt bei. Die Vorführungen sind oft ausverkauft, deshalb ist eine frühzeitige Buchung zu empfehlen.

Etwas leichtere Kost steht auf dem Programm des **GÄRTNERPLATZTHEATERS**. Dessen Haupthaus wird nach fünfjähriger Renovierungszeit 2017 wiedereröffnet und gehört zu den schönsten historischen Theaterhäusern Münchens. Mit seinem Repertoire aus Opern-, Operetten-, Musical- und Tanzinszenierungen hat es sich dem musikalischen Unterhaltungstheater verschrieben und ist damit einzigartig unter den deutschen Staatstheatern. Es bietet somit genau das richtige Programm für einen Abend voller niveauvoller Unterhaltung.

Das **DEUTSCHE THEATER** ist die wichtigste Münchner Adresse für Musicalfans. Effektvolle Shows werden hier genauso geboten wie Konzerte, Galas und Kostümbälle. Damit stillt das »Haus der leichten Muse« die Sehnsucht nach leichter Unterhaltung und Frohsinn.

ORCHESTER

Ein weiteres Highlight in der Münchner Kulturlandschaft sind die Orchester. Insbesondere Freunde der klassischen Musik kommen auf ihre Kosten. Es gibt wohl kaum eine zweite Stadt, die über so viele hochrangige Orchester verfügt. Das **SYMPHONIEORCHESTER DES BAYERISCHEN RUNDFUNKS** gehört zu den weltweit renommiertesten Orchestern. Unter der Leitung von Mariss Jansons bietet es ein vielfältiges Angebot an klassischer und zeitgenössischer Musik. Seine Spielorte sind unter anderem der Herkulessaal in der Residenz (Residenzstraße 1), die Philharmonie im Gasteig (Rosenheimer Straße 5) und das Prinzregententheater (Prinzregentenplatz 12). Auch das Stadtorchester Münchens, die **MÜNCHNER PHILHARMONIKER**, geleitet von Valery Gergiev, ist von internationalem Rang. 1893 gegründet hat es eine lange Tradition im kulturellen Leben Münchens. Sein Spielort ist die Philharmonie im Gasteig. Das **BAYERISCHES STAATSORCHESTER** gehört zu den ältesten Orchestern Deutschlands. Seine Wurzeln reichen bis in das frühe 16. Jahrhundert zurück. Unter der Leitung von Kirill Petrenko bietet es neben dem Opernbetrieb Symphoniekonzerte, Kammerkonzerte und Liederabende auf allerhöchstem Niveau.

MUSIKCLUBS UND MUSIKKNEIPEN

Wer lieber gemütlich in Musikkneipen sitzt und jazzigen Sounds lauscht oder zu Pop, Rock oder Worldmusic tanzt, hat in München nicht unerschöpfliche, aber doch viele Möglichkeiten. Die Adresse für hochkarätige Jazzkonzerte in München ist der traditionsreiche Jazzclub **UNTERFAHRT**. Eine schöne, authentische Musikbar, die Konzerte und Jam-Sessions insbesondere der Münchner Szene aus den Bereichen Jazz, Swing, Latin, Soul und Funk im Programm hat, ist die **JAZZBAR VOGLER**. Mit 2 bis 6 Euro ist der Eintrittspreis für Münchner und auch sonstige Verhältnisse sehr günstig.

Die **GLOCKENBACHWERKSTATT** bietet ein breites Veranstaltungsangebot und einen schönen, intimen Rahmen. Auf dem musikalischen Programm stehen Hip Hop, Blues, Jazz und Rock. Neben Konzerten und Jam-Sessions finden auch Filmvorführungen, Schnibbelpartys, Poetry Slams und Vorträge statt. Außerdem gibt es Kinderbetreuung, Jugendarbeit, Kurse und Werkstätten.

Wer es ausgefallener mag, ist in der **HALLE 6** im **KREATIVQUARTIER** gut aufgehoben, einem der wenigen Orte in München, die oft frei improvisierte Musik im Programm haben. Überhaupt ist das Kreativquartier ein attraktiver Ort für Liebhaber ausgefallener Musikgenres. Zum Tanzen ist hier das **IMPORT EXPORT** zu empfehlen, das mit Musik aus allen Teilen der Welt begeistert.

Wer es etwas poppiger mag, ist im **MUFFATWERK** am richtigen Ort. In den historischen Gebäuden des ehemaligen Elektrizitätswerks gelegen bietet es heute ein vielfältiges Programm aus Konzerten, Clubbing, Lesung, Tanz und Theater. In den verschiedenen Spielstätten (Muffathalle, Ampere und Muffatcafé) gibt es erlesene Live-Konzerte aus den Bereichen Rock, Pop und Weltmusik. Von der Musikgroßveranstaltung bis hin zum kleinen Liedermacherkonzert in intimer Atmosphäre ist hier alles möglich.

LITERATUR
München ist bekanntermaßen eine der wichtigsten Verlagsstädte Deutschlands. Entsprechend spielt die Literatur auch im kulturellen Angebot der Stadt eine große Rolle. Die renommierteste Institution ist dabei das **LITERATURHAUS** München. Neben Lesungen von internationalen Größen der Belletristik haben auch junge Autoren einen festen Platz im Programm. Zudem finden regelmäßig Ausstellungen, Diskussionen, Workshops und Tagungen statt. Wer eher der Poesie zugeneigt ist, ist im **LYRIK-KABINETT** gut aufgehoben. Dort werden regelmäßig poetische Lesungen veranstaltet und bestimmt ist auch das ein oder andere Liebesgedicht dabei. Natürlich muss es in der Literatur wie auch in der Liebe nicht immer bierernst zugehen. Das findet auch die Münchner Literaturszene und dementsprechend gibt es in der Stadt sehr viele Orte, an denen regelmäßig **POETRY SLAMS** stattfinden, beispielsweise im **SUBSTANZ**, im **LUSTSPIELHAUS**, im **STRAGULA** und im Muffatwerk.

Residenztheater, Max-Joseph-Platz 1, www.residenztheater.de; Münchner Kammerspiele, Maximilianstraße 26–28, www.muenchner-kammerspiele.de; Volkstheater, Brienner Straße 50, www.muenchner-volkstheater.de; Schauburg – Theater der Jugend am Elisabethplatz, Franz-Joseph-Straße 47, www.schauburg.net; Prinzregententheater, Prinzregentenplatz 12, www.theaterakademie.de; PATHOS, Dachauer Straße 110 d, www.pathosmuenchen.de; Schwere Reiter, Dachauer Straße 114, www.schwerereiter.de; Metropoltheater, Floriansmühlstraße 5, www.metropoltheater.com
Bayerische Staatsoper und Staatsballett, Max-Joseph-Platz 2, www.staatsoper.de; Gärtnerplatztheater, Gärtnerplatz 3, www.gaertnerplatztheater.de (siehe dort auch alle Spielstätten während der Renovierungszeit); Deutsches Theater, Schwanthalerstraße 13, www.deutsches-theater.de
Symphonieorchester des Bayerischen Rundfunks, www.br-so.de; Münchner Philharmoniker, Rosenheimer Straße 5 (Gasteig), www.mphil.de; Bayerisches Staatsorchester, Max-Joseph-Platz 2, www.staatsoper.de/staatsorchester.html
Jazzclub Unterfahrt, Einsteinstraße 42, www.unterfahrt.de; Jazzbar Vogler, Rumfordstraße 17, www.jazzbar-vogler.com; Glockenbachwerkstatt, Blumenstraße 7, www.glockenbachwerkstatt.de; Halle 6, Dachauer Straße 112 d, www.halle6.net; Import Export, Dachauer Straße 114, www.import-export.cc; Muffatwerk, Zellstraße 4, www.muffatwerk.de
Literaturhaus München, Salvatorplatz 1, www.literaturhaus-muenchen.de; Lyrik-Kabinett, Amalienstraße 83 a, www.lyrik-kabinett.de; Substanz, Ruppertstraße 28, www.substanz-club.de; Lustspielhaus, Occamstraße 8, www.lustspielhaus.de; Stragula, Bergmannstraße 66, www.stragula.org

Außergewöhnliches am Abend

Klar, abends geht man ins Theater, ins Kino, ins Konzert. Man geht essen, in Bars und in Clubs. Aber manchmal möchte man zur Abwechslung irgendwie etwas ganz Anderes unternehmen. Hier sind unsere Tipps, darunter der kleinste Jazzclub der Welt und ein Marionettentheater ausschließlich für Erwachsene:

_**Mister B.**'s Münchens kleinster Jazzclub ist immer einen Besuch wert; obwohl sich alles auf 20 Quadratmetern abspielt und die Musiker im Schaufenster sitzen, fühlt man sich doch, nicht zuletzt dank Mister Alex Best, dem authentischen Barkeeper aus Brooklyn, als wäre man gar nicht in München, sondern mitten in New York.
Wo? Herzog-Heinrich-Straße 38, www.misterbs.de.

_**Bar Maria Passagne** Haidhausen, Schummerlicht, tolle Cocktails zu angemessenen Preisen: Das Maria Passagne ist eine Bar, wie man sie besser nicht erfinden kann. Die Klingel sollte nicht abschrecken, man wird einfach hineingelassen. Und es gibt hervorragendes japanisches Essen.
Wo? Steinstraße 42, www.maria-passagne.de.

_Das **Drugstore** öffnete 1967 seine Türen als Mischung aus kleiner Boutique, Kiosk, Disko (seit 2009 darin untergebracht das Theater Heppel & Ettlich) und Bistro und war ein Trendsetter in Münchens Gastroszene. Übrig geblieben sind der Kiosk, das Restaurant und das 60er-Jahre-Feeling. Das Ganze macht einfach Spaß. Und Schwabing ist ja sowieso auch nachts einen Besuch wert.
Wo? Feilitzschstraße 12, www.restaurantdrugstore.de.

_Das **Haus der Kunst**, eines der wichtigsten Museen für zeitgenössische Kunst in Deutschland, hat am Donnerstag bis 22 Uhr geöffnet und danach kann man dann gleich wunderbar in die **Goldene Bar** weiterziehen.
Wo? Prinzregentenstraße 1, www.hausderkunst.de, www.goldenebar.de.

_Wer abends ins Museum möchte, für den empfehlen sich aber auch das **Valentin Karlstadt Musäum** sowie das **Museum Villa Stuck** – am ersten Freitag im Monat haben diese bis 21.59 Uhr beziehungsweise 22 Uhr geöffnet.
Wo? Im Tal 50, www.valentin-musaeum.de; Prinzregentenstraße 60, www.villastuck.de.

_Das **Kleine Spiel** war das erste Theater, das in München nach dem Zweiten Weltkrieg wieder spielte: ein Marionettentheater für Erwachsene. Dass alles ein wenig abgelebt ist, sollte einen nicht stören, denn die Inszenierungen sind hervorragend und bezahlen muss man nur eine Spende in einen alten Zylinder. Gespielt wird in der Regel am Donnerstag (Website!)
Wo? Neureutherstraße 12, www.kleinesspiel.de.

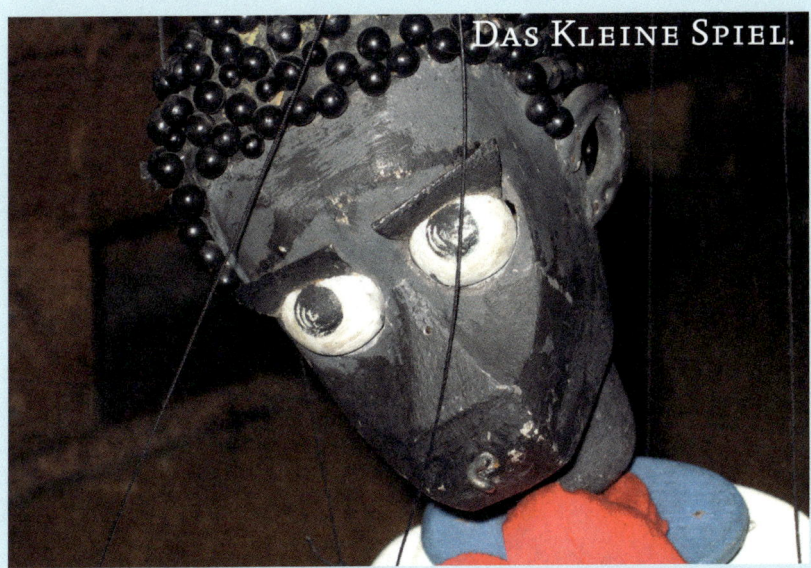

DAS KLEINE SPIEL.

_Wie wäre es mit einer romantischen Fahrt mit der **Tram** durchs nächtliche München, händchenhaltend vorbei an den Prachtbauten? Die Linie 19 eignet sich sehr gut, oder auch die Linie 27.

_**Münchner Lach- und Schießgesellschaft** 1956 zunächst als politisches Ensemble von Kabarett-Urgestein Dieter Hildebrandt und Journalist Sammy Drechsel gegründet, lädt die geschichtsträchtige Kleinkunst-Plattform auch heute noch zur abendlichen Unterhaltung ein. Das feste Ensemble besteht aus Caroline Ebner, Norbert Bürger, Sebastian Rüger und Frank Smilgies (letztere bekannt als Ulan & Bator).
Wo? Ursulastraße 9,
www.lachundschiess.de.

_Im **Einstein** gibt es vier große Hallen, die sich für kulturelle Veranstaltungen aller Art nutzen lassen. Hier bereichern ausgesuchte Künstler mit echten Raritäten das Kulturprogramm Münchens. An Live-Jazz kann man sich täglich ab 21 Uhr im Jazzclub Unterfahrt, der zum Einstein gehört, erfreuen. Es gibt dort auch ein Kino und zum Essen Prijaks Club Gastronomie.
Wo? Einsteinstraße 42,
www.einsteinkultur.de.

_Für ein besonderes Theatererlebnis steht das Improvisationstheater: unvorhersehbar, lustig, poetisch, lebendig und immer überraschend. In München gibt es gleich mehrere Ensembles. Ein regelmäßiges Abendprogramm bieten das **Fastfood Theater** im Schlachthof und das **Ensemble Tatwort** in der Drehleier. Und noch ein musikalischer Improvisations-Tipp in der Drehleier: Auftritte des Duos **Notenlos**.
Wo? Wirtshaus im Schlachthof, Zenettistraße 9, www.fastfood-theater.de, Theater Drehleier, Rosenheimer Straße 123, www.tatwort.de,
www.notenlos.com.

Top 10
»Kinos«

Obwohl auch in München wunderbare Kinos wie das Tivoli, der Türkendolch oder das Maxim schließen mussten, gibt es sie doch glücklicherweise immer noch: Kinos mit Charme und Geschichte, ideale Orte für ein erstes Rendezvous. Im Dunkeln des Kinosaals berühren sich zaghaft zum ersten Mal die Hände, denn der Film ist ja so aufregend!

1_Filmtheater Sendlinger Tor Sicherlich das schönste Kino in München! 1913 vom Münchner Schaustellerkönig Carl Gabriel (wie auch das Gabriel Filmtheater und die Museum Lichtspiele) gegründet und nach umfassender Renovierung immer noch wunderbar altmodisch samt Café, Balkon, Kronleuchtern und Königsloge.
Wo? Sendlinger-Tor-Platz 11, www.filmtheatersendlingertor.de.

2_Theatiner Film Vielleicht das stilvollste Kino in der Stadt, zumindest wenn man die 50er Jahre schätzt. Das stets anspruchsvolle Programm besteht zum Großteil aus französischen und südeuropäischen Autorenfilmen im Original mit Untertiteln.
Wo? Theatinerstraße 32, www.theatiner-film.de.

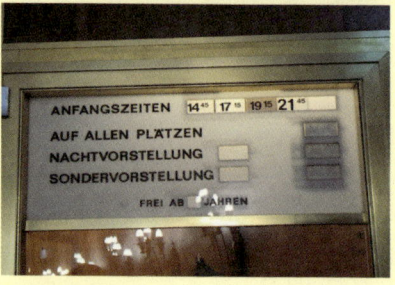

3_Cincinnati Kultkino Mit großer Leinwand und viel Beinfreiheit, ganz neu mit digitaler 3-D-Technik ausgestattet! Außerdem gibt es eine nette Bar und sogar Parkplätze, falls man in der Limo vorfahren möchte. Von den Amerikanern nach US-Standards mit einem breiten Mittelgang erbaut, ist das Cincinnati richtig großes Kino!
Wo? Cincinnatistraße 31, web.cincinnati-muenchen.de.

4_ABC-Kino Charmantes Programmkino in Schwabing mit original Leuchtschrift aus den 70er Jahren und mehr als 100-jähriger Geschichte.
Wo? Herzogstraße 1a, www.abckino.de.

5_Arena Filmtheater Schrabbeligschnuckeliges Programmkino im Glockenbachviertel, Träger des Kinoprogrammpreises der Stadt München 2011 und 2014. Hier findet sich auch einer der zwei kleinsten Kinosäle der Stadt mit gerade mal 38 Plätzen.
Wo? Hans-Sachs-Straße 7, www.arena-kino.de.

6_Cadillac Wunderbares 50er-Jahre-Flair mit knallrotem Cadillac, Jukebox und Diner-Theke.
Wo? Rosenkavalierplatz 12, www.cadillac.movieplace.de.

7_Neues Rottmann Anspruchsvolles Programmkino mit »Loveseats«. Oft werden hier noch gute Filme gespielt, die woanders schon aus dem Programm geflogen sind, und freitags gibt es manchmal aktuelle Bollywoodfilme – pünktlich zum Start in Indien!
Wo? Rottmannstraße 15, web.neuesrottmann.de.

8_Autokino Aschheim Hier kann in Ruhe gekuschelt und geknutscht werden und man fühlt sich sofort ein bisschen in die 50er/60er Jahre zurückversetzt. Ein paar klassische Kinosnacks wie Erdnüsse, Popcorn und Softdrinks im Handschuhfach runden diesen nächtlichen Ausflug perfekt ab. Decken und Kissen sorgen dafür, dass ihr euch so richtig schön einkuscheln könnt. Wer noch einen draufsetzen möchte, um den Spirit Amerikas zu Grease-Zeiten aufkommen zu lassen, mietet für sich und sein Herzblatt vorher ein Vintage-Auto oder ein schickes Cabriolet.
Wo? Münchner Straße 60, 85609 Aschheim, www.autokino-aschheim.de.

9_Museum Lichtspiele Zweitältestes, noch bestehendes Kino in München und Kultkino, denn hier wird seit 30 Jahren die »Rocky Horror Picture Show« gespielt; der versierte Fan erwirbt dazu ein Mitmach-Tütchen an der Kinokasse. So sind Spaß und beste Unterhaltung garantiert!
Wo? Lilienstraße 2, www.museum-lichtspiele.de.

10_Kino im Filmmuseum München Von thematischen Filmreihen, Retrospektiven, Werkschauen einzelner Filmemacher bis hin zur Stummfilmvorführung mit Live-Klavierbegleitung wird alles geboten, was das Herz begehrt, und zwar für nur 4 Euro!
Wo? St.-Jakobs-Platz 1, www.muenchner-stadtmuseum.de/sammlungen/filmmuseum.html.

11_ Den **Gloria Palast** gibt's als Tipp ausnahmsweise noch dazu: Gemütlich auf Ledersesseln sitzend (samt Fußstütze) wird man am Platz bedient und lässt sich vom Glanz dieses Premierenkinos aus den 50er Jahren begeistern.
Wo? Karlsplatz 5, www.gloria-palast.de.

Münchner Liebe in der Literatur

Heinrich Mann: Die Jagd nach Liebe (1903)
Millionärssohn Claude Marehn ist auf der Jagd nach der Liebe. So dekadent sein Lebensstil ist, so ausschweifend stellt sich auch sein Sexualleben dar. Was er hinter seinen Eskapaden aber in Wahrheit verstecken möchte, ist, dass er seine große Liebe schon längst gefunden hat – und zwar in seinen Kindertagen. Die Auserwählte gibt sich aber lieber seinem Vormund hin...

Wolfgang Koeppen: Tauben im Gras (1951)
Über dreißig Protagonisten tummeln sich in diesem Episodenroman, der um 1951 spielt, darunter so manche verliebte, liebende und an der Liebe verzweifelnde Gestalten. Typisch für die Gattung des Großstadtromans wird mit der Montagetechnik gearbeitet, die die Bewegung, das Getümmel und die Geschwindigkeit des Lebens in einem urbanen Zentrum als einzige abzubilden vermag. München als Handlungsort wird zwar nicht explizit genannt, aber die Hinweise auf das Hofbräuhaus, das Amerikahaus und die Bavaria-Filmstudios sind nicht von der Hand zu weisen.

Siegfried Sommer: Und keiner weint mir nach (1954)
In bayerischer Mundart erzählt, widmet sich dieser Roman des »Volksschriftstellers« Siegfried Sommer den Geschehnissen in einer Mietskaserne in der Mondstraße. Besonders das Leben des Münchners Leo Knie, der bei seiner Großmutter aufwächst, wird in dem Erinnerungsroman beschrieben – seine Biografie, inklusive erster Liebe, ungewollter Vaterschaft und aufreibender Arbeitslosigkeit, ist eingebettet in die häppchenweise Schilderung des Schicksals anderer Hausbewohner zwischen den zwei Weltkriegen. Schwermütig, aber gleichzeitig sehr sanft und rührend erzählt, gut für lange, kalte Winterabende.

Peter Stamm: Sieben Jahre (2009)
Der schlichte Aufbau täuscht: Ein verheirateter Mann nimmt sich eine Geliebte, von der er nur schwer wieder loskommt. Sehr intim erzählend führt der Autor die Leser in die Abgründe der Lebenskrise des mittelalten Alexander – mit der Hauptfigur durchlebt der Leser die Anzweiflung von Liebe, Treue und

Martin Walser und Heinrich Mann haben der Liebe in München in ihren Werken ein Denkmal gesetzt.

Glück, erlebt Obsession und sieht ganz nebenbei München durch die durchdringenden Augen eines dort lebenden Architekten.

Max Scharnigg: Die Besteigung der Eiger-Nordwand unter einer Treppe (2011)

Das Debüt des SZ-Redakteurs und aufstrebenden Jungautors Max Scharnigg erzählt diese wunderbare Begebenheit: Statt die Eiger-Nordwand zu bezwingen, wird hier das zweite Stockwerk erkraxelt – Journalist Nikol Nanz und dessen Nachbar, ein ehemaliger Gletscherfotograf, sind drauf und dran, einen vermuteten Seitensprung von Nanzens Freundin aufzudecken. Ebenso verquer wie zauberhaft geschrieben. Scharnigg war 2010 für den Ingeborg-Bachmann-Preis nominiert.

Martin Walser: Ein sterbender Mann (2016)

Theo Schadt, 72, verheiratet, ehemaliger – jetzt ruinierter – Firmenchef, muss feststellen, dass einen auch im Alter noch immer Amors Pfeil treffen kann. Nachdem der erste Schock überwunden ist und geklärt werden konnte, dass es sich bei dem warmen Gefühl in der Brust nicht um eine Herzattacke handelt, folgt gleich das nächste Drama: Die betreffende Herzensdame ist in einer Beziehung mit dem früheren Freund, der Theo seinen Job gekostet hat. Walsers Roman ist schwankend zwischen jugendlicher Aufgeregtheit und ernüchternder Desillusionierung.

Top 10
»Sonnenuntergänge«
Sunbursts

1_Das Vorhoelzer Forum auf dem Dach der TU München hat alles, was einen Ort zum Schauplatz unvergesslicher Sonnenuntergänge macht: kalte und heiße Getränke, eine super Aussicht über München von der Dachterrasse aus, Musik und nette Leute. Die untergehende Sonne scheint sowohl Pärchen in gemütlicher Zweisamkeit als auch flirtenden Singles freundlich ins Gesicht. Und wer ganz aufmerksam lauscht, könnte meinen, ganz leise John Paul Youngs »Love is in the Air« zu hören.
Wo? Arcisstraße 21, Südterrasse, 5. Obergeschoss.

2_Hoch hinaus geht es auf dem **Olympiaberg**. Kaum ein anderer Ort Münchens bietet einen unverstellteren Blick über die Stadt als der Hügel im Olympiapark. Bei Föhn kann man von hier aus sogar die Alpen sehen. An seine Hänge gekuschelt ist er der Ort schlechthin für gefühlvolle Sonnenuntergangsmomente zu zweit.
Wo? Olympiapark.

3_Flaucher Kein Geheimtipp, aber es gibt wahrscheinlich nur wenige andere Plätze in München, an denen der Sommer in der Stadt mehr Flair hat. Fluss-gekühlte Getränke, Rauchschwaden der zahlreichen Grills und die über der Isar untergehende Sonne können auch bei den rationalsten Menschen romantische Sommergefühle auslösen.
Wo? Zwischen Thalkirchner Brücke und Brudermühlbrücke.

4_Luitpoldpark Definitiv ein Ort, um mit seinem Schatz amüsante Stunden zu verbringen. Die zahlreichen Spiel- und Liegewiesen im Park sind eine tolle Möglichkeit zum Austoben und Entspannen. Abends kann man zu zweit vom Aussichtshügel aus den Sonnenuntergang beobachten, um später im Halbdunkel neckisch im Hecken-Labyrinth verstecken zu spielen.
Wo? Zwischen Brunnerstraße, Scheidplatz und Borschtallee.

5_Café Glockenspiel Die weniger naturverbundenen Liebespaare sollten hier den Abend einläuten – es lässt sich vom Restaurant aus ein herrlicher Sonnenuntergang genießen. Mit Blick auf Marienplatz und Rathaus schlürft man in gediegener Atmosphäre am besten einen der nicht ganz billigen, aber hervorragend schmeckenden Cocktails.
Wo? Marienplatz 28, www.cafe-glockenspiel.de.

6_Grasflächen an der Alten Pinakothek Im Sommer glüht die Stadt hier vor Unternehmungslust, lachenden Menschen und Lebensfreude. Neben der ehrwürdigen Alten Pinakothek breiten sich gerade in den Abendstunden viele Menschen aus, ohne dass es zu voll wird. Empfehlung: Federballset oder Frisbee mitbringen.
Wo? Zwischen Barer Straße, Theresienstraße, Arcisstraße und Gabelsbergerstraße.

7_Hackerbrücke Die schmiedeeiserne Hackerbrücke im Gleisvorfeld des Hauptbahnhofs ist zugegebenermaßen nicht der ruhigste Ort in München. Dafür bietet sich von hier aus entlang der Gleise ein unendlich weiter Blick auf die rot glühend untergehende Sonne im Westen und die im Sommer noch von der Tageshitze dampfende Stadt. Hier ruhig mal ein paar Minuten verweilen und den Kopf an der Schulter des Partners anlehnen. Alles andere wird dann ganz nebensächlich.
Wo? Hackerbrücke.

8_Westpark Wem im Englischen Garten zu viel los ist, sollte bei Sonnenuntergang im Westpark spazieren gehen. Entspannt-romantisch lässt es sich durch die weitläufige, leicht hügelige Parklandschaft flanieren und dabei immer wieder einen Blick auf die leuchtend rote Sonne erhaschen.
Wo? Zwischen Pressburger Straße, Westendstraße, Siegenburger Straße und Am Westpark.

9_Frühlingsanlagen in der Au Hier ist es bei schönem Wetter zwar immer etwas trubelig, doch dafür garantieren die träge vorbeifließende Isar und die Getränkeversorgung durch die umliegenden Kioske einen entspannten Abend mitten in der Innenstadt. Das Stimmengewirr und die leichten Stadtgeräusche bilden die Tonkulisse für den immer dunkler werdenden Abendhimmel.
Wo? Rechtes Isarufer zwischen Reichenbach- und Wittelsbacherbrücke.

10_Quartiersplatz Theresienhöhe Am Rande des Viertels Schwanthalerhöhe gelegen bietet dieser Ort ein besonderes Flair. Oberhalb des nachträglich aufgesetzten »Deckels« der in Ost-West-Richtung verlaufenden Eisenbahnstrecke erhebt sich eine Art Dünenlandschaft, die neben einigen Turngeräten auch einen wunderbaren Blick auf den Sonnenuntergang ermöglicht. Ausgerüstet mit ein bisschen Wein und etwas Proviant hat man in diesem urbanen Umfeld eine erstaunliche Ruhe.
Wo? Max-Hirschberg-Weg 5.

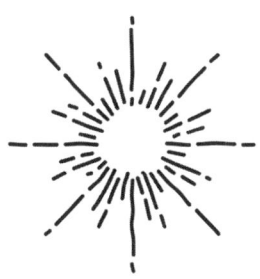

Bars

In Münchens Nachtleben gibt es einiges zu entdecken – sowohl für Singles als auch für Paare. Die Isarhauptstadt kann zwar nicht mit Partymetropolen wie Berlin, Barcelona oder London mithalten, dennoch ist gerade die Barszene äußerst facettenreich und voller Überraschungen. Während sich hartnäckig das Gerücht hält, München sei vor allem eine Stadt für die Schickeria, entlarvt ein genauerer Blick diese Vorstellung als Trugschluss. Die Hotspots des Münchner Nachtlebens in Form von Bars sind dabei das Glockenbachviertel – seit den 80er Jahren das Zentrum des schwulen und lesbischen Kultur- und Nachtlebens, das sogar Queen-Frontmann Freddie Mercurys Libido zu Höchstleistungen animierte – und die Maxvorstadt rund um die Universität. Aber auch Schwabing, Giesing und das Westend offerieren eine Vielzahl an Bars und Ausgehmöglichkeiten. Die Bandbreite reicht von internationalen Ketten, über Cocktail-Bars, verruchte Boazn, urige Stadtteiltreffpunkte bis hin zu hippen Absteigen am Puls der Zeit. Letztendlich ist alles eine Geschmacksfrage und jegliche Auswahl vor allem eines: rein subjektiv. Die Singlehauptstadt München hält in ihren Bars für Singles jedenfalls zahlreiche Gelegenheiten zum neckischen Flirt, und für Paare Ausgehmöglichkeiten en masse für einen Abend zu zweit bereit.

_Aroma Kaffeebar Hip, modisch und überdurchschnittlich attraktiv, so lässt sich das Publikum in der Aroma-Bar beschreiben. Neben super leckerem Kuchen und Getränken gibt es in einem wandfüllenden Regal allerlei nützliche und weniger nützliche Dinge zum Verschenken an die Angebetete oder den Angebeteten.
Wo? Pestalozzistraße 24, www.aromakaffeebar.com.

_Hoover & Floyd Eine Café-Bar, die einem Wohnzimmer gleicht. Im Hoover & Floyd ist es zu jeder Tageszeit gemütlich. Die Kuchen und Paninis sind darüber hinaus ein Gedicht. Hier lässt es sich also nicht nur aufgrund der räumlichen Enge super flirten, sehr gut Zeit mit seinem Schatz verbringen und das Leben überhaupt genießen.
Wo? Ickstattstraße 2, www.hooverundfloyd.de.

_Salon Irkutsk Ein absolutes Kleinod, in dem eine wunderbare Mischung aus Anwohnern, Künstlern, Handwerksgesellen auf Wanderschaft, Studierenden und sonstigen Menschen anzutreffen ist. Die sich selbst als »franko-slawophiler Abendsalon für Trinkkultur« bezeichnende Bar ist herrlich entspannt. Genau die passende Umgebung für einen Abend mit Wein und tiefen Blicken in die Augen des Partners. Dort scheint die Zeit stillzustehen.
Wo? Isabellastraße 4, www.salonirkutsk.de.

_Kraftwerk Das Kraftwerk ist vor allem etwas für Männer, die mit dem männlichen Geschlecht flirten wollen. Abends und vor allem am Wochenende ist es immer sehr voll. Körperkontakt und hohes Flirtpotenzial sind garantiert.
Wo? Thalkirchner Straße 4.

_Jennifer Parks Die »Jenny« ist auch eher eine Angelegenheit für die männerliebende männliche Fraktion. In der trashig dekorierten Bar kann nach Herzenslust (an-)getanzt und geflirtet werden. Für alle, denen am Abend eine reine Bar zu ruhig und ein Club zu wild ist, eine formidable Zwischenlösung.
Wo? Holzstraße 14, www.jennifer-parks.com.

_Vesperia »Satt sollst werden, gemütlich soll's sein und dazu gehören natürlich auch gute Drinks.« Das Motto der Vesperia trifft den Nagel auf den Kopf. Bisschen urig, dafür sehr gemütlich, zudem gibt es gutes Essen. Der richtige Ort, um sein Spatzl zu einem traumhaften Abend zu zweit auszuführen.
Wo? Schmellerstraße 4, www.vesperia-muenchen.de.

_Roosevelt Etwas abseits der klassischen Münchner Ausgehviertel liegt das Roosevelt mitten im Lehel. Vor allem Cocktail-Fans kommen dort auf ihre Kosten. Preislich liegen die Getränke über dem Durchschnitt, dafür gibt es aber auch Qualität und die Umgebung für einen entspannten Abend.
Wo? Thierschplatz 5, www.roosevelt.de.

_Barroom Kleinste Cocktailbar der Stadt, aber wie heißt es so schön: Klein, aber fein!
Wo? Milchstraße 17, www.barroom-muenchen.de.

_Pusser's Wer es klassisch-amerikanisch mag, ist in dieser über 40-jährigen Institution richtig. Die Cocktails sind hervorragend und manchmal gibt es Live-Musik.
Wo? Falkenturmstraße 9, www.pussersbar.de.

_Freebird Lässige Bar. Vor allem in den frühen Abendstunden lässt es sich dort ausgezeichnet chillen, später wird es dann voll; an der Bar sind echte Künstler am Werk.
Wo? Nordendstraße 12, www.freebird-munich.com.

_Schumann's Ist bekannt, aber nicht zu umgehen; stilvoll, lecker, perfekt. Tagsüber auch zum Essen, um Mitternacht eine klassische Bar, und das alles am schönsten Platz der Stadt. Bitte unbedingt einen Swimmingpool trinken!
Wo? Odeonsplatz 6–7, www.schumanns.de.

_Goldene Bar Der Name kommt von den Wandmalereien Karl Heinz Dallingers von 1937, die damals dem nationalsozialistischen Kunsttempel ein Flair von Weltoffenheit verleihen sollten. 2010 renoviert ist deren Schein bei Kerzenlicht absolut überwältigend. Und die Cocktails sind sowieso super, genauso wie der Sundowner auf der Terrasse an lauen Sommerabenden.
Wo? Haus der Kunst, Prinzregentenstraße 1, www.goldenebar.de.

_Bar Gabányi Total schönes Licht und am Sonntag geöffnet. Was will man mehr? Ach so, die Cocktails sind großartig, Besitzer und Namensgeber Stefan Gabányi war früher bei Schumann's tätig...
Wo? Beethovenplatz 2, www.bar-gabanyi.de.

Clubs

Dieses Kapitel ist sowohl für Paare, als auch für Singles interessant! München ist ein lebendiges Pflaster für Tanz- und Feierwütige – mit 35 umsatzsteuerpflichtigen Diskotheken liegt die Stadt sogar weit vor Köln und Hamburg. Entgegen dem weit verbreiteten Vorurteil, dass es hier nur Schickimicki-Clubs gibt, sind auch in der bayerischen Metropole spannende Locations zum Feiern zu finden, in die man auch ohne Pumps und Lacoste-Hemd Einlass findet. Auch abseits der »Feierbananane«, der Partymeile zwischen Sendlinger Tor und Maximiliansplatz, inklusive der bekannten Clubs in der Sonnenstraße, gibt es spannende Plätze für Nachteulen.

Ein bisschen abgelegen von der Sonnenstraße liegt der **SAUNA CLUB**, der nichts mit Erotik oder Spa zu tun hat. Der Name ist trotzdem Programm: Hier ist Kuscheln und Tanzen angesagt und der Laden ist samstagnachts ab 2 Uhr brechend voll. Die tolle Holzwandverkleidung erinnert tatsächlich an die beliebten skandinavischen Schwitzbunker, der Boden ist mit Europaletten ausgelegt und statt kühlen LED-Installationen laufen hier nonstop Werbespots aus den 80ern. Man munkelt, dass der Barkeeper an manchen Abenden sogar lebowskimäßig im Bademantel ausschenkt. Also: Wer nicht schaulaufen, sondern ordentlich auf den Putz hauen und dabei schön ins Schwitzen kommen möchte, ist hier richtig.

Ein echter Oldie im Glockenbachviertel ist der **LIVECLUB MILLA**: Hier finden von Mittwoch bis Sonntag beinahe jeden Abend Konzerte statt und auch sonst wird viel getanzt, der reguläre Eintrittspreis liegt bei relaxten 5 bis 7 Euro und für Konzerte um die 15 Euro. Besonders besuchenswert ist die Veranstaltung Kassettenklub, die einst im Atomic geboren wurde und hier zum Geheimtipp unter Nostalgikern und Kennern avanciert ist: Während zauberhafte Licht-Installationen die Kellerräume erhellen, erfreut sich das angenehm durchmischte Publikum an Synthpop, Wave, Post Punk und Underground-Tunes.

Am nordöstlichen Ende von München, in Oberföhring, verbirgt sich ein kleines dunkles Juwel: Im **KAFE KULT** trifft man seit 1999 Punks, Gruftis, Queers, Freaks & Friends. Es gibt keine fancy Getränke (hier trinkt man noch Korea) und (sehr unmünchnerisch!) keine Spiegel in den Toiletten, dafür eine Menge guter Musik abseits vom Indie-Einheitsbrei und ein Regal mit haufenweise Zines, GEO-Heften und Absurditäten verschiedenster Couleur im Flur. Neben interessanten Konzerten finden hier in regelmäßigen Abständen Punk-, Hardcore-, Batcave- und Wave-Partys statt, das Publikum ist zwischen 20 und 50+ und in dem verwilderten Garten vor dem Schuppen (das Kult verdient diese Bezeichnung wirklich) kommt man schnell ins Gespräch.

Und klar haben wir auch noch einen Tipp für Lesben, Bi-Frauen und ihre Freundinnen: Gay-Partys sind in München gefühlt immer noch recht männerlastig und die Musik für alle, die es nicht so mit 80er-Pop und Schlagern haben,

oft eine Qual – dazu ist es auch mal ganz schön, etwas anderes zu riechen als Le Male und One Million, sorry Jungs! Wer es housig & elektronisch mag und abends mal nur von Frauen umgeben sein will: In unregelmäßigen Abständen findet die Superheldinnenparty She-La im **8 Below** statt und geflirtet und getanzt wird hier sicher nicht zu knapp! Für Queers, Freaks & Friends empfehlen wir außerdem noch von Herzen die Get Rid im **Sunny Red**. Hier gibt's für 5 Euro Elektropunk und Indie auf die Ohren und dazu eine Bartbar mit Schminkecke, die prima zum Motto der Veranstaltung passt, denn: Any gender is drag! Also holt Holzfällerhemden, High Heels und Harness aus der Kommode und nehmt ordentlich Glitzer mit, denn es wird wild und supergay ... äh ... -geil!

Nach all diesen Undergroundtipps muss man wohl doch noch einen kleinen Ausflug in die Müllerstraße unternehmen und ab 4 Uhr früh (vorher ist nix los) in den flauschigen Räumen des geschichtsträchtigen **Pimpernel** tanzen. Die Anlage ist fett, der Eintritt günstig und der Flirtfaktor nicht zu unterschätzen. Die Türpolitik ist nicht mehr so streng wie einst und auch das Publikum nicht mehr ganz so gay, dennoch sieht man hier noch den Abglanz der wilden 80er und hin und wieder noch ein bisschen Leder und Verruchtheit.

Für alle Elektrofans sei noch die **Rote Sonne** erwähnt. Mittlerweile ein Klassiker im Münchner Nachtleben: richtig gute Musik in unaufgeregtem Ambiente und das direkt am Maximiliansplatz.

Sauna, Marsstraße 22, www.s-a-u-n-a.de
Milla Liveclub, Holzstraße 28, www.milla-club.de
Kafe Kult, Oberföhringer Straße 156, www.kafekult.de
She-La im 8 Below, Schützenstraße 8, www.she-la.de
Get Rid im Sunny Red, Feierwerk, Hansastraße 41
Pimpernel, Müllerstraße 56, www.pimpernel.de
Rote Sonne, Maximiliansplatz 5, www.rote-sonne.com

BEZIEHUNGSSTADIUM:
Zusammenziehen

Irgendwann kommt in jeder Beziehung der Punkt, an dem man denkt: Jetzt ist es Zeit. Zeit, das letzte Stück Privatsphäre für das herrlich-wohlige Jeden-Abend-Nebeneinander-Einschlaf-Gefühl aufzugeben, um fortan nicht nur Bett und Bad, sondern auch Miete, Stromrechnung und andere finanzielle Verpflichtungen miteinander zu teilen. Zusammenziehen ist aber auch ein Wagnis, bei dem vieles schief- und kaputtgehen kann und somit auch für die verliebtesten Pärchen ein Härtetest, der schon so manche harmonische Beziehung innerhalb weniger Monate zum Rosenkrieg eskalieren und so manche leidenschaftliche Liaison bis zum erotikfreien Gefrierpunkt des sterbenslangweiligen Nebeneinanderherlebens hat abkühlen lassen. Aber es kann dennoch klappen mit dem Zusammenwohnen, dem gemeinsamen Einkaufen, dem Abwasch, dem »Schatz, ich bin zu Hause« und dem »Komm in die Küche, das Essen ist fertig«. Und es kann auch schön, romantisch und sogar aufregend bleiben – wenn man ein paar Dinge beachtet.

Auch wenn man in einem gemeinsamen Haushalt bei der Miete und an der Supermarktkasse spart, sollte man nicht kleinlich bei der Wohnungsgröße sein, was in München durchaus eine Herausforderung ist. Wenn kein Zimmer für jeden drin ist, sollte es zumindest klar definierte Rückzugsmöglichkeiten für beide Partner geben, ob das eine eigene Leseecke im Wohnzimmer, der Balkon als frei bepflanzbares Refugium oder eine zum Werkraum umfunktionierte Speisekammer ist: Ein eigener, frei gestaltbarer Platz sorgt für Freiheit und Entspannung und hilft, die Hobbys und Interessen des Anderen zu respektieren.

Um die Traumwohnung (gut geschnitten, perfekte Lage, kleiner Preis) zu finden, ist es daher ratsam, sich nicht unter Zeitdruck zu setzen. Auch in München gibt es verhältnismäßig günstigen Wohnraum, die Nadel im Heuhaufen zu finden ist allerdings unter Umständen ein Projekt für mehrere Monate, die man sich in diesem Fall unbedingt nehmen sollte, um Frust und Fehlentscheidungen zu vermeiden. Dabei können auch wir leider nicht helfen, dafür haben wir ein paar nützliche Tipps zum Umziehen, Ankommen und Einrichten gesammelt.

Günstig wohnen kann man mit ein wenig Geduld auch in München, indem man Anteile an einer Genossenschaft erwirbt. Unbefristetes Wohnrecht und preiswerte Mieten sind die Belohnung für einen langen Atem. Das Problem daran liegt in Ballungszentren wie München am begrenzten Wohnraum – die Wartelisten sind mitunter lang. Genossenschaften gibt es in München über 40, die größten darunter sind die Wohnungsgenossenschaft München-West, der Bauverein München-Haidhausen, die Genossenschaft Bauverein Giesing und die Isar Wohnungsbaugenossenschaft (IWG).

Wer zusammenzieht, braucht auch ein paar neue Sachen, alles bei IKEA zu kaufen, stellt sich jedoch oft als teurer als gedacht heraus und die alten Teller

UMZUGSCHAOS.

von Mutti sind doch irgendwie uncool. Preisgünstig und stilvoll kann man auch im Sozialkaufhaus einkaufen, das sogenannte Thrift Shopping oder Thrifting ist inzwischen sogar richtig hip. Im **DIAKONIA**, Münchens größtem Sozialkaufhaus, finden sich auf 1.200 Quadratmetern nicht nur tolle 70er-Jahre-Möbel und Großgeräte wie Spül- und Waschmaschinen, sondern auch Lampen, Geschirr und neue Lieblingsdeko.

Dass auch Umzugkartons gar nicht so günstig sind, hat jeder, der schon einmal umgezogen ist, feststellen müssen. Gebrauchte Kartons sind oftmals nicht so stabil, wie man es sich wünschen würde. Besonders ärgerlich ist es, wenn sich das erst zwischen dem dritten und vierten Stockwerk herausstellt und es sich um die Kiste mit dem Geschirr handelt. Eine praktische, günstige und nachhaltige Alternative bietet der sympathisch-junge Service von **TURTLEBOX**. Die stabilen Plastikwannen sind in verschiedenen Größen erhältlich, lassen sich sicher verschließen und stapeln und werden geliefert und wieder abgeholt.

Umziehen ist auch ein guter Anlass zum Entrümpeln und da jetzt vieles doppelt vorhanden ist, sowieso: Gebrauchte und gut erhaltene Bücher können über **MOMOX** einfach und unkompliziert eingebucht werden (geht zu zweit besonders schnell), die Buchkiste wird von zu Hause abgeholt und das Geld aufs Girokonto überwiesen. Zugegeben: Viel kommt bei einem Durchschnittspreis von 10 bis 80 Cent pro Buch nicht rum, aber zumindest die erste gemeinsame Pizza am Umzugstag ist davon bezahlt, zudem hat nun jeder mehr Platz in seiner Hälfte des Bücherregals.

Diakonia Kaufhaus, Dachauer Straße 192, www.diakonia-kaufhaus.de;
TURTLEBOX, *www.turtle-box.de; Momox, www.momox.de*

Altes Milchladen-Schild im Westend.

Abenteuerliches

Wir wissen, dass Sich-Verlieben und Verliebtsein ein Abenteuer ist. Dass dieses abenteuerliche Gefühl nur allzu schnell wohliger und heimeliger Sofawärme weicht, wenn nicht das ein oder andere Abenteuer unsere Wege kreuzt, auch. Und da diese nicht wie bei Mr. & Mrs. Smith, Johnny & June oder Scarlett & Rhett von ganz alleine auftauchen und Schwung, Drama und Aufregung in unsere Beziehungen bringen, müssen wir sie immer mal wieder auf eigene Faust provozieren...

Nachts ist sowieso alles spannender als tagsüber und Abenteuer lauern in der Regel auch nicht zu Hause im Kühlschrank (hoffentlich!), sondern draußen vor der Tür, dort, wo das eigentliche Leben stattfindet. Also: Taschenlampen einpacken, festes Schuhwerk anziehen, Proviant vorbereiten und los geht's zum **GEO CACHING**. Die Schnitzeljagd 2.0 mit GPS-Gerät (oder Smartphone-App) erfordert Konzentration, Geduld und Teamfähigkeit und ist gerade für eine junge Liebe gleichzeitig auch eine gute Belastungsprobe. Spannender und lustiger als ein gemeinsames IKEA-Shopping ist sie allemal.

Wer Lust auf Bewegung und Action hat, allerdings nicht immer nur zu zweit unterwegs sein will, dem empfehlen wir einen nervenaufreibenden **LASER-TAG**-Nachmittag. Der Trendsport ist eine Mischung aus »Räuber und Gendarm« oder Gotcha und funktioniert mit Infrarottechnik. Daher ist das Verletzungsrisiko im Vergleich zu Gotcha und Paintball minimal, der Spannungsfaktor aber trotzdem hoch. In München gibt es leider (noch) keine Laser-Tag-Halle. Gemeinsam mit dem Team, das viele tolle Outdoor-Locations in München kennt, wird vorab darüber entschieden, wo gespielt werden soll. Je nach Gruppengröße kann auch im eigenen Garten, im Hinterhof oder auf einem Firmengelände gezockt werden. Vor Ort wird das Spiel von einem Mitarbeiter erklärt; es gibt verschiedene Spielmodi für Anfänger, Fortgeschrittene und Profis.

Oder ein ganz anderer Vorschlag: Wer kann sich noch an die »Fünf Freunde« erinnern? Julian und Dick, Anne und George und Timmy der Hund! Vier Pfoten erhöhen den Abenteuerfaktor ganz ungemein, und was gibt es überhaupt Spannenderes und Schöneres, als mit einem Hund durch den Wald zu toben und sich von ihm durch den Wald ziehen zu lassen? Das Ganze zwar nicht mit einem Schlitten, aber mit einem Bauchgurt. **HUSKY-WANDERUNGEN** erfreuen sich großer Beliebtheit und werden auch im gut zu erreichenden Garmisch-Partenkirchen oder in Schwabmünchen (Nähe Augsburg) angeboten. Die Lauffreude der Tiere steckt an und nach so einer Hunde-Trekking-Tour gibt es erst mal eine ausgiebige Schmuserunde... (Kostenfaktor pro Person circa 80 Euro).

Wer das Glück über den Wolken sucht, wird es ganz sicher zu zweit am wundervollen weiß-blauen Himmel über München finden. Ob gemächlich und entspannt im **HEISSLUFTBALLON** (circa 180 Euro für zwei Personen) oder

LASER-TAG.

wildromantisch beim **Tandem-Bungee** (circa 149 Euro für zwei Personen): Beides sind Unternehmungen der anderen Art, die Paare zusammenschweißen und bewegen.

Und jetzt noch ein Tipp für alle, die Spaß am strategischen Denken und Kombinieren haben: Bei den sogenannten **Escape Games** geht es, wie der Name schon vermuten lässt, darum, aus einem Raum auszubrechen. Manchem ist das Prinzip vielleicht durch verschiedene PC-Spiele bekannt. Noch spannender, als digitale Items zu finden und miteinander zu kombinieren, ist es, mit Freund oder Freundin (und wahlweise auch dem ganzen Freundeskreis – bis zu sechs Personen können gemeinsam spielen) einen Weg aus einem der detailreich eingerichteten Spielräume zu finden. Dazu gibt es immer eine spannende Story, die das Spiel einrahmt und von einem der Mitarbeiter vor Spielbeginn erzählt wird. Ab dann läuft die Zeit: Jede Quest muss in 60 Minuten gelöst werden. Wer an einem Punkt mal nicht weiterkommt, bekommt auf Wunsch auch Hinweise vom Moderator, der das Abenteuer über Video beobachtet.

Geo Caching, www.geocaching.com
Laser-Tag, www.muenchen.lasergame.de, Location nach Vereinbarung und Wahl
Husky-Wanderungen, www.jollydays.de oder www.meventi.de
Heißluftballonfahrt, www.ballonfahrt.org/deutschland/bayern/ballonteam-enzian/
Tandem-Bungee, buchbar zum Beispiel über Jochen Schweizer, Veranstaltungsort: Oberschleißheim, www.jochen-schweizer.de
Escape Games, www.escapegame-muenchen.de

Planschen & Liegen

**Müller'sches Volksbad** Das Volksbad ist ungelogen eines der schönsten Badehäuser Europas und ein absolutes Jugendstil-Juwel. Bei all den wunderschönen und detailreichen Verzierungen an der Decke sollte man allerdings darauf achten, beim Schwimmen nicht aus Versehen Wasser zu schlucken. Ein absolutes Highlight ist auch das römisch-irische Schwitzbad.
Wo? Rosenheimer Straße 1.

**Isar südlich der Großhesseloher Brücke** Der Flaucher ist wunderbar – keine Frage. Doch gerade an schönen Tagen kann es dort auch recht überlaufen sein. Je weiter man am Flaucher vorbei isaraufwärts aus der Stadt heraus fährt, umso ruhiger wird es. Es lohnt sich, auf dem Drahtesel diese schöne Tour immer entlang der Isar zu machen (Radweg rechtes Ufer). Hinter der Großhesseloher Brücke verirren sich nur noch wenige Sonnenhungrige an das Isarufer: der perfekte Ort für einen ruhigen Nachmittag am Wasser zu zweit!
Wo? Südlich des Flauchers.

**Naturbad Maria Einsiedel** Nicht ganz so weit außerhalb liegt das Naturbad Maria Einsiedel. Der Isarkanal fließt einmal quer durch das Bad und sorgt selbst an heißesten Sommertagen für Abkühlung. Die nahe Isar und die umliegenden Isarauen sorgen für eine Idylle sondergleichen. Für Freude der Freikörperkultur und des Nacktbadens gibt es einen abgegrenzten Bereich.
Wo? Zentralländstraße 28.

**Riemer See** Auch der Osten Münchens geizt nicht mit reizvollen Stellen zum Entspannen am Wasser. Der See ganz in der Nähe der Messe ist sehr gut per U-Bahn zu erreichen. Sauberes Wasser und Ruhe vor der Hektik der Stadt heißen hier die Rezepte zum gemeinsamen Planschen und Liegen.
Wo? Messestadt Riem.

**Bei den »Nackerten« am Eisbach** Aus heute nicht mehr bekannten Gründen wollten zahllose Münchner in den 80er Jahren gerne nackt im Englischen Garten liegen. Die Stadt erlaubte tatsächlich die Freikörperkultur in zwei Bereichen, vielleicht um den Ruf Münchens als konservatives Dorf abzulegen. Die »Nackerten« vom Eisbach erschienen dadurch nicht nur in einem Bericht der New York Times, sondern sie waren Trendsetter in Deutschland: Schon bald gab es auch in Westberlin an verschiedenen Seen FKK-Bereiche. Heute kann man im »Lonely Planet« lesen, Nacktbaden im Englischen Garten sei »völlig legal und gesellschaftlich akzeptiert, also lassen Sie ihre Sittsamkeit zu Hause«. Auch wenn die FKKler weniger werden: Wer es mag, darf hier nackt liegen, denn das wichtigste Gesetz in München heißt doch immer noch: Leben und leben lassen.
Wo? Englischer Garten.

**Der Starnberger See** Münchens Swimmigpool und für viele der schönste See der Welt: der Starnberger See. Starnberg, Possenhofen, Feldafing und

Das Müller'sche Volksbad.

Tutzing sind mit der S-Bahn zu erreichen, die größeren Erholungsgebiete am Ostufer mit dem Auto; egal wo: Es schwimmt sich wunderbar mit Blick auf die Alpen und man kann kaum glauben, dass gerade in diesem See Ludwig II. ertrunken sein soll (siehe auch S. 208).
Wo? Fünfseenland.

_Schwimmen in der **Isar und mit der Tram** zurück – siehe auch S. 22.

_Der **Feringasee** ist mit 21 Hektar Wasserfläche der größte Badesee im Kreis München. Gut erreichbar mit S-Bahn oder Fahrrad liegt er östlich von Unterföhring. Am südlichen Ufer gibt es viele schattige Liegeplätze und einen Kiosk, auch gegrillt werden darf hier ganz offiziell. Die Halbinsel nebenan ist für Vertreter der freien Körperkultur reserviert. Am Ostufer locken Volleyballfelder, eine große Wiese für Freizeitkicker und ein Restaurant.
Wo? Unterföhring.

_**Deininger Weiher** Der etwas abgelegenere Moorsee (nicht von der dunkelbraunen Farbe abschrecken lassen!) liegt im idyllischen Naturschutzgebiet Südliches Gleißental; seine Wasserqualität ist so gut, dass sich sogar Wasserschildkröten in ihm wohlfühlen. Durch seine geringe Tiefe ist seine Temperatur oft schon im Frühjahr angenehm, perfekt um die Badesaison zu eröffnen.
Wo? Straßlach-Dingharting südlich von München.

BEZIEHUNGSSTADIUM:
Heiraten

Jetzt wird es langsam ernst? Aber wie soll denn nun der Tag der Tage aussehen: eher klassisch-traditionell? Vielleicht sogar in Tracht und mit Hochzeitslader, Volkstanz und jodelnd-juchzenden Schuhplattlern zum Amüsement der bavariophilen Gäste? Oder doch eine hippe Party im Szene-Club? Will man »nur« standesamtlich heiraten oder das volle Programm mit Weißwurst-Frühstück, kirchlicher Trauung und Brautstehlen (alter Brauch, bei dem die Braut »entführt« wird und von ihrem Bräutigam gesucht, gefunden und unter beträchtlichem Aufwand an Bier, Wein und Brotzeit ausgelöst werden muss)?

Wer nicht allzu viele Gäste geladen hat und in einer kleinen Kirche feiern will, der kann im barocken Juwel der Stadt, der **ASAMKIRCHE** in der Sendlinger Straße heiraten! Parken ist hier allerdings ein echtes Problem. Richtig viele Gäste passen in die beeindruckende **ST.-LUKAS-KIRCHE** am Isarufer im Lehel. Die Pfarrgemeinde St. Lukas ist überdies für ihre aufgeschlossene Haltung gegenüber Lesben, Schwulen und Transgender bekannt und bietet im Zusammenhang mit der öffentlichen Eintragung einer Lebensgemeinschaft gottesdienstliche und segnende Begleitung an. Für mittelgroße Gesellschaften bietet sich die hübsche kleine Barockkirche **ST. MICHAEL** am idyllisch gestalteten Pfanzeltplatz in Perlach an. Achtung: Ein Jahr Vorlauf ist für die Planung keine Seltenheit.

Anregungen für die perfekte Location und das Traumkleid folgen auf den anschließenden Seiten. An dieser Stelle verraten wir euch deshalb unsere eigenen Erfahrungsschätze für einen gelungenen Hochzeitstag:

1. Die Frisur probestecken zu lassen, kann helfen, traumatische Erlebnisse bei der Hochzeit zu verhindern.
2. Es müssen nicht immer Rosen sein. Liebevoll und individuell gestaltete Blumensträuße gibt's bei **ROSIGE ZEITEN** in Schwabing.
3. »Something old, something new, something borrowed, something blue and a sixpence in your shoe« – so viele Glücksbringer nehmen wir doch gerne auch in unser Repertoire auf.
4. Keinen Reis werfen lassen. Wer will schon Körner in der Hochsteckfrisur? Blumenblüten und Seifenblasen sind hübscher und sehen auf den Hochzeitsbildern großartig aus!
5. Als Trauzeugen unbedingt Freunde mit starken Nerven auswählen, die Verantwortung und Organisationsstress vom Brautpaar fernhalten und schon vorab allzu peinliche Hochzeitsspiele verhindern.

Ein letzter Tipp aus dem Nähkästchen: Beim Friseur und im Blumenladen auf keinen Fall das Wort »Braut« erwähnen. Den Unterschied zwischen Hochzeits- und gewöhnlichem Blumenstrauß erkennt man meist nur an (unnötigem) Glitzergedöns und dem doppelten Verkaufspreis.

Top 10
»Heiratsanträge«

Will you marry me?

1_Bayerische Volkssternwarte »Ich hole dir die Sterne vom Himmel – ein Leben lang!« Ein Heiratsantrag unterm Sternenhimmel ist – egal bei welchem Wetter und mitten in der Stadt – in der Alten Sternwarte überhaupt kein Problem.
Wo? Rosenheimer Straße 145.

2_Eine Kutschfahrt ist in anderen Städten oft nicht zum Besten der Pferde. Aber in München darf man ruhig einsteigen: Nur das 1945 gegründete Kutschereiunternehmen Hans Holzmann darf mit Pferdekutschen in München fahren und die Pferde sind hier in den besten Händen. Wessen Liebling auf Kitsch steht, wird bei einer Fahrt durch den Englischen Garten sicherlich ein »Ja, ich will!« hören.
Wo? Englischer Garten.

3_Wie im Film In der Bavaria Filmstadt kann man dem oder der Geliebten einen Heiratsantrag in einer originalen Filmdekoration oder in einer echten Kulissenstraße machen, was auf Wunsch sogar für immer auf Zelluloid gebannt werden kann. Film ab!
Wo? Bavariafilmplatz 7.

4_Dinner mit Haien Schon Leonardo di Caprio und Claire Danes haben es in der 1996er-Verfilmung von »Romeo & Juliet« vorgemacht: Im Hause der Capulets tauschen die beiden Jungverliebten zunächst zärtliche Blicke durch die in verträumtem Blau schimmernden dicken Glaswände eines großen Aquariums, bevor sich ihre Lippen später im Lift zum ersten Mal einander zum Kuss zuwenden. Alle romantischen Cineasten, Shakespeare-Fans und Fischfreunde können diese Szene bei einem Date im Sea Life Center im Olympiapark nachspielen und nicht ganz handlungskonform auch an Ort und Stelle losknutschen, während Zwerghaie, Rochen und Seepferdchen durchs Wasser gleiten, falls in den Anwesen der verfeindeten Elternhäuser kein eigenes Aquarium vorhanden ist. »Under Water Love« heißt das 3-Gang-Liebes-Menü, das etwa drei Stunden dauert; man sitzt am Panoramafenster und kann den vorbeiziehenden Fischen zusehen.
Wo? Willi Daume Platz 1.

5_Mit Lebkuchenherz Der Inbegriff Münchner Romantik ist die Frage nach dem »Willst du?« in Zuckerschrift auf einem Lebkuchenherz (vorher bei www.lebkuchenherz.de bestellen). Überreicht wird es dem oder der Geliebten dann natürlich auch ganz klassisch auf der **Wiesn**. Ob oben in einem Wagen im Riesenrad, mit allen gemeinsamen Freunden im Bierzelt oder schaurig-schön in der Geisterbahn, bleibt da ganz dem Geschmack des Antragstellers überlassen. Wer kann da schon Nein sagen?
Wo? Theresienwiese.

6_Westpark Wer für ferne Länder schwärmt, aber nicht um die halbe Welt fliegen möchte, um die Frage aller Fragen zu stellen, für den ist der Westpark der richtige Ort. Hier gibt es einen japanischen Garten in einer zerklüfteten Felsenlandschaft, einen chinesischen Garten, eine nepalesische Pagode und einen thailändischen Sala mit freistehendem Buddha-Heiligtum.
Wo? Preßburger Straße 35.

7_Beim Rudern auf dem Kleinhesseloher See im original Holzruderboot oder in quietschgelben Plastik-Tretbooten: Es gibt wohl kaum etwas Romantischeres, als gemeinsam, weit entfernt vom Trubel der Welt, über das Wasser zu gleiten, begleitet nur von Enten, Fischen und Schwänen, die die einzigen Zeugen sein werden!
Wo? Englischer Garten.

8_Beim Drachensteigenlassen im Westpark am kleinen See, auf der Theresienwiese, im nördlichen Teil des Englischen Gartens, am Riemer Rodelhügel und im Umweltpark Unterhaching-Neubiberg. Und vielleicht kann auf dem Drachen die Frage aller Fragen stehen?

9_Gondelfahrt im Nymphenburger Schlosspark Nicht nur in Venedig gilt die Gondel als das romantischste Fortbewegungsmittel überhaupt! Anlässlich des 350. Jahrestages des Baubeginns wurden echte venezianische Gondeln auf dem Kanal eingesetzt und erfreuten sich so großer Beliebtheit, dass sie blieben. Und 65 Euro für eine Fahrt ist doch beinahe geschenkt!
Wo? Schloss Nymphenburg.

10_Bei den Bartschweinen im Tierpark Hellabrunn Das goldigste Ehepaar Münchens wohnt im Tierpark Hella-

brunn. Die Bartschweine leben wie es sich für ein älteres Ehepaar gehört: Erst wird zu Abend gegessen, dann macht sie das (Stroh-)Bett zurecht, während er nochmal pieselt und dann legen sie sich gemeinsam hin. Wo könnte man seinem Wunsch nach ewiger Liebe besser Ausdruck verleihen als vor einem alten und glücklichen Ehepaar?
Wo? Tierparkstraße 30.

Heiraten.
Junggesellenabschied

Der Jungesellinnen- beziehungsweise Jungesellenabschied, unter Heiratsprofis JGA genannt, stellt für viele einen symbolischen Abschluss des Single-Lebens dar und ist im Allgemeinen der Anlass für Braut oder Bräutigam, vor der Hochzeit noch einmal mit den Freundinnen und Freunden so richtig auf den Putz zu hauen. Moderne Paare tun das natürlich auch nach der Hochzeit noch ausgiebig, aber was soll's: Ein gut geplanter JGA bedeutet in erster Linie einen tollen Tag im Kreis der besten Freunde und Freundinnen und muss auch nicht zwingend zur peinlichen Fremdschäm-Aktion verkommen, außer natürlich, ihr findet es lustig, mit Brautschleier, Bienchenfühler-Haarreif und Bauchladen Verhüterli und Feigling in der Fußgängerzone zu verkaufen. Traditionell wird hier sowohl in der JGA-Gruppe von Braut oder Bräutigam als auch in der Wahl des Programms strikt nach Geschlecht getrennt: Sie geht mit den Freundinnen zum Pole Dance oder zum Sektschlürfen ins Spa, während er sich mit seinen Kumpels hemmungslos im Strip Club betrinkt. Muss alles nicht so laufen! Wer das zukünftige Ehepaar gut kennt und richtig gerne hat, dem fallen sicher spannendere Dinge ein. Das oberste Ziel sollte bei der Planung sein, dass Braut oder Bräutigam einen unvergesslichen Tag und Abend erleben, der ganz nach ihrem Geschmack ist. Unsere Tipps lassen sich natürlich auch herrlich miteinander kombinieren!

Für Fussballfans und Freizeitkicker

Bubble-Soccer ist die neue Trendsportart aus Dänemark und wie geschaffen für den JGA von Fußballfans! Hierbei bekommt das Team (buchbar für 8 Personen) aufblasbare Plastikbälle über den Kopf gezogen und darf damit nach Herzenslust bolzen und sich gegenseitig anrempeln. Das Ganze klingt nicht nur dämlich, sondern sieht auch so aus, dafür macht es aber auch unglaublich viel Spaß und ist für circa 29 Euro pro Person für ein Match (1,5 Stunden) geradezu ein Schnäppchen. Zudem gibt es noch verschiedene Spielmodi wie Last Man Standing und Bubble-Sumoringen. Auch für Zuschauerinnen und Zuschauer zum Kugeln! Gespielt werden kann in den verschiedenen Courts der Soccarena in Heufeld oder aber gegen eine Leihgebühr für die Bubbles auch zu Hause.

Für ganz Gestresste

Der zukünftige Gatte beziehungsweise die zukünftige Gattin gehört zu der Sorte Mensch, die bereits Monate vor der Hochzeit nicht zur Ruhe kommt, weil zwischen 40-Stunden-Woche, Kalligrafie-Workshop und allabendlicher Restaurantrecherche kaum Zeit bleibt, zusätzlich noch alle Münchner Brautmodengeschäfte zur Anprobe abzuklappern? Dann ist es spätestens beim JGA Zeit für Zwangsentschleunigung! Es empfiehlt sich ein Luxus-Brunch im Hilton Munich

Park (circa 59 Euro pro Person, man gönnt sich ja sonst nichts). Anschließend kann man sich gleich an Ort und Stelle mit einer Massage verwöhnen lassen, in der Sauna den Hochzeitsstress rausschwitzen oder ein paar gemütliche Runden im schicken Pool des Hotels drehen (Brunch inklusive Wellness-Programm circa 80 Euro pro Person). Am späten Nachmittag geht's dann ganz gemütlich nach Hause auf die Couch, wo die oder der Heiratswillige mit selbstgemachten Snacks, Drinks und ein paar Lieblingsfilmen betütert wird, bis er oder sie entspannt einschläft.

FÜR MUSIK-FANS UND ROCKSTARS

Konzertkarten für die Lieblingsband besorgen und nach dem Konzert mit einer knallpinken Stretch-Limo (eine Stunde ab 100 Euro) in die Lieblingsbar und feiern. (Ein Hotelzimmer zu verwüsten kommt teuer, ist aber auch eine beliebte Partyoption unter den ganz Wilden.)

Falls im Zeitraum des JGAs gerade keine tolle Band, die die Braut oder der Bräutigam liebt, in München auftritt, können die Freunde auch selbst aktiv werden und eine CD aufnehmen! Sicher gibt es den einen Song, der an gemeinsame tolle Tage im Freundeskreis erinnert, oder? Ein Tagesausflug ins Tonstudio garantiert eine Menge Spaß, gleichzeitig wird der JGA-Ohrwurm als tolle Erinnerung festgehalten (Einsingen mit bis zu 20 Personen und CD-Design, drei Stunden Gesamtdauer, circa 149 Euro).

FÜR ECHTE BAYERN UND BIERFANS

Was bietet sich in der deutschen Bierhauptstadt eigentlich besser an, als eine Brauerei zu besichtigen und sich dabei angenehm verköstigen zu lassen? Da laufen Kultur- und Partyprogramm gleichzeitig und an einem Ort ab und es kann darüberhinaus etwas Neues gelernt und ausprobiert werden! Jetzt bleibt nur noch die Qual der Wahl: Paulaner, Augustiner, Hacker-Pschorr, Franziskaner, Spaten? Hier sollten natürlich die individuellen Biervorlieben von Ehefrau oder Ehemann in spe berücksichtigt werden. Zudem gibt es in manchen Brauereien auch Kombiführungen mit Bierverkostung und anschließender Brotzeit (zum Beispiel in der Spaten-Brauerei), es empfiehlt sich also, sich vorher bei der entsprechenden Brauerei über den genauen Ablauf der Führung zu informieren.

Wer einen kleinen Ausflug mit Zugfahrt machen möchte: Die Brauerei Weihenstephan im gut zu erreichenden Freising bietet sehr interessante Führungen an und gilt sogar als älteste Brauerei der Welt! Na dann prost!

Bubble Soccer, Soccarena, Pettenkoferstraße 16, 83052 Bruckmühl-Heufeld, www.soccarena.de; Hilton Munich Park, Am Tucherpark 7, Brunch und Wellness jeden Sonntag von 12 bis 15.30 Uhr; Limousine, Monika und Michael Kayal, Konrad-Siebler-Straße 2, 82152 Krailling bei München, www.pinke-limo.de (zu mieten gibt es natürlich auch einen schwarzen Hummer und andere Modelle!); Soundstar Studios, Machtlfinger Straße 10, www.soundstarstudios.de; Brauereiführungen zum Beispiel bei Spaten-Franziskaner-Bräu, Marsstraße 46–48, www.spatenbraeu.de oder Bayerische Staatsbrauerei Weihenstephan, Alte Akademie 2, 85354 Freising, www.weihenstephaner.de

Heiraten.
Das Kleid

Die für die Braut wohl immer noch spannendste und nervenaufreibendste Sache ist es, das richtige Brautkleid zu finden. Für die Suche nach dem richtigen Outfit sollte man sich Zeit lassen und erst einmal herausfinden, was einem selbst wichtig ist: Spielt der Preis keine Rolle oder soll das perfekte Kleid möglichst günstig sein? Ganz klassisch in weißer Spitze? Oder eher im kurzen Cocktail-Kleid? Im schicken Kostüm? Oder ganz ohne Kleid oder Rock im modernen Hosenanzug? Oder doch ganz anders? Wer nicht so sehr aufs Budget achten muss oder will und kein Kleid von der Stange kaufen möchte, sollte auf jeden Fall den Gang zu einer Modedesignerin ins Auge fassen.

Auch über die Münchner Stadtgrenzen hinweg ist Natascha Wiebking für ihre einzigartigen, schlichten wie himmlisch-verspielten Kreationen bekannt. Bei **La Robe Marie** im Westend können diese bewundert und anprobiert werden. Das Atelier wurde 2014 von der Designerin Susan Marie Bauer eröffnet, die hier ebenfalls ihre Entwürfe präsentiert und exklusive Brautmoden entwirft. Ein Brautkleid aus dem Atelier kostet zwischen 990 und 3.500 Euro. Wie in allen Brautmodengeschäften empfiehlt es sich, einen Termin zu vereinbaren, da die Kleider meist nicht ohne die Hilfe einer Beraterin anprobiert werden können. Eine Vorlaufzeit von etwa drei Monaten ist empfehlenswert.

Immer beliebter wird es, das Traumkleid zu leihen, statt es zu kaufen, ist doch die Wahrscheinlichkeit meistens relativ gering, dass es mehr als einmal im Leben getragen wird. Nicht jede Braut kann vor diesem Hintergrund den Preis für sich rechtfertigen. Zudem wird es so erschwinglich, sich nicht auf das eine Kleid festlegen zu müssen. Wer am Vormittag prinzessinnengleich durch den Kirchgang schreiten, abends aber wild und ungezwungen tanzen und feiern möchte, steht vor dem Problem, dass die meisten Brautkleider nicht für beide Aktivitäten gleichermaßen geeignet sind. Warum also nicht einfach ein langes elegantes UND ein kurzes unkompliziertes Kleid leihen? In der Regel ist das in den meisten Brautmodengeschäften ab circa 80 Euro möglich – so steht dem späteren Outfitwechsel auch mit einem schmalen Budget nichts mehr im Wege!

Bei Fan Xia im **White Silhouette** ist beides möglich: Die Designerin hat exklusive Marken im Programm und entwirft mit ihren Kundinnen auch märchenhafte Einzelstücke. White Silhouette bietet auf über 200 Quadratmetern stilvoll eingerichteter Verkaufsfläche geschmackvolle Brautmoden für Pragmatikerinnen (ab circa 200 Euro) und Designerstücke um circa 6.000 Euro, jedes Kleid kann auch geliehen werden. Zudem gibt es verschiedene Kombipakete, wenn auch noch Bräutigam, Schwiegermutter und Brautjungfern passend mit eingekleidet werden sollen. Des Weiteren gibt es hier auch Schuhe, Haarschmuck, Schleier und Dessous zum verhältnismäßig kleinen Preis.

LA ROBE MARIE BRAUT-COUTURE.

Und natürlich muss es hier auch erwähnt werden: das Brautdirndl! Wer sich den schönsten Tag des Lebens nicht ohne Tracht vorstellen kann, sollte unbedingt bei der **DIRNDL LIEBE** vorbeischauen oder besser gleich einen Termin mit Trachtendesignerin Sarah Tack vereinbaren. Jedes ihrer Kleider ist ein Unikat und wird mit viel Liebe zum Detail und aus hochwertigen Materialien aus München und der Welt hergestellt. Zudem findet die traditionsbewusste Braut hier auch wunderschöne, handgefertigte Accessoires.

Wer ein Zeichen gegen Verschwendung setzen möchte und es schade findet, dass Brautkleider nach einmaligem Tragen meist im Schrank verstauben, kann auch hier vorbeischauen: Nach dem Motto »Jedes Kleid verdient eine zweite Braut« verkauft Julia Bühring bei **SECOND BRIDE** gepflegte Second-Hand-Brautkleider zu fairen Preisen (circa 250 bis 1.200 Euro). Auch einen Änderungsservice bietet die Unternehmerin an. Auf der Website werden alle verfügbaren Kleider präsentiert, die Anprobe im Studio erfolgt nach einer Terminvereinbarung per Telefon oder Mail. Dort findet das Brautkleid natürlich auch nach der Hochzeit ein neues Zuhause! Und wer sich von seinem Kleid nicht trennen möchte, kann auch nach dem Ja-Wort, ganz egal ob zum 1., 5. oder 20. Hochzeitstag die Garderobe auf einem Brautkleiderball ausführen. Diese finden mittlerweile jährlich in allen großen Städten statt.

La Robe Marie Braut-Couture, Westendstraße 91, www.larobemarie.de
White Silhouette, Wasserburger Landstraße 196, www.whitesilhouette.de
Dirndl Liebe, Brienner Straße 54, www.dirndl-liebe.de
Second Bride, Hermann-Vogel-Straße 28, www.secondbride.de

Experteninterview
Hochzeitsfotografin

Wie lange bist du schon Hochzeitsfotografin?
Spezialisiert auf Hochzeitsfotografie bin ich seit über zehn Jahren.

Was reizt dich an der Hochzeitsfotografie?
Was mich besonders reizt, sind die immer wieder verschiedenen Interpretationen ein und derselben Sache. Genau wie jedes Brautpaar ist jede Hochzeit anders. Es wird nie langweilig, das empfinde ich als sehr spannend und immer wieder als neue Herausforderung.

Was ist dein persönliches Highlight bei einer Hochzeit?
Wenn sich Braut und Bräutigam zum ersten Mal im Hochzeitsoutfit sehen – im Hochzeitsfotografenjargon »First Look« genannt – ein ganz besonderer Augenblick! Gerne lasse ich ihn ein wenig zelebrieren, damit das Brautpaar diesen Moment ganz in Ruhe zu zweit genießen kann. Meist fließen dabei ein paar Tränchen – übrigens auch bei mir.

Was ist die größte Herausforderung auf Hochzeiten?
Unsichtbar zu sein und nicht wahrgenommen zu werden! Jedoch gleichzeitig im richtigen Moment voll da zu sein. Außerdem dem Brautpaar das Gefühl von Sicherheit und Entspanntheit zu geben, das man später auf den Bildern auch sieht. Ebenfalls eine große Herausforderung ist es, mögliche Spannungen unter Familienmitgliedern unsichtbar zu machen, da braucht es viel Fingerspitzengefühl.

Was war das Kurioseste, das du auf einer Hochzeit erlebt hast?
Da fallen mir spontan ein paar Sachen ein: zum Beispiel der Schweizer Kollege, der mich nicht nur als Fotografin, sondern auch gleich als Trauzeugin gebucht hat. Eine Hochzeit in Kärnten ist mir als besonders lustig in Erinnerung, weil alle Gäste samt Brautpaar zwischen Trauung und Feier in die Sauna gingen. Auf einer ebenfalls Schweizer Hochzeit fuhren alle Gäste samt Braut zur Kirche auf auf den Berg. Da man den Bräutigam leider vergaß, habe ich ihn mitgenommen – die letzte Möglichkeit für ihn, zur Trauung zu kommen! Vor Jahren wickelte ich kurz vor der Trauung das kleine Baby des Brautpaares, damit die Kleidung der beiden keinen Schaden nahm... Oder das Paar, das vor der Schiffstrauung kräftig Weißwürste und Weißbier konsumiert hat, sodass die Standesbeamtin beinahe wegen »Trunkenheit der Brautleute« die Trauung abblies... Und natürlich habe ich es auch erlebt, dass Brautstrauß oder Ringe zu Hause vergessen wurden.

Hat sich deine Einstellung zum Heiraten durch deinen Beruf geändert?
Nein, nicht wirklich. Ich glaube an die Liebe und freue mich jedes Mal

»Herzblut und Enthusiasmus gepaart mit gehobenem künstlerischen Anspruch und Professionalität«, so wird die Arbeitsweise der Münchner Hochzeitsfotografin Martina Rinke gern beschrieben. Die Quereinsteigerin legt großen Wert auf zeitlos elegante Hochzeitsfotografie mit Stil und einer Portion Humor. Es ist ihr Ziel, jeder einzelnen Hochzeit eine ganz persönliche Note zu geben. Einige ihrer Fotos haben internationale Auszeichnungen erhalten. www.martinarinke.com

wieder, wenn ein Paar diese Herausforderung annimmt und diesen Weg zu zweit gehen möchte.

Welche ist die Top Location für eine perfekte Hochzeit in München?
München ist an sich eine tolle Location! Es gibt hier sehr viele reizvolle Möglichkeiten: über den Dächern, an der Isar, im Englischen Garten oder im Umland an den schönen bayerischen Seen.

Wo kann man die romantischsten Außenaufnahmen machen?
Da fällt mir spontan der Botanische Garten ein.

Von welcher Location würdest du eher abraten?
Von einer Location, bei der sich bereits im Vorfeld Probleme ergeben, zum Beispiel, wenn das Team nicht gut erreichbar ist, lange nicht zurückruft und der Service beim Vorgespräch und Probeessen nicht optimal läuft. Am besten verlässt man sich auf das eigene Bauchgefühl.

Wie findet man den richtigen Fotografen?
Das Brautpaar sollte sich zuerst überlegen, welche Art der Hochzeitsfotografie es bevorzugt: Ganztagesreportage oder Bildgeschichte oder nur Hochzeitsporträts? Bei der Fotografenwahl sollte das Paar auch hier ein erstklassiges Bauchgefühl haben und sich gut aufgehoben und beraten fühlen – ein guter Draht zueinander ist sehr wichtig! Es sollte sich ein paar komplette Hochzeiten zeigen lassen und nicht nur den fünf »Best of« auf der Website vertrauen. Bestenfalls macht er seinen Job bereits etliche Jahre, ist stresserprobt, bringt Feingefühl und ein gewisses Gespür für Situationen mit. Eine Ersatzausrüstung im Auto sollte selbstverständlich sein.

Heiraten Münchner Paare anders als andere?
Ja, natürlich heiraten sie anders als im Rest Deutschlands! Hier gibt es zum Beispiel den Hochzeitslader, das Brautstehlen und natürlich die Hochzeit in Tracht. Viele Paare genießen es, sich im Münchner Umland – am besten mit Blick auf Berge UND See – trauen zu lassen. Für mich persönlich eine einzigartige Kombination!

Heiraten. Orte

Damit der bekanntlich schönste Tag des Lebens – die eigene Hochzeit – auch wirklich perfekt wird, ist es besonders wichtig, dass die Location stimmt. So individuell wie das Paar ist dabei meistens auch die Vorstellung vom bestmöglichen Veranstaltungsort. Zum Glück erweist sich München aber als äußerst vielschichtig, wenn es um die Suche nach der Traum-Hochzeits-Location geht.

Wer zu einer bayerischen Hochzeit in Dirndl und Lederhosen tendiert, dem empfiehlt sich eine Feier im **LOLA MONTEZ HAUS**. Nur 7 Kilometer vom Stadtzentrum entfernt kann in dem unter Denkmalschutz stehenden, urigen Landhaus gefeiert werden, welches angeblich das heimliche Liebesnest von Ludwig I. und seiner nicht standesgemäßen Geliebten Lola Montez war.

Ähnlich zünftig, aber etwas modern-verkitschter sieht es in der **FREIZEIT HÜTTE IM 1880** aus. Hüttenzauber pur versprüht diese komplett in hellem Holz eingerichtete Räumlichkeit. Die in rosa und pink gehaltenen Vorhänge und Bilder setzen romantische Akzente. Besonderes Schmankerl ist der (ebenfalls) rosa-umrahmte Flatscreen für Video-Einspielungen aller Art, der in eine Wand aus aufgeschichteten Brennholzscheiten eingelassen ist.

Rustikal, aber doch etwas klassischer lässt es sich im **DEUTSCHEN JAGD- UND FISCHEREIMUSEUM** heiraten. In der einstigen Augustinerkirche kommt man, was Architektur (hohe Decken!) und außergewöhnliches Ambiente (viele imposante Trophäen!) angeht, voll auf seine Kosten. Aufgrund der super Lage mitten im Zentrum von München steht einer Stadtführung mit den Gästen von außerhalb oder auch einer Schnitzeljagd um den Marienplatz nichts im Wege.

Traditionell veranlagten Tierfreunden gefällt es aber wahrscheinlich doch besser im **HOFBRÄUKELLER**. Auch dort besticht die Mischung aus bayerischem Chic und moderner Eleganz. Absoluter Pluspunkt: Der Sektempfang kann auf dem Wiener Platz vor dem Eingang des Lokals abgehalten werden.

Soll das Prinzessinnen-Brautkleid stilecht in Szene gesetzt werden, bleibt dem mondänen Münchner Paar eigentlich nichts anderes übrig, als wie einst die Wittelsbacher ins **SCHLOSS NYMPHENBURG** zu laden. Zerstreuung finden kann die Hochzeitsgesellschaft bei exklusiven Führungen durch das Schloss oder Spaziergängen durch die fürstlichen Parkanlagen.

Dekadent im Sinne des Fin de Siècle wird die Feierlichkeit im **BOTANIKUM**. Umringt von exotischen Pflanzen kann man im schummrigen Licht des Palmenhauses bei einem selbstmitgebrachten Gläschen Absinth im Stile Oscar Wildes anstoßen. Der Küchenbereich mit Strom und Wasseranschluss kommt dem extravaganten Selbstversorger-Pärchen dabei sehr gelegen. Natürlich kann aber auch ein Catering-Dienst einspringen und für die Bewirtung sorgen.

Auch im **Tierpark Hellabrunn** erwartet die Hochzeitsgesellschaft tropisches Ambiente. In drei verschiedenen Tierhäusern finden bis zu 140 Gäste Platz. Besonders die jüngeren unter ihnen werden dem Brautpaar die Wahl der Location danken, wenn sie den Affen beim Schlafengehen zusehen dürfen.

Am Tag der Hochzeit auf Wolke 7 schweben kann man im Panorama-Saal des **ms Weitblick**. Auf der rund um den minimalistisch eingerichteten Saal verlaufenden Dachterrasse stößt man entweder in Richtung Münchner Innenstadt oder Olympiapark mit seinen Gästen an. Über allem anderen schwebt man aber auch im **Salon Marco Polo des Hilton Hotels**. In dem rundum verglasten Saal besteht bei gutem Wetter die Möglichkeit, einen Blick gen Alpen zu erhaschen.

Gar nicht steif geht es bei einer Strandparty-Hochzeit im **Beach 38°** zu. Am besten barfuß und auf keinen Fall in hohen Schuhen wird in dieser lustigen Location geheiratet. Wenn die Flipflops als Gastgeschenk fungieren, ist Strandbar-Feeling garantiert – ob drinnen oder draußen, aber spätestens, wenn der erste Beachvolleyball aufgeschlagen wird, ist die Stimmung auf ihrem Höhepunkt.

Abgedreht wird die Hochzeitsfeier in der **Bavaria Filmstadt**. Wer sich einmal wie John Wayne fühlen möchte und die Aperitifs rasant über den Tresen schlittern sehen will, bucht die Filmkulisse Western Saloon. Das eher düster angehauchte und/oder auf die trashige Vampirjägerin Buffy stehende Pärchen mag das Ambiente des Schattenreichs bevorzugen.

Soll der Tag nicht nur für das Brautpaar, sondern auch für alle Gäste unvergesslich bleiben, empfiehlt es sich, das Lokal **Brandner Kaspar** zu mieten. Schrill, schriller, am schrillsten präsentiert sich diese Glitzer-Glamour-Bayern-Gastronomie, die anhand ihrer ausschweifenden Dekorationen die Geschichte des gleichnamigen Schlitzohrs nacherzählt. Barbie und Ken kommen dabei ebenso zum Einsatz wie Tim und Struppi, eine Menge Gold, unzählige Sterne, Kunstblumen und vieles mehr.

Lola Montez Haus, Menterschwaigstraße 4, www.lola-montez.com
freizeit Hütte im 1880, Tübinger Straße 10, www.freizeit-schmeckt.de
Deutsches Jagd- und Fischereimuseum, Neuhauser Straße 2, www.jagd-fischerei-museum.de
Hofbräukeller, Innere Wiener Straße 19, www.hofbraeukeller.de
Schloss Nymphenburg, www.schloss-nymphenburg.de
Botanikum, Feldmochinger Straße 75–79, www.botanikum.de
Münchner Tierpark Hellabrunn, Tierparkstraße 30, www.hellabrunn.de
ms Weitblick, Sapporobogen 6–8, www.ms-weitblick.de
Hilton Munich Park, Am Tucherpark 7, www.hiltonhotels.de
Beach 38°, Friedenstraße 22 c, www.beach38.de
Bavaria Filmstadt, vip & Event Service, Bavariafilmplatz 7, www.filmstadt.de
Brandner Kaspar, Sommerstraße 39, www.brandnerkaspar.de

Experteninterview
Standesbeamtin

Wir finden, dass München die beste Stadt zum Verlieben und Zusammenleben ist. Werden hier eigentlich im Vergleich mit anderen deutschen Großstädten auch besonders viele Ehen geschlossen oder sind die Münchner deiner Einschätzung nach eher zögerlich, was den Entschluss zu heiraten angeht?
In München gibt es viele Singles, viele darunter sind Menschen, die ursprünglich nicht aus München stammen. Daher verlieben sich hier sicher viele Menschen, ebenso wie in anderen Großstädten; geheiratet wird aber dann oft in der Heimat oder im schönen Umland.

Es gibt seit beinahe 15 Jahren auch für gleichgeschlechtliche Paare in Deutschland die Möglichkeit, eine Lebenspartnerschaft eintragen zu lassen. Wie stark wird diese Möglichkeit im Raum München genutzt beziehungsweise gibt es hier im bundesdeutschen Vergleich eher weniger oder eher mehr Paare, die eine Lebenspartnerschaft anstreben?
Im Jahr begründen wir etwa zweihundert Lebenspartnerschaften. Das ist für eine Großstadt normal. Hier ist aber auf jeden Fall festzustellen, dass in den Städten proportional mehr Lebenspartnerschaften begründet werden. Für mich übrigens eine wunderbare Bereicherung meiner Arbeit.

Laut Statistik werden jährlich etwa 35 Prozent aller Ehen im Laufe von 25 Ehejahren wieder geschieden. Dämpft das nicht die Freude am Beruf?
Diese Statistik streiche ich gänzlich aus meinem Kopf. Für mich ist jede Eheschließung etwas ganz Besonderes und ich wünsche jedem Paar, dass es gelingt, gemeinsam durch die Höhen und Tiefen des Lebens zu gehen. Doch ich gestehe, dass ich bei manchem Paar nicht ganz überzeugt bin.

Was ist das Besondere an Münchner Paaren?
Die Paare in München zeichnen sich dadurch aus, dass sie so verschieden sind. Einheimische, Menschen mit Migrationshintergrund, Zugezogene, Handwerker, Akademiker...

Wie sieht ein typischer Arbeitstag für dich aus?
Viele Menschen glauben immer, dass eine Standesbeamtin den wunderschönsten Job der Welt hat, denn sie hat ja immer nur glückliche Menschen vor sich. In der Regel bin ich jedoch nur circa anderthalb Stunden in der Woche im Trausaal. Den Rest der Zeit verwalte ich alle Geburtenregister von den Menschen, die von 1906 bis 2013 in München geboren wurden. Klingt langweilig? Nein, dort sehe ich das Leben mit all seinen Facetten.

Was gefällt dir an deinem Beruf am besten?
Ich bin mit Leib und Seele Standesbeamtin, weil ich Freude daran habe, Menschen zu begegnen und sie in besonderen Phasen ihres Lebens zu

Elke König ist gebürtige Münchnerin und Standesbeamtin der Urkundenstelle des Standesamtes München. Sie ist Mutter von drei Söhnen und seit fast 24 Jahren verheiratet. In ihrer Freizeit engagiert sie sich ehrenamtlich in der Pfarrei St. Rita, ist in ihrem Schrebergarten anzutreffen oder auf dem Golfplatz.

begleiten. Das Gefühl, nach sechs schönen Trauungen wieder aus dem Trausaal zu gehen, ist wunderbar und macht süchtig.

Was ist für dich der romantischste Ort in München beziehungsweise wo sollten Paare – egal ob verheiratet oder nicht – deiner Meinung nach unbedingt zusammen hingehen?
Da kann ich das Schloss Nymphenburg empfehlen. Dort können Verliebte herrlich spazierengehen und gemeinsam die Zukunft planen. Und an fünf Freitagnachmittagen im Sommer finden dort im Johannissaal Trauungen statt. Da kann man schon das ein oder andere Paar sehen, das frisch vermählt ist.

Gibt es vielleicht eine besonders lustige, bewegende, spannende Anekdote aus deinem Arbeitsalltag, die du uns anvertrauen würdest?
Es passiert ganz oft etwas ganz Besonderes bei den Trauungen. So eine richtig filmreife Anekdote habe ich leider nicht. Aber vielleicht etwas Rühriges: Vor einigen Jahren habe ich im Klinikum rechts der Isar ein Paar verheiratet. Der Mann hat auf eine neue Leber gewartet und war lebensbedrohlich erkrankt. In diesen Situationen fällt es schwer, ja zueinander zu sagen. Die beiden haben es getan, die Zukunft war jedoch sehr ungewiss. Ich bin damals mit sehr gemischten Gefühlen wieder ins Büro gefahren. Wochen später habe ich aus einer Rehaklinik eine Postkarte bekommen. Der Mann hat mit einer neuen Leber eine neue Chance bekommen und so konnten die beiden doch positiv in die Zukunft blicken.

Zum Schluss noch eine persönliche Frage, die wir uns jetzt unmöglich verkneifen können: Bist du selbst verheiratet und würdest du es empfehlen?
Im kommenden Jahr feiern wir unsere Silberhochzeit. Ich habe es nie bereut, denn einen verlässlichen Partner an der Seite zu haben, ist einfach unbezahlbar. Gemeinsam haben wir viele Höhen und Tiefen durchlebt und ich würde heute wieder »ja« sagen.

Heiraten.
Hochzeitsschmaus

Schon auf vielen Hochzeiten getanzt? Wenn das Münchner Paar im heiratsfähigen Alter die Nase voll hat von der zehnten Abwandlung von knusprigem Schweinebraten in Dunkelbiersoße, gebratenem Zander mit Petersilienkartoffeln oder – der mittlerweile auch nicht mehr so raffinierten Variante für Vegetarier – Ricotta-Ravioli an Salbeibutter, bietet es sich an, bei der Verköstigung auf der eigenen Hochzeit mal was wirklich Außergewöhnliches zu versuchen.

Wie wäre es zum Beispiel, sich von dem mutigen Motto der **Isardogs** inspirieren zu lassen – die nicht weniger wollen, als die mobile Erlebnis-Gastronomie zu revolutionieren – und auf den Food Truck aufzuspringen! Die Tischordnung wird hinfällig, wenn aus dem Kleintransporter serviert wird. Streetfood meets Haute Cuisine heißt es bei dem hippen Caterer, der Gourmet Hot Dogs, Burger und Co. auftischt. Das gewisse Etwas, das auch die exquisite Speisen gewohnte Omi überzeugen dürfte: Saucenvariationen 1. Klasse, die die Isardogs zusammen mit dem französischen Michelin-Sterne-Koch Patrick Coudert entwickeln.

Der kunterbunten Streetfood-Kultur der USA haben sich auch die Köche von **Grillin Me Softly** verschrieben – ähnlich melodiös wie ihr Name ist auch ihr Service: Auf Wunsch karrt der Truck nicht nur ein delikates BBQ an, sondern bringt auch gleich die passende Hip-Hop-Mucke mit. Ist den Newlyweds die Garten-Grillparty nicht extravagant genug, kann Grillin Me Softly aber auch anders – ihre köstlichen Trüffel-Pommes und Burger-Horsd'œuvre lassen sich auch im Black-Tie-Dress genießen. Wo probiert werden darf, erfährt das hungrige Paar auf Facebook.

Supperb! ist eine großartige Alternative für die Braut, die sich nicht traut, Burger, Pizza, Pommes und Co. bei der Wahl ihrer Garderobe mit einzuplanen – und auch ihren Gästen ersparen möchte, das Kleine Schwarze oder den Kummerbund derart zu strapazieren. Dass Suppe voll im Trend liegt, ist kein Geheimnis mehr – sogar McDonald's testet den Klassiker mittlerweile in einigen Filialen. Bei Supperb! kommen die aus regionalen Zutaten zubereiteten Suppenkreationen wahlweise mit dem charmanten Suppenfahrrad oder werden aus dem lindgrünen Suppenwagen gereicht – wird in den eigenen vier Wänden gefeiert, kocht die leidenschaftliche Suppenköchin aber auch gerne in der häuslichen Küche der Gastgeber. Ob klassisch oder noch nie dagewesen, hier kommt jeder Suppenkaspar auf den Geschmack. Egal ob es die bayerische Breznknödelsuppe, die provençalische Fischsuppe oder – der besondere Tipp für die Hippie-Hochzeit – die liebevoll dekorierte Gänseblümchen-Suppe mit Einlage sein soll. Schlürfen ist erlaubt: Jeden Mittwoch von 11 bis 14 Uhr ist der Suppenwagen im Hof des Hauptzollamts an der Landsberger Straße 124 in München zu finden.

Wer unter einer Lebensmittelunverträglichkeit leidet oder Betroffene kennt, weiß, wie kompliziert und mitunter nervenaufreibend sich schon eine reguläre Bestellung à la carte im Restaurant gestalten kann. Ein Lied davon singen können auch Vegetarier, Veganer und Co. – will es doch so manchen unverständigen Köchen nicht in den Kopf, dass auch Spätzle nicht vegetarisch sind, wenn sie vorher in Fleischbrühe gekocht wurden. Wer auf seinem ganz persönlichen Fest der Liebe auf Food-Konflikte aller Art verzichten möchte, wendet sich voller Vertrauen an **DIE INTOLERANTE ISI**. Ob als Food Truck oder klassischer Catering-Dienst, Isi verköstigt die Hochzeitsgesellschaft mit spannenden Kreationen und auf Bestellung milchfrei, fructosearm, ohne Gluten et cetera.

Sogar noch kritischer beäugt als der Hochzeitsschmaus an sich wird zumeist die Hochzeitstorte. Das Marzipan-Monstrum, das klassischerweise gen Mitternacht – neben der betrunkenen Tante – für Furore sorgt, stellt eine ganz besondere Herausforderung für alle hochzeitsplanenden Paare dar. Unzählige Konditormeister wollen besucht werden, um Torten zu probieren und Designvorschläge durchzusprechen. Jedes Stockwerk will en détail festgelegt werden. Wem es allerdings widerstrebt, Torte nach Maß zu konsumieren, der lege selbst Hand an. Mithilfe des Personal-Torten-Coachings von **TORTENKULT** gelingt auch dem Paar, das zwei Tage vor der Hochzeit noch nicht weiß, was Fondant ist, eine überzeugende Tortenkreation. Und mal ehrlich, schweißt das gemeinsame Backen des Kuchens nicht stärker zusammen als das theatralische Anschneiden unter Beobachtung?

Wer mit dem Hochzeitstortenwahn aber auch so gar nichts am Hut hat und das Gebilde aus Buttercreme und Marzipanröschen im Notfall gerne dem Tischnachbarn zuschustert, der findet bei **PRINCIPESSA'S** eine mindestens genauso mondäne Alternative. Hier dreht sich alles um die Trendsüßigkeit Macarons. Nicht die Braut wird in diesem Fall mit der Kutsche vorgefahren, sondern das Dessert. In allen Formen und Farben kann das handgemachte Baisergebäck wahlweise in Kombination mit Sekt und Kaffee aus der Kutsche heraus serviert werden. Und wem das noch nicht extravagant genug ist, der lässt sich und seine Gäste live in die Kunst des Macarons-Dekorierens einführen.

Isardogs, www.isardogs.com
Grillin Me Softly, www.grillin.me
Supperb!, www.supperb-suppen.de
Die intolerante Isi, www.die-intolerante-isi.de
Tortenkult, www.tortenkult.de
Principessa's, www.principessas.de

Experteninterview

Weddingplannerin

Wie romantisch sind die Münchner deiner Meinung nach?
Ich glaube, die Münchner sind richtige Romantiker. Meiner Erfahrung nach wird sich für die große Liebe richtig ins Zeug gelegt und es werden keine Kosten oder Mühen gescheut.

Warum heiratet es sich in München besonders schön?
München ist eine der schönsten Städte der Welt. Besonders die Natur in der Stadt und das Fünfseenland machen es einem leicht, eine wunderbare Hochzeitslocation zu finden, die später auf den Hochzeitsbildern keine Wünsche offen lässt und eine einzigartige Kulisse bietet.

Hattest du schon viele Hochzeiten in Tracht? Was macht den besonderen Charme einer Trachtenhochzeit aus?
Ehrlich gesagt hatte ich noch nicht so viele Hochzeiten in Tracht. Für mich hat Tracht etwas mit Tradition zu tun, und ich finde, eine schöne Tradition zu wahren, macht eine Hochzeit zu etwas Besonderem.

Wer hat bei den Münchnern hochzeitsplanerisch »die Hosen an« – neben dem Weddingplanner natürlich?
Das sind meiner Erfahrung nach ganz klar die Frauen. Die meisten Männer haben das Prinzip schon verstanden: Ist die Frau glücklich, ist das Leben des Mannes leichter.

Organisierst du mehr klassisch-kirchliche Hochzeiten oder geht der Trend zur ausgiebig gefeierten standesamtlichen Trauung?
Weder noch. Der Trend geht zur freien Trauung mit persönlicher Traurede. Die Paare wünschen sich eine Zeremonie, die möglichst persönlich gestaltet ist und bei der die Traurede auf das Brautpaar abgestimmt wird.

Warum fühlt sich speziell das Münchner Paar bei dir besonders gut aufgehoben?
Ich bin zwar keine gebürtige Münchnerin, lebe aber inzwischen seit fast 13 Jahren hier und war im Herzen immer ein Münchner Madl. Die Münchner sind stilbewusst und legen viel Wert darauf, dass ihre Hochzeit keine von der Stange ist, sondern ihre persönliche Note und Handschrift trägt. Das setze ich immer gerne um. Da ich selbst mal eine Braut war, kann ich mehr als gut nachvollziehen, wie wichtig dieser Tag ist und wie wichtig es einer Braut sein kann, die ganz besondere Hochzeit für sich, aber eben auch für die Gäste zu feiern.

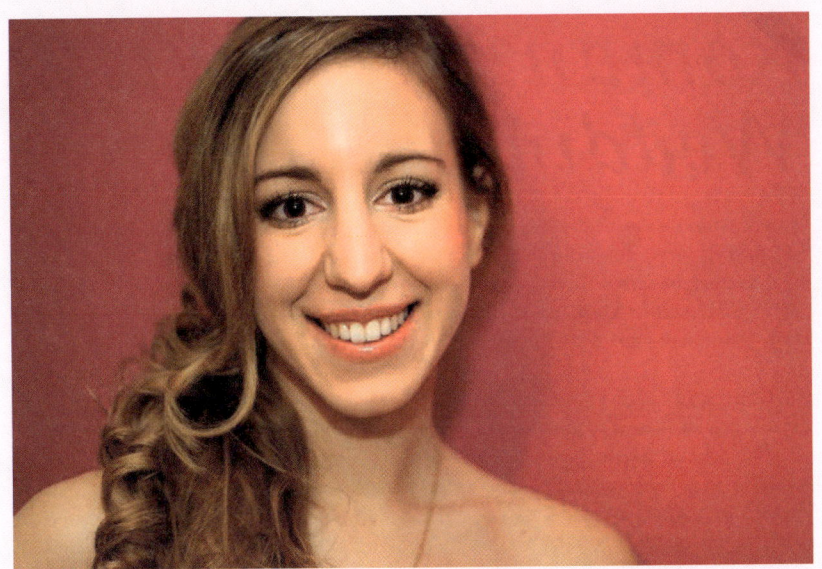

Spätestens bei der Hochzeitsfeier kann man seine schrillen Verwandten nicht mehr verstecken – hast du einen Geheimtipp, wie man damit umgeht, wenn der Hippie-Onkel auf den Bankvorstands-Schwager trifft?
Nach meiner Erfahrung gibt es fast bei jeder Hochzeit immer eine Person, die nicht so richtig ins Bild passen möchte. Ich denke, wenn man das mit Humor nimmt, fährt man am besten. Hilfreich kann es jedoch sein, zum Beispiel einen Dresscode in die Einladung zu schreiben, so kann man zumindest zum Teil verhindern, dass jemand zu einer schicken und eleganten Hochzeit auf einmal in Jeans kommt.
Ansonsten noch: Augen auf bei der Sitzordnung. Eine schlaue Sitzordnung kann eine unangenehme Situation verhindern.

Aus dem Nähkästchen geplaudert: Wo in München würdest du am liebsten heiraten, wenn es schon morgen (noch einmal) so weit wäre?
Genau dort, wo mein Mann und ich geheiratet haben. Auf der Insel Wörth am Schliersee. Für uns war diese Location perfekt. Einsam, auf dem Wasser, gutes Essen und feiern, so lange man möchte.

Marina Cipic ist Hochzeitsplanerin mit Leib und Seele: Als sie selbst heiratete, kam ihr die Idee, diese Leidenschaft zum Beruf zu machen. Seit sechs Jahren organisiert sie nun Hochzeiten nach Maß in München sowie an der kroatischen Adria-Küste. Die ausgebildete Musicaldarstellerin kann bei diesem Traumjob ihrer Kreativität freien Lauf lassen und das mit dem Ziel, dem Brautpaar und seinen Gästen den schönsten Tag im Leben zu bescheren!
www.weddingplanner-muenchen.de

Romantische Wiesn

Manch einer denkt jetzt vielleicht, das wäre ein Widerspruch, Wiesn und Romantik, aber der irrt; denn die Wiesn ist viel mehr als Bier. Wer unsere Tipps beherzigt, der erlebt einen unvergesslichen Tag auf der Theresienwiese, der das Herz seiner oder seines Liebsten nicht nur wegen der Fahrgeschäfte höher schlagen lässt. Einen Kuss auf dem Russenrad wird man sein Leben lang nicht vergessen...

Zunächst stellt sich ja die leidige Frage: Was ziehe ich an? Entweder ihr tragt Tracht (vgl. unsere Tipps auf S. 186) oder ihr kommt, wie ihr seid. Auf der Wiesn ist alles erlaubt; Dirndl und Lederhose sind kein Zwang. Ihr wisst ja: leben und leben lassen! Am späten Vormittag oder am Mittag geht es erst einmal in ein **Zelt** oder einen **Biergarten**; jedoch nicht ins Hacker- oder Hofbräu-Zelt (viel zu angesagt), sondern vielleicht ins Augustiner-Zelt, weil sich hier gediegenes Münchner Publikum aufhält. Wir wollen es ja romantisch! Man isst in jedem Fall ein Hendl oder die Vegetarier vielleicht Obazden mit Breze, als Nachspeise empfiehlt sich eine Rohrnudel, und dann gibt es eine bis zwei Maß Bier – denn ein bißchen Mut müssen wir uns schon antrinken, für das, was kommt... nämlich die traditionellen Fahrgeschäfte und Schaustellungen, als da zum Beispiel wären:

Die Plattform der **Krinoline** erinnert in ihrer Bewegung an den gleichnamigen schwingenden Reifrock der feinen Damenwelt der Jahre um 1860, daher also der Name des ältesten Fahrgeschäfts auf dem Oktoberfest. Seit beinahe einhundert Jahren läuft die Fahrt gleich ab: Auf der Krinoline sind die Kassierer erst Platzanweiser, warten bis das Karussell sich dreht und springen dann auf, um das Geld einzusammeln. Die Krinolinen-Kapelle spielt einen Tusch und dann beginnen die romantischen Gondeln bei Livemusik zu schweben und befördern einen in den siebten Himmel...

Schon der Prinzregent wagte 1898 eine Fahrt auf der **Hexenschaukel** und auch wenn man seine Bratwurstsemmel ruhig weiter essen kann: So manchem ist hier schon Hören und Sehen vergangen! Wer seinem Partner im Dunkeln der Hexenschaukel nicht nur seinen Arm bieten, sondern ihm wirklich beistehen will, rät ihm, die Augen zu schließen, denn dann ist der Spuk vorbei. Auch die feschen Rekommandeure des Traditionsfahrgeschäfts sind hörenswert.

Das Russenrad ist ein kleines Riesenrad, das seit 1925 auf der Wiesn steht. Mit seinen 14 Metern Höhe war es bis in die 1960er Jahre hinein sogar das höchste Riesenrad in ganz Süddeutschland. Weil diese Erfindung um 1900 aus Russland nach Deutschland kam, hießen alle Riesenräder früher »Russenräder«. Umgestaltet wurde das Riesenrad in den 1960er Jahren; die wirklich traumhaft schöne Konzertorgel, die die Fahrten begleitet, ist überdies an die einhundert Jahre alt. Lasst euch von der Größe nicht täuschen: Das Russenrad dreht sich

DER WELLENFLUG AUF DER WIESN.

schnell und die Gondeln schaukeln ganz schön – Zeit, sich ganz fest aneinander zu halten! (Oder sich zu verloben! Das ist nämlich tatsächlich auch schon einmal vorgekommen, wie die Schwester des Betreibers berichtet ...)

Seit der ersten Nachkriegswiesn im Jahr 1948 gibt es den **FLOHZIRKUS**. Alles war rar und was bot sich da besser an, als aus den lästigen Gesellen eine Attraktion zu machen? Achtung, die Herren: Wer sein Herzblatt einmal vor wilden Tieren beschützen will, hat hier die Gelegenheit! Und selbst der stärkste Mann kann hier nur vor Ehrfurcht erschauern: Die Miniartisten können das 20.000-fache ihres eigenen Gewichts bewegen! Hier drehen sie hauptsächlich Pirouetten, schießen Tore, ziehen Kutschen und bedienen Karussells.

Sollte jetzt das ein oder andere Mannsbild sein Selbstwertgefühl wieder aufbauen wollen, bietet sich der **HAU-DEN-LUKAS** an. Aber aufgepasst: Man(n) sollte schon wissen, wie es geht, sonst legt man am Ende noch unter dem Gejohle von bierseligen Mitmenschen eine Bauchlandung hin. Oder wie wäre es mit einer **SCHIESSBUDE**? Dort können Männer und Frauen zeigen, wie zielsicher sie nach dem Wiesnbier sind. Offenbar sind die Münchner überhaupt recht schadenfroh und so soll hier gleich noch eine Attraktion genannt werden, für die die Männer gute Nerven brauchen: der **TOBOGGAN**. Unter gar keinen Umständen, lässt Mann sich vom Personal auf das schnelllaufende Förderband helfen oder gar während der gesamten Auffahrt zum Turm stützen. Wir verraten den Trick: Mit etwas Schwung auf das Band hüpfen und niemals das Geländer anfassen, auch wenn es einen noch so juckt! Sonst kommt es zu unfreiwilligen Slapstick-Einlagen. Wenn Mann sich hochgekämpft hat, muss er leider zuschauen, wie die weibliche Begleiterin ihre Hand verschämt in die eines der charmanten Toboggan-Männer legt und sich sicher nach oben geleiten lässt ...

Was das Beschützen betrifft: Das ist auch in **PITT'S TODESWAND** vonnöten; wenn die todesmutigen Steilwandfahrer auf ihren röhrenden Motorrädern ihre Bahnen höher und höher ziehen, gefriert einem das Blut in den Adern. Es wurden schon Damen gesichtet, die dabei angsterfüllt ihr Gesicht in den Händen verbergen. Auch wenn beim **SCHICHTL** eine »lebende Person auf hell erleuchteter Bühne« enthauptet wird, bietet sich der starke Arm eines Partners an. Gemeinsam lachen soll schon so mancher Beziehung auf die Sprünge geholfen haben, und Lachen muss man beim Schichtl, »egal ob Mensch oder Preiß«!

Wie geht es weiter? Klassisch wäre eine Karussellfahrt, entweder in einem Liebespaarsessel im **KETTENKARUSSELL** oder mit der **MÜNCHNER ZUGSPITZBAHN**, die sich seit 1936 gegenüber den innovativen Höher-schneller-besser-Fahrgeschäften behauptet. Rasant ist auch sie allemal! Oder ist jetzt eine Pause angesagt? Da würden wir **FELDL'S TEUFELSRAD** empfehlen, seit 1910 auf der Wiesn. Was das ist? Im Grunde einfach eine in der Mitte leicht nach oben gewölbte Holzscheibe, die sich dreht. Ziel ist es, sich möglichst lang auf der Scheibe zu halten, während sich diese schneller und schneller dreht. Der Rekommandeur ruft dazu stets Gruppen auf, wie »Kinder unter zwölf«, »Frauen«, »Männer über 60« et cetera. Diejenigen, die nicht gleich von der Scheibe rutschen (wer außen sitzt, hat keine Chance!), werden dann vom Rekommandeur mit frechen Sprüchen gequält. Sollte dies nicht ihren Willen brechen, kommt ein an einem Seil befestigter Medizinball (»Die Birne«) zum Einsatz. Man kann sich entweder auf die umliegenden Stufen setzen und einfach das Spektakel genießen oder selbst mitmachen – für Pärchen sind eigene Touren vorgesehen.

Um danach wieder in Schwung zu kommen, bietet sich eine Fahrt auf der **WILDEN MAUS** an, auf der schon Generationen von Münchner Kindln das Achterbahnfahren gelernt haben – wobei sie damals noch aus Holz gebaut war und nicht wie heute aus Stahl. Sie sieht ein wenig aus wie für Kinder gemacht, aber sie hat es in sich: Dort ist es gewollt, was bei den großen Achterbahnen vermieden wird, nämlich dass die Wagen nicht reibungslos dahinrasen, sondern durch enge Kurven geschickt werden, sodass sich eine eher als holperig zu beschreibende Fahrt ergibt – der berühmte »Wilde-Maus-Effekt«.

Wem das alles jetzt noch nicht langt, der kann auf die **OIDE WIESN** gehen, wo überhaupt alles traditionell gehalten ist. Es ist Geschmackssache, ob man die neue Wiesn oder die »oide« bevorzugt; Spaß macht beides, für die Romantiker gibt es auf Letzterer auf jeden Fall auch viel zu sehen: den **KETTENFLIEGER KALB** aus dem Jahr 1919 zum Beispiel oder den **CALYPSO** aus den 1950er Jahren. Im **VELODROM** haben Fahrgäste und Zuschauer gleichermaßen Spaß bei den altmodischen **RADRENNEN**. Oktoberfest-Klassiker wie **SCHIFFSCHAUKEL** (das sollte sich kein Liebespaar entgehen lassen!), **KINDERKARUSSELL** und **WURF- UND SCHIESSBUDEN** runden das Vergnügungsangebot ab. Alle, die älter als 14 Jahre sind, zahlen 3 Euro Eintritt, dafür kosten alle Atrraktionen nur einen weiteren Euro. Für die historisch Interessierten gibt es ein sehr nett gemachtes **MUSEUMSZELT**, in dem die Geschichte des Oktoberfests mit überaus sehenswerten und kuriosen Objekten veranschaulicht wird; so kann man sich etwa über das Leben und den Alltag der Schausteller im ältesten erhaltenen Wohnwagen von 1905 informieren. Hier werden auch wahrhaft historische At-

WIESNHERZEN

traktionen für Kinder angeboten, wie Reifentreiben mit Holzrädern, Mus-Essen mit verbundenen Augen oder Pferderennen auf Pappmaché-Rössern. Alles im Eintritt inkludiert. Im **FESTZELT TRADITION** ist der Name Programm: Zünftige Blasmusik und Münchner Schmankerlküche, Tanz und Trachtengruppen sind geboten. Das **HERZKASPERL-FESTZELT** ist eine Hommage an den großen Münchner Schauspieler Jörg Hube, der im Jahr 2009 verstorben ist und bekannt für seine Rolle als »Herzkasperl« war. Im **FESTZELT VON JOSEPH BACHMAIER** – Münchner Volkskulturpreisträger und Wirt der Traditionsgaststätte Fraunhofer – wird jungen Künstlern aus dem bayerischen Sprachraum eine Bühne geboten. Eine Tages- und Abendkapelle spielt Blasmusik und Fans bayerischer Volkstänze können auch das Schuhplattln ausprobieren.

Fehlt nur noch ein **WIESNHERZ** fürs Herzerl, entweder ein Lebkuchenherz mit frechem Spruch oder aber ein Schokoladenherz in rotem Zellophanpapier verpackt, das die Traditionalisten bevorzugen, denn es ist das viel ältere Herz. Nur, weil so viele der hohlen Herzen im Wortsinne gebrochen sind, hatte ein findiger Schausteller in den 50er Jahren die Idee, ein Lebkuchenherz mit Bemalung anzubieten – seitdem ist dieses ein echter Verkaufsschlager. Oder gebrannte Mandeln? Kokosbusserl? Schokoladenfrüchte? Zuckerketten? Oder, ja, natürlich, ein Liebesapfel! Oder Magenbrot? Oder doch eine Fischsemmel...

Die Wiesn dauert normalerweise 16 Tage und endet am ersten Sonntag im Oktober. Alle vier Jahre findet das Landwirtschaftsfest statt, dann fällt die Oide Wiesn aus – so wie 2016. Die letzte Maß wird in den großen Zelten um 22.30 Uhr ausgeschenkt, und wer einen Platz im Bierzelt ohne Reservierung möchte, sollte unter der Woche bis um 12 Uhr da sein, am Wochenende am besten gleich morgens.

Der Schichtl auf der Wiesn.

Überkandidelt

München hat ja den Ruf einer Luxus-Stadt und es stimmt, dass für die Schönen und Reichen alles geboten ist; aber ein paar Ideen haben wir auch für Normalsterbliche, die – zum Beispiel zu besonderen Anlässen oder einfach so – mit einem besonderen Menschen etwas Exklusives erleben möchten.

_Das **Hotel Bayerischer Hof** darf hier keinesfalls fehlen. Die **Trader Vic's Bar** ist ein eleganter Klassiker: Die vielen Nischen im authentischen Polynesian-Pop-Style sind mit Schnitzereien aus Tahiti und Hawaii, Kappi-Muscheln aus den Lagunen von Luzon und handgearbeiteten Tikis aus Fidschi dekoriert. Es kommt echtes Südsee-Feeling auf. Wo sonst die Prominenz den roten Teppich entlangschreitet, können auch Normalos einfach den Aufzug nehmen und in den 6. Stock fahren, um von dort noch ein paar Treppen hinauf zum **Dachgarten samt Lounge** zu spazieren. Bei einem 360-Grad-Blick über die Innenstadt und direkt auf die Frauenkirche, das Rathaus und den Alten Peter werden feine Cocktails serviert. Die sind zwar nicht ganz günstig, aber im Schnitt kosten sie maximal einen Euro mehr als in anderen Bars der Stadt. Für diese Aussicht ein Preis, der in Ordnung geht. Das Wellness-Refugium **Blue Spa** bietet nicht nur Wellness vom Feinsten, man kann auch mit Blick auf die Frauenkirche schwimmen! 40 Euro kostet die Tageskarte, bitte vorher anmelden. Und zuletzt sollte noch die **Astor Cinema Lounge** erwähnt werden, ein luxuriöses kleines Kino im Hotel Bayerischer Hof mit 38 Sofasitzplätzen. Getränke kann man sich bis zum Filmbeginn an den Platz servieren lassen. Leider teuer, aber sehr romantisch!
Wo? Promenadeplatz 2–6, www.bayerischerhof.de.

_Im achten Stock des Hotels **Mandarin Oriental** befindet sich in 32 Metern Höhe die **China Moon Roof Terrace**. In asiatisch-orientalischem Ambiente bietet sich den Gästen ein Panorama-Blick über München und bei gutem Wetter sogar bis zu den Alpen. Wer einen romantischen Abend zu zweit mit einem atemberaubenden Ausblick über München verbinden möchte, ist also genau an der richtigen Adresse: Empfehlenswert ist das »China Moonlight Dinner« mit Drei-Gang-Menü für zwei Personen, auf Wunsch auch mit Rosenblätter- und Kerzendeko.
Wo? Neuturmstraße 1, www.mandarinoriental.de/munich.

_Welches Schweinderl hätten S' denn gern? Einmal Ferrari, Porsche oder Bentley fahren und lässig im Cabrio durch die City cruisen? Bitte sehr: **Prestige Cars** macht es möglich. Der Lamborghini zum Mal-eben-zum-romantischen-Frühstück-nach-Salzburg-fahren wird dann auf Wunsch auch bis vor die Haustür geliefert.
Wo? www.av-prestige-cars.com.

_Wenn es eine Nummer größer sein darf beziehungsweise wenn man nach

einer der besuchten Bars nicht mehr selber fahren kann oder möchte, kann man diese Aufgabe einem Chauffeur überlassen. In **Stretchlimousinen** oder einem waschechten Oldtimer fühlt man sich wie eine Very Important Person, besonders, wenn dies ein Mercedes »Adenauer« aus den 50er Jahren oder ein Essex Super Six aus den Zeiten des großen Gatsby ist.
Wo? www.vip-stretchlimo.de.

_München, 24 Grad, die Frisur sitzt: »Starfigaro« Wolfgang Lipperts Töchter ondulieren das Paar von Welt auf hohem Niveau in ihrem High-Class-Palais am Lenbachplatz. Bei **Lippert's Friseure** kann man sich nicht nur edel die Coiffure richten und stylen lassen, sondern mit viel Glück auch den einen oder anderen berühmten Schopf sichten; der Salon gilt immer noch als Promi-Spot. Und wenn die Haartracht meisterlich aufgetürmt ist und das Make-up perfekt, geht es stilgemäß auf einen der vielen Münchner Bälle während der Faschingszeit oder ins P1, um die Pracht zu präsentieren.
Wo? Lenbachplatz 3, www.lipperts-friseure.com.

_Ein bisschen Spa muss sein: Das **The Charles Hotel** bietet alles, was das Luxusherz verwöhnt. Suiten mit riesigen Kuschelbetten für anspruchsvolle Stadtbesucher, eine hervorragende Bar mit erlesensten Spirituosen und als Krönung einen Spa-Bereich der allerersten Güte. Das Wellness-Arrangement »The Queen's Beauty Day« bietet eine 90-minütige Massage und jeweils 60 Minuten Gesichtsbehandlung, Luxus-Maniküre oder -Pediküre samt Champagner oder Frucht-Smoothie; das Ganze für königliche 400 Euro. Man gönnt sich ja sonst nichts! Sehr elegant sind auch die **Isarbar** im **Hotel Bayerpost** und die **Sophia's Bar** im **The Charles,** wo man besonderen Wert auf die elegante Dekoration der Cocktails mit Kräutern, Obst und Gemüse legt.
Wo? Sophienstraße 28 (The Charles Hotel), www.roccofortehotels.com; Bayerstraße 12 (Sofitel Munich Bayerpost), www.sofitel-munich.com.

_Lifestyle, Leidenschaft und Luxus: **Golf**! Gentlemen only, Ladies forbidden, als dessen Akronym Golf lange galt, ist heutzutage passé und frau darf ebenfalls Spiel, Spaß und Spannung auf dem Grün genießen. Die Top 3 der Golfplätze sind für Münchner Schlägerschwinger die Clubs Straßlach, Beuerberg und Valley. Mit Blick auf die bayerische Alpenkette bei Föhnwetter lassen sich die Doglegs, Bunker und Wasserhindernisse besonders stilvoll meistern, kulinarische Verwöhnung und Promifaktor inklusive.
Wo? Münchner Golf Club e.V., Tölzer Straße 95, 82064 Straßlach, www.mgc-golf.de; Golfclub Beuerberg e.V., Gut Sterz, 82547 Eurasburg, www.golfclub-beuerberg.de; Golf Valley, Am Golfplatz 1, 83626 Valley, www.golfvalley.de.

_Sich einmal wie Lords und Ladies beim Ascot fühlen kann man auf der **Trabrennbahn Daglfing** oder beim **Galopprennen in Riem**. Den Sommer über gibt es dort verschiedene Rennen, die nicht nur am Wochenende stattfinden, und somit genügend Gelegenheiten, ganzen Einsatz zu zeigen.
Wo? Trabrennbahn München-Daglfing, Rennbahnstraße 35, www.daglfing.de; Galopprennbahn München Riem, Graf-Lehndorff-Straße 36, www.galoppmuenchen.de.

Superkitsch

Für euch soll's nicht nur ein paar schnöde rote Rosen regnen, ihr wollt das volle Romantikprogramm samt Tauben, Kirchenprunk und Gondelfahrt? Dann ist München der perfekte Ort für ein paar richtig himmlisch rosafarbene Dates! Und mal ganz ehrlich: Auch die coolsten Hunde unter uns fanden die Szene, in der Strolch seiner Susi liebevoll das letzte Fleischbällchen zuschiebt, bevor beide sich anschließend – ganz versehentlich – beim Spaghettiessen zum ersten Mal küssen, einfach zum Dahinschmelzen, oder? Also: Keine Scheu, traut euch, die Stadt durch die rosarote Brille und den Münchner Himmel voller Geigen zu sehen, und vielleicht klingt ein wonnig romantischer Pärchentag nach einer unserer erprobten Superkitsch-Aktionen ja mit einer doppelten Portion Spaghetti bei einem kleinen Italiener aus...

_Die **Asamkirche** (St. Johann Nepomuk) in der Sendlinger Straße wirkt von außen gar nicht so übertrieben romantisch, aber der Schein trügt – im Inneren des Kirchenschiffs erwartet die staunenden Besucher ein wahres Feuerwerk an Gold und Pomp. Zudem ist dieser Ort ein echter Ruhepol in der belebten Umgebung der Altstadt. Fans der klerikalen Kunst legen ihr Augenmerk bitte gleich auf die zauberhafte Puttengestaltung der Beichtstühle. Mit etwas Glück wird man in dieser stimmungsvollen Kulisse sogar Zeuge einer Orgelprobe und im Angesicht dieses Wunderwerks spätbarocker Baukunst hört ihr dann vielleicht sogar ein paar Englein singen...
Wo? Asamkirche, Sendlinger Straße 32.

_Eine Fahrt in einer original venezianischen **Gondel** ist der Inbegriff von Romantik und dafür muss man nicht mal nach Bella Italia! Auf dem Kanal vor dem Schloss Nymphenburg kann man sich halbstündlich ins 17. Jahrhundert entführen lassen und das auch noch von einem echten (oder zumindest historisch korrekt gekleideten) Gondoliere mit Strohhut und Streifenhemd! Hach...
Wo? www.gondel-nymphenburg.de.

_Die gemeine Stadttaube wird ja nun nicht gerade mit Romantik assoziiert, ihre weiße Verwandtschaft hingegen ist immer noch eine beliebte Attraktion bei festlichen Hochzeitsgesellschaften. Aber man muss ja nicht gleich heiraten, um die Flugspiele der Liebesvögel zu beobachten! Im Tierpark Hellabrunn gibt es zwischen März und September täglich um 15 Uhr eine **Taubenshow**, bei der (wahrhaft hübsche und garantiert virenfreie) Kunstflugtauben gen Himmel flattern, während ihr euch ganz fest an den Händen halten und euch leise Liebesschwüre ins Ohr gurren könnt.
Wo? Tierpark Hellabrunn in der Show Arena, Tierparkstraße 30.

_Der Liebsten Gold und Geschmeide zu schenken, ist auch mit einem kleinen Portemonnaie superromantisch, geht

DIE ASAMKIRCHE.

es der Herzdame dabei doch in Wirklichkeit nur um diese süße Geste und nicht um die Karatzahl! Der berühmte Kaugummi-Automaten-Ring ist längst ein Kitschklassiker und wir setzen noch einen drauf: In München stehen derzeit wundervoll pinkfarbene Schmuckautomaten, **Jewelberry Box** genannt, in denen kleine putzige Überraschungen in Form von Armbändchen mit niedlichen kleinen Goldanhängern (beziehungsweise Blech, aber wen stört das schon, wenn im Bauch tausend Schmetterlinge flattern!) auf neue strahlende Besitzerinnen warten.
Wo? Im Hey Luigi, Holzstraße 29, im Nage & Sauge, Mariannenstraße 2 und im Jewelberry-Atelier, Utzschneiderstraße 10.

_Wer hingegen zu Gunsten der Romantik ein bisschen was springen lassen kann und etwas dicker auftragen möchte, reserviert für sich und sein Herzblatt abends seine eigene Loge im prunkvollen **Cuvilliés-Theater.** Hier kann, wenn sich die Nacht über München senkt, in plüschige Sitze gekuschelt ein Stück nach Wahl genossen werden. Diesen Abend wird der oder die Geliebte sicher niemals vergessen!
Wo? Residenzstraße 1, im sogenannten Apothekenstock der Residenz, www.residenztheater.de.

Einmal im Jahr

Ganz egal, ob ihr mit den Kleinen um die Häuser ziehen, in trauter Zweisamkeit die Nachbarn erschrecken oder einfach nur das schaurig-schönste Paar auf einer **HALLOWEEN-PARTY** abgeben wollt: Ein kunstvolles Make-up bekommt ihr in der Woche vor dem Kürbisfest bei den nettesten Make-up-Artisten der Stadt. Bei **KRYOLAN** fühlt man sich auch als Schmink-Anfänger sofort pudelwohl und gut aufgehoben. Egal ob Meerhexe, Zombie oder Vampir: Hier gibt's ordentlich Puder, Mascara und Glitzer für alle und vor allem – kussfestes Kunstblut mit leckerem Geschmack! Für seine einmalige Rezeptur ist das Unternehmen in der Szene weltbekannt und hat sogar Hollywood-Produktionen wie zum Beispiel »Fluch der Karibik« beliefert. Die verwendeten Produkte sind noch dazu gut verträglich und tierversuchsfrei. Und auch für Anlässe wie Hochzeiten, Familienfeste, große Auftritte oder besondere Abende bietet unsere Lieblingsadresse für dekorative Kosmetik alles, was uns noch ein wenig schöner macht...

Ein weiteres im Jahreslauf einmaliges Ereignis, das ebenfalls nicht ohne Verkleidungen auskommt, ist der **CHRISTOPHER STREET DAY**, der die Stadt in ein buntes Farbenmeer, untermalt mit lauter, tanzbarer Musik taucht. Die Parade ist der Höhepunkt der Pride Week, mit der die LGBT-Gemeinde stolz ihre Vielfalt zeigt und alle anderen Münchner mitreißt. Schon fast traditionell zeigen sich Stadt und Wetter zum CSD von ihrer besten Seite – München tanzt, lacht und feiert. Heiß begehrt sind auch die Eintrittskarten zur begleitenden Rathaus Clubbing Night.

Etwas früher im Jahreslauf – nämlich immer Mitte April – findet der **RIESENFLOHMARKT** auf der Theresienwiese statt. Die Organisatoren vom Bayerischen Roten Kreuz locken Jahr für Jahr über 2.000 Verkäufer zu ihrer Veranstaltung und machen den Flohmarkt damit zum größten in Bayern. Die Auswahl der dort angebotenen Waren ist nahezu unendlich – es gibt eigentlich nichts, das sich dort nicht finden ließe.

Einen sehr besonderen Tag in München bieten die **HINTERHOFFLOHMÄRKTE**, die es mittlerweile in jedem Stadtteil gibt. »Erfunden« wurden sie in Schwabing – und dieser Flohmarkt gilt immer noch als der größte dieser Art in der Stadt. An diesem Tag kann man in jeden Garten und jeden Hinterhof gucken, die Restaurants bieten Speisen zum Straßenverkauf an, das ganze Viertel flirrt vor Menschen.

Nicht nur zur Oktoberfestzeit ist die Wiesn einen Besuch wert, auch das traditionelle **MÜNCHNER FRÜHLINGSFEST** gehört zu den Terminen, die alle Zugereisten, Besucher und Bewohner sich dick und rot im Kalender markieren sollten! Vom Veranstalter auch liebevoll als »kleine Schwester des Oktoberfests« bezeichnet, lockt das Münchner Frühlingsfest seit über 50 Jahren jung und alt mit Fahrgeschäften und Festzelt. Highlight ist jedes Jahr der Tag des

Make-up-Kunst bei Kryolan.

Brauchtums, bei dem in bayerischer Manier gefeiert wird: Schuhplattler, Goaßlschnalzer und traditionelle Tänzer zeigen hier ihr Können. Also nichts wie rein in Dirndl und Lederhose und auf geht's zur Frühlingsgaudi!

Ja, München ist in der Tat das Eldorado aller Volksfestfreunde, denn mit Wiesn und Frühlingsfest ist noch lange nicht Schluss: Die **Auer Dulten** locken jedes Jahr über 300.000 Menschen auf den Mariahilfplatz und finden gleich dreimal im Jahr statt. Hier gibt es neben Karussell, Riesenrad und Bierzelt auch noch eine Reihe traditioneller Verkaufsstände: Ob Seifen, Porzellan, Keramik, Korbwaren, Reinigungsmittel, Gewürze oder Schmuck, hier findet jeder ein Souvenir für Daheimgebliebene oder Nützliches für Haus, Hof und Garten.

Und noch ein Pflichttermin, der ähnlich spaßig wie ein Volksfestbesuch ist, aber naturgemäß noch feucht-fröhlicher: Zwischen Mai und September legen morgens zwischen 9 und 10 Uhr in Wolfratshausen Floße für die traditionellen **Flossfahrten** ab und schwimmen mit der Mannschaft mal gemächlich, mal wild die Isar hinab bis zum Ziel in Thalkirchen. Zwischendurch gibt's natürlich auch Brotzeit und Stimmungsmusik. Besonders romantisch wird's natürlich, wenn man sich das Floß nicht mit anderen Touristen oder Besuchern teilen muss und die Holde oder den Liebsten zu einer Privatfahrt einlädt.

Kryolan City, Gärtnerplatz 1
Jährlich stattfindende Veranstaltungen in München: www.muenchen.de/veranstaltungen.html
Isarfloßfahrten bieten verschiedene Veranstalter an, zum Beispiel www.isar-floss-event.de

Christopher Street Day auf der Ludwigstrasse.

München mit Kindern

Dieses Kapitel richtet sich an alle Verliebten, für die traute Zweisamkeit manchmal eine Herausforderung ist und die für viele unserer zahlreichen Tipps nicht nur Zeit und Muße, sondern auch noch einen Babysitter benötigen. Aber keine Sorge, auch daran haben wir gedacht und hier die besten Ideen für Dates mit der ganzen Familie gesammelt. Auch Eltern, die München mal ohne den Nachwuchs entdecken wollen, kommen voll auf ihre Kosten, denn mit den richtigen Adressen und ein bisschen Organisation können ein paar wertvolle Stunden zu zweit geplant werden.

Das A und O für Paare mit Kindern in der Großstadt: Spielplätze! Während der Nachwuchs sich im Buddelkasten und auf Schaukel, Wippe und Rutsche auspowert, können die Eltern in der Sonne sitzen, sich (weitgehend) in Ruhe unterhalten, Kaffee trinken oder sich auch ein kleines Bierchen genehmigen. In München kein Problem, denn hier gibt es gut angelegte Spielplätze und familienfreundliche Biergärten ohne Ende.

Zentral gelegen, wundervoll von großen Bäumen umgrünt und beliebt bei Jung und Alt ist der komplett sanierte und modernisierte **SPIELPLATZ AN DER MÜNCHNER FREIHEIT**. Das Highlight ist der 5 Meter hohe Kletterturm, den man über verschiedene Podeste, eine Seilbrücke und eine Kletterwand erreichen kann. Zudem sorgen ein Kleinkindbereich und der neue Streetball-Platz dafür, dass sich dort Kinder und Teenager jeden Alters vergnügen können. Die Eltern genießen währenddessen das Schwabinger Flair und freuen sich über die vielen umliegenden Cafés.

Auch im **ENGLISCHEN GARTEN** bietet sich für Familien mit Kindern reichlich Abwechslung. Gleichermaßen beliebt bei Einheimischen wie Touristen ist der große **BIERGARTEN AM CHINESISCHEN TURM**. Dort gibt es vornehmlich bayerische Schmankerl von deftig bis süß, aber auch verschiedene Salatvariationen und natürlich ein schönes Biersortiment. Dreimal in der Woche sowie an Sonn- und Feiertagen kann auch die klassische Münchner Biergartenkultur ge- und erlebt werden, wenn die »Rossbachtaler« und das »Orchester Thoma« das Publikum mit traditioneller bayerischer Blasmusik von ihrem Platz im Turm aus unterhalten. Hauptattraktion für Kinder dürfte aber eher das his-

Das »Paläontologische Museum«.

torische Kinderkarussell im nördlichen Teil des Biergartens sein, das bereits seit 1913 im Schatten prächtiger alter Kastanien gemächlich seine Runden dreht. Der märchenhafte Pavillon und die wunderschönen Reittiere des früher sogenannten Ringelspiels sind aber auch für Erwachsene eine Augenweide.

Wer es etwas ruhiger mag und sich von der traditionellen bayerischen Küche weniger locken lässt, sollte mit seiner Familie nach der Erkundungstour durch den Englischen Garten eine Pause beim **MilchHäusl** einlegen. Der idyllische Bio-Imbiss bietet das ganze Jahr über saisonal wechselnde Suppen (wir empfehlen die würzige Löwenzahnpfannkuchensuppe), deftige Brotzeit-Snacks (der Klassiker im MilchHäusl ist die SauSemmel mit Bio-Schweinebraten und Sauerkraut) und Getränke aus fairen Zutaten und ausschließlich in Bio-Qualität. Dazu gibt es Ökostrom für Laptop und Smartphone und Spielmöglichkeiten für Klein und Groß. Besonders beliebt an Wintertagen sind die beheizten Skilift-Kabinen, die im Biergarten draußen zum Spielen, Kuscheln, Verstecken und Märchenerzählen einladen.

Jetzt kommt was für Genießer jeden Alters: Der **Taxisgarten** in Neuhausen ist stadtbekannt für die hervorragenden Spareribs und die knusprigen Hendl. Aber auch Vegetarier dürfen sich freuen, denn es stehen auch krosse Country-Kartoffeln mit Avocado-Creme und als Spezialität des Hauses grüner Obazder auf der Karte. Rings um den 1.500 Plätze starken Biergarten gibt es viel Platz zum Spielen im schattigen Grün und noch dazu einen großen Kinderspielplatz, wo schnell neue Freundschaften geschlossen werden, während Mama und Papa sich bei einem süffigen Hofbräubier entspannen.

Toben im Freien tut nicht nur Kindern gut – wer Sohn und Tochter regelmäßig auf Trampolin, Hüpfburg und Klettergerüst folgt, bleibt selbst fit und kann nachts gut schlafen. In München gibt es glücklicherweise genug Platz zum Spielen und Hüpfen in der Natur, so zum Beispiel im Ost- und Westpark, im Luitpoldpark und im Riemer Park. Zwischen Mai und Oktober bietet das Referat für Bildung dort jeden Sonntag **SPIELNACHMITTAGE** zwischen 14.30 und 18 Uhr an. Kostenlos dürfen alle möglichen Spielsachen ausprobiert werden. Und wer jetzt mal zu zweit und ohne »Mama, guck mal ohne Hände!« herumtoben möchte, dem seien die **ERWACHSENENSPIELABENDE** zwischen 17 und 20.30 Uhr empfohlen. Auf dem Marienhof hinter dem Rathaus können sich Paare von Mai bis Oktober sonntags ungestört auf Stelzen und Pedalo vergnügen und nach Herzenslust jonglieren – jetzt muss nur noch ein Babysitter her!

Einen letzten Spielplatztipp haben wir noch, über den sich vor allem große und kleine Gespenster-Fans, Gothic-Familien und alle, die skurrile Plätze lieben, freuen dürften: Neben dem **ALTEN NÖRDLICHEN FRIEDHOF**, wo man zuerst schön spazieren gehen kann, ist ein Kinderspielplatz. Na, wenn das nicht der perfekte Platz ist, um Kindern und / oder Partnern aus »Der kleine Vampir« vorzulesen!

Im Sommer sollte man dem **TOLLWOOD-FESTIVAL** im Olympiapark einen Besuch abstatten! Neben internationalen Kulturveranstaltungen, Marktständen und Bio-Streetfood gibt es ein Kinderprogramm: Theater und Lesungen, eine Bastel-Werkstatt, Musik- und Kreativ-Workshops sowie Kochkurse – alles mit dem Fokus auf Nachhaltigkeit, Tier- und Umweltschutz. Für die größeren Kinder gibt es außerdem Akrobatik-, Streetdance- und Graffiti-Workshops.

Der Klassiker für Regen-Tage: ab ins Museum! Am liebsten dorthin, wo nicht nur die Kinder, sondern auch die Eltern etwas lernen und entdecken können. Am **DEUTSCHEN MUSEUM** kommt keiner vorbei, der in der bayerischen Landeshauptstadt ist. Das Kinderreich ist bis zum Schulkindalter interessant, mit größeren Kindern können je nach Interessengebiet alle Abteilungen erforscht und das naturwissenschaftliche Grundwissen aufgefrischt und erweitert werden. Besonders spannend finden wir die Bergbau-Ausstellung, deren Besuch sich vor allem im Zuge der regelmäßig stattfindenden Führungen lohnt: Das unterirdische Anschauungsbergwerk bietet einen spannenden und eindrucksvollen Rundgang, der das Leben unter Tage anschaulich macht.

Besonders toll und nicht nur bei schlechtem Wetter sehens- und erlebenswert (vor allem für Fans von Eisenbahn, Tram, Automobil und Co.) ist auch das ausgelagerte **VERKEHRSZENTRUM DES DEUTSCHEN MUSEUMS** in den renovierten ehemaligen Messehallen oberhalb der Theresienwiese. Auf über 12.000 Quadratmetern wird dort die Geschichte menschlicher Mobilität greifbar gemacht: Dort sind historische Pferdekutschen zu bestaunen, Autoliebhaber bekommen leuchtende Augen beim Anblick des ersten Benz und es gibt sogar begehbare Bahnhofsgleise, auf denen beeindruckende Dampfloks und ein echter ICE darauf warten, von neugierigen Passagieren erkundet zu werden.

Im Museum **MENSCH UND NATUR**, das malerisch im Schloss Nymphenburg gelegen ist, können nicht nur Kinder an allen Ecken und Enden etwas Neues entdecken. Zahlreiche Schaukästen, audiovisuelle Quizspiele und beeindruckende Exponate informieren unterhaltsam über Bio- und Geowissenschaften sowie die Rolle des Menschen als Teil und Gestalter seiner Umwelt.

Und noch ein Tipp für Dino- und Steinzeitfans: Die **Bayerische Staatssammlung für Paläontologie und Geologie** ist, wenn es kein Tagesausflug sein soll, ein prima Ziel, da es überschaubar und trotzdem spannend ist. Das Museum beherbergt eine der größten geowissenschaftlichen Sammlungen Deutschlands und umfasst vor allem Fossilien. Besonders beeindruckend ist das imposante Skelett des berühmten »Mühldorfer Urelefanten«, aber auch Exponate aus der Eiszeit wie Skelette von Säbelzahntiger, Höhlenbär und Riesenhirsch können vor Ort bestaunt werden. Kaum zu glauben, dass all diese exotischen und ausgestorbenen Tierarten einmal in Bayern heimisch waren.

Offene Kinderbetreuung in München

Wer einfach mal in Ruhe ohne die Kinder brunchen, ins Museum oder zum Shoppen gehen will, durch München flanieren oder ungestört zu Hause oder im Botanischen Garten turteln möchte, kann dies teils auch ohne Voranmeldung: Wir haben die besten Adressen für die spontane Kinderbetreuung gesammelt.

Eine Anlaufstelle ist **Gabi's Nest**. Dort wird Rundumbetreuung für die ganz, ganz Kleinen ab der vierten Woche angeboten: Hier werden Babys von einer erfahrenen Hebamme und deren Team flexibel umsorgt, entweder in der Babystube in der Sendlinger Straße oder direkt im Hotel der München-Touristen. Im hauseigenen Kosmetikstudio werden auch verschiedene Behandlungen, Massagen und Maniküre für gestresste Mamis und Papis angeboten.

Für Kinder von 0 bis 12 Jahren bietet das **Münchner Kindl** in der Nähe des Marienplatzes eine offene, stundenweise Kinderbetreuung durch geschultes Fachpersonal an. In den großen, hellen Räumen kann nach Herzenslust gespielt und getobt werden, während die Eltern sich in der Stadt umsehen, oder ihre Einkäufe erledigen. Zudem ist auch ein Ferienprogramm während der Sommerzeit im Angebot, hierfür genügt eine telefonische Voranmeldung am Vortag.

Spielplatz an der Münchner Freiheit, Schwabing
Biergarten am Chinesischen Turm, Englischer Garten 3
MilchHäusl, Königinstraße 6, www.milchhaeusl.de
Taxisgarten, Taxisstraße 12, www.taxisgarten.de
Spielnachmittage/Erwachsenenspielabende, www.muenchen.de/freizeit/spielen.html
Alter Nördlicher Friedhof, Arcisstraße 45
Tollwood-Festival, Olympiapark, www.tollwood.de
Deutsches Museum, Museumsinsel 1, Deutsches Museum Verkehrszentrum, Am Bavariapark 5, www.deutsches-museum.de
Museum Mensch und Natur, Schloss Nymphenburg (Rückgebäude), Nymphenburg 1, www.mmm-muenchen.de
Bayerische Staatssammlung für Paläontologie und Geologie, Richard-Wagner-Straße 10, www.palmuc.de
Hebammen Praxis Gabi's Nest, Sendlinger Straße 62, www.kosmetik-sackerer.de
Münchner Kindl plus Familienservice, Burgstraße 6, www.familienservice.de/web/muenchner-kindl

Münchner Liebespaare

LIESL KARLSTADT & KARL VALENTIN
Das Beziehungsdrama zwischen Liesl Karlstadt und Karl Valentin begann im Jahr 1911. Sie hatte im Hotel Frankfurter Hof, damals in der Schillerstraße, gerade einen Auftritt als Soubrette hinter sich, an dem Karl Valentin herummäkelte, der dort ebenfalls engagiert war und sie zum ersten Mal sah. Dennoch: Er, der schon etliche Engagements als Humorist vorweisen konnte, erkannte ihr komisches Talent, und so kam es, dass die beiden Bühnenpartner wurden.

Elisabeth Wellano wurde 1892 in Schwabing geboren – das Pseudonym Karlstadt legte sie sich 1913 Karl Valentin zuliebe zu, dessen Lieblingskomiker Karl Maxstadt war. Ein Biograf merkte zu Recht einmal an, dass dies einer der seltenen Fälle sei, in denen ein wohlklingender Name zugunsten eines gewöhnlichen aufgegeben wurde. Elisabeth Wellano war zunächst Verkäuferin; wie sie zur Bühne kam, darüber gibt es nur Vermutungen.

Valentin Ludwig Fey kam aus der Münchner Vorstadt Au, wo er 1882 geboren wurde. Eigentlich sollte er Schreiner werden, doch früh schon fühlte er sich zum Komödiantischen hingezogen; Karl Maxstadt war sein Vorbild.

Karlstadt und Valentin traten im Jahr 1913 zum ersten Mal gemeinsam auf; es war der Beginn einer zwiespältigen Zusammenarbeit: Sie gehörten einerseits zu den erfolgreichsten Komikern ihrer Zeit, sie begeisterten ihr Publikum, sowohl auf der Bühne als auch im Film, andererseits erwies sich ihr persönliches Verhältnis als problematisch. Allzu lange, nämlich über zwei Jahrzehnte, hatte sich Liesl Karlstadt auf der Bühne wie im Alltag Karl Valentin untergeordnet, seine Launen und Hypochondrie ausgehalten. Allzu lange wurde ihr Anteil am gemeinsamen Werk zu wenig von Valentin und von der Kritik gewürdigt, sind es doch gerade jene gemeinsam verfassten größeren Stücke, die ihrer beider Ansehen begründeten. (Nebenbei bemerkt: Das 1959 eröffnete Valentin-Musäum wurde erst im Juli 2001 umbenannt in **VALENTIN-KARLSTADT-MUSÄUM**.) Und dann war da noch Valentins merkwürdige Ehe und die anhaltende Liebesbeziehung zu Liesl Karlstadt. Als sich die beiden im Jahr 1911 im Frankfurter Hof kennenlernten, hatte Valentin bereits zwei Töchter mit einer Angestellten des elterlichen Haushalts, die er Mitte 1911 heiratete. Auf die Dauer wurde die vielfache psychische Belastung wohl zu groß: Liesl Karlstadt erlitt 1935 einen Nervenzusammenbruch. Auslöser war wahrscheinlich die Pleite des Panoptikums, eines Kuriositäten- und Schauerkellers, in das Karlstadt und Valentin ihr gesamtes Vermögen investiert hatten. Liesl Karlstadt ging ihre eigenen Wege, Valentin arbeitete 1939 mit einer neuen Partnerin, zwischen 1941 und 1947 gar nicht. Gemeinsame Auftritte gab es nur noch Mitte 1940, Ende 1947 und Anfang 1948. Kurz darauf starb Valentin. Liesl Karlstadt übernahm unter anderem kleinere Rollen beim Film und Rundfunk. Sie starb im Jahr 1960.

»Ich bin kein direkter Rüpel, aber die Brennnessel unter den Liebesblumen.«

Karl Valentin

Nadeschda Konstantinowna Krupskaja & Wladimir Iljitsch Uljanow (Lenin)

Die Kaiserstraße in Schwabing erhielt ihren Namen 1892 zur Erinnerung an die Proklamierung des deutschen Kaiserreichs 1871 in Versailles. Ausgerechnet in dieser Straße fand ein Revolutionär aus dem russischen Kaiserreich vorerst seine Unterkunft im Exil: der Anwalt Wladimir Iljitsch Uljanow aus St. Petersburg, dessen politischer Deckname später Lenin lautete. Im Zarenreich war er mit revolutionären Strömungen in Kontakt gekommen und wurde wegen politischer Agitation 1897 in die Verbannung nach Sibirien geschickt, wo er Nadeschda Konstantinowna Krupskaja kennenlernte und 1898 heiratete. Im Jahr 1900 ging er in die Emigration und kam so über Zürich im September als Herr Meyer nach München; Frau Meyer folgte im Frühjahr 1901. Zunächst lebten sie in der Kaiserstraße 53 (heute 46), dann in der Schleißheimer und schließlich in der Siegfriedstraße 14. Und ein Revolutionär ruht auch im Exil nicht: Es ging ihm darum, Mitkämpfer zu finden, die durch progressive Schriften und eine regelmäßig erscheinende Zeitung für die Revolution gewonnen und bei der Stange gehalten werden sollten. Ein Buchverlag war in Stuttgart gefunden worden, ein Zeitungsverlag in Leipzig. Zürich erwies sich da als geografisch zu abseits gelegen und als revolutionstechnisch zu ungünstig. In München konnte man dagegen auf Gesinnungsgenossen zählen wie zum Beispiel auf einen Wirt in eben jener Kaiserstraße. So entstand in München unter Uljanows Leitung die Zeitschrift »Iskra«, der Funke, die in Deutschland gedruckt und auf konspirativen Wegen ins zaristische Russland transportiert wurde. Regelmäßig suchte er die Staatsbibliothek in der Ludwigstraße auf, um an seiner Schrift »Was tun?« zu arbeiten, die erstmals unter seinem später so gebräuchlichen Decknamen Lenin erschien, und über die Nadeschda und Lenin auch ständig diskutierten.

»Die Forderung (der Frau) nach der Freiheit der Liebe rate ich überhaupt zu streichen ...«

Lenin

Das revolutionäre Paar schien durchaus auch am bourgeoisen Leben teilzunehmen, indem es zum Beispiel im Englischen Garten spazieren ging, Aufführungen im Nationaltheater besuchte, den Münchner Fasching feierte oder regelmäßig im Café Noris in der Leopoldstraße einkehrte. Und Herr Lenin trank gerne eine Maß Bier im Hofbräuhaus, wohl auch weil die Initialen HB auf den Maßkrügen als kyrillische Buchstaben NW zu lesen sind, die russische Abkürzung für »Narodnaja Wolja«, was Volkswille bedeutet. Falls die Anekdote nicht stimmen sollte, so ist sie doch ziemlich gut erfunden.

Die zaristische Geheimpolizei war dem Paar jedoch schon auf der Spur, und die bayerischen Behörden waren auch nicht untätig; es musste die Wohnung in der Siegfriedstraße aufgeben, seines neues Ziel war London.

Nach der Oktoberrevolution war Nadeschda Konstantinowna Krupskaja als Theoretikerin der sowjetischen Pädagogik Leiterin des Volkskommissariats für Volksbildung und seit 1927 Mitglied im Zentralkomitee der Kommunistischen Partei der Sowjetunion (KPdSU). Lenin blieb Revolutionär, war russischer Politiker, marxistischer Theoretiker und nicht weniger als der Begründer der Sowjetunion.

Am Haus Kaiserstraße 46 wurde 1968 die erste Lenin-Gedenktafel in Westdeutschland angebracht, nachdem zuvor die Eigentümerin des Hauses Siegfriedstraße 14 ihr Einverständnis verweigert hatte. Doch schon vier Monate später detonierte eine Sprengladung an der Gedenktafel, ohne Schaden anzurichten. Ende 1970 wurde die Tafel tatsächlich zerstört.

AGNES BERNAUER & HERZOG ALBRECHT III.

Ein Frauenschicksal im Bayern des 15. Jahrhunderts beschäftigt die Gemüter auch noch im 21. Jahrhundert. Es ist die Geschichte einer Beziehung zwischen der Augsburger Bürgerstochter Agnes Bernauer und Albrecht III., Herzog von München-Oberbayern, in einer äußerst unruhigen Zeit. Die bayerischen Stammlande waren in die Linien München, Ingolstadt, Landshut und Straubing geteilt, deren Herrscher heillos zerstritten waren. Mit Albrecht III. schien im Herzogtum München-Oberbayern die Erbfolge jedoch gesichert.

Wohl während eines Aufenthalts in der Freien Reichsstadt Augsburg im Frühjahr 1428 lernte der Herzog die Frau kennen, mit der er eine nicht standesgemäße Verbindung einging: Agnes Bernauer. Der Überlieferung nach soll sie eine Baderstochter gewesen sein, und die beiden sollen sich in einer Badstube getroffen haben, doch dafür gibt es keine Belege. Vertrauenswürdiger scheinen da schon die übereinstimmenden Berichte über Bernauers Schönheit zu sein. Albrecht liebte sie über alle Maßen – sie wollte ihn jedoch nur erhören, wenn er sich mit ihr vermählte. Die Trauung erfolgte heimlich, vermutlich in Albrechts Schloss in Vohburg bei Ingolstadt. Ab 1432 trat Agnes Bernauer immer häufiger an des Herzogs Seite als Herzogin auf und hielt – wenn auch in kleinem Maßstab – Hof in Straubing, wo man heute im Schlosshof ihre Lebensgeschichte in einem Freilicht-Schauspiel darstellt. Bis 1435 hielten sich Albrecht und die Bernauerin auch wiederholt in Schloss Blutenburg in Obermenzing auf.

Als jedoch Albrechts Onkel als 58-Jähriger noch eine Ehe einging und einen Sohn zeugte, war Albrecht nicht mehr alleiniger Erbfolger. Albrechts Vater schien jetzt entschlossen, die Erbfolge zu sichern und die unstandesgemäße Ehe endgültig zu beenden. Albrecht wurde nach Landshut zum Jagdvergnügen gelockt, während Agnes Bernauer am 12. Oktober 1435 in Straubing gefesselt von einer Brücke in die Donau gestoßen wurde, in der sie ertrank – ohne dass ihr ein wie auch immer gearteter (Schein-)Prozess gemacht worden wäre. Albrecht wollte sich zunächst blutig an seinem Vater rächen, unterwarf sich ihm jedoch und heiratete gut ein Jahr nach dem Tod der Bernauerin die Tochter des Herzogs Erich von Braunschweig, die ihm zehn standesgemäße Nachkommen gebar.

Es ist kein Wunder, dass das tragische Schicksal Agnes Bernauers bald schon Chronisten, Dichter, Dramatiker, Künstler und Autoren umgetrieben hat und auch heute immer noch beschäftigt. Als Beispiel dafür mag die Bronze-Stele mit dem Titel »Denkmal für die Liebe« genügen, die als Reminiszenz an die Liebe zwischen Agnes und Albrecht im Jahr 2013 vor Schloss Blutenburg aufgestellt wurde.

> »Man sagt, dass sie so hübsch gewesen sei, wenn sie roten Wein getrunken habe, so hätte man ihr den Wein in der Kehle hinabrinnen sehen.«
>
> Geschichtsschreiber Veit Arnpeck über Agnes Bernauer, 1492

»Heute Nacht habe ich davon geträumt, dass ich Deine Zehen in meinen Mund nehme.«
Ludwig I.

Ludwig I. & Lola Montez

Im Februar 1848 kam es auf dem Theatinerplatz zu einem bewaffneten Tumult zwischen Studenten verschiedener Verbindungen und empörten Münchner Bürgern. Eine junge Adlige, Gräfin von Landsfeld, die den Aufstand verursacht hatte, floh vor der aufgebrachten Menge in die Theatinerkirche. Erzürnt über den Vorfall befahl König Ludwig I., die Universität zu schließen und alle Studenten der Stadt zu verweisen. Unter dem massiven Protest der Bevölkerung, der daraufhin einsetzte, nahm er diese Order zurück und stimmte schweren Herzens zu, der Verursacherin dieser Unruhen die bayerische Staatsbürgerschaft zu entziehen und sie aus Bayern zu verbannen. Ihre heimliche Rückkehr wenige Wochen später führte schlussendlich dazu, dass Ludwig, um die politisch heikle Lage nicht noch weiter zu verschlimmern, am 20. März 1848 seine Krone niederlegte und zugunsten seines Sohnes, Maximilian II., abdankte.

Doch was war geschehen? Die »Chronique scandaleuse« zwischen dem 60-jährigen Monarchen und der berühmt-berüchtigten jungen Dame begann 1821 in einem Dorf in Irland, wo Lola Montez als Elizabeth Rosanna Gilbert geboren wurde. Zwanzig Jahre später feierte sie in London unter falschem Namen ihr Debüt als spanische Tänzerin aus Sevilla. Der Betrug flog jedoch auf, sie wurde als Hochstaplerin angeklagt und verließ England Hals über Kopf. Die nächsten Jahre tourte sie weiterhin als Spanierin durch Europa, wo sie einen

Skandal nach dem anderen auslöste: Aus Berlin und Warschau wurde sie nach ihren skandalösen Auftritten ausgewiesen, in Paris wurde einer ihrer Verehrer im Duell um sie erschossen und in Bonn sperrte sie Franz Liszt, der berühmte Komponist, nach dem abrupten Ende ihrer Affäre in ein Hotelzimmer, das sie daraufhin wutentbrannt verwüstete.

1846 traf Lola Montez in München ein, wo ihr der König, seit über 35 Jahren mit Therese von Sachsen-Hildburghausen verheiratet, vom ersten Augenblick an hoffnungslos verfallen war. In einem Brief an einen Freund schrieb er: »Ich kann mich mit dem Vesuv vergleichen, der für erloschen galt, bis er plötzlich wieder ausbrach. Wie ein Jüngling von zwanzig fasste mich die Leidenschaft wie nie zuvor. Esslust und Schlaf verlor ich zum Teil, fiebrig heiß wallte mein Blut.«

Einer Anekdote über Lolas erstes Zusammentreffen mit dem König zufolge soll Ludwig sie gefragt haben, ob ihre Rundungen denn wirklich echt seien. Daraufhin schnitt sie, die stets einen Dolch bei sich trug, mit diesem das Mieder auf, um ihm die Echtheit ihrer Brüste zu demonstrieren. Der verliebte König machte sie zu seiner Mätresse und überhäufte sie mit Geschenken, unter anderem einem luxuriösen Palais in der Barer Straße, schrieb ihr Liebesbriefe und Gedichte. Er ließ sogar eine Marmorskulptur ihres Fußes anfertigen – für die der Bildhauer allerdings heimlich den der Venus von Milo als Vorbild nahm, da Lolas Füße durch das Tanzen offenbar nicht besonders ansehnlich waren.

Die Münchner Bevölkerung reagierte fassungslos und empört auf die Affäre; nicht nur, weil die skandalträchtige Tänzerin Zigarre rauchend und allein, nur in Begleitung ihrer Dogge, durch die Stadt flanierte, sondern auch, weil sie Gerüchten zufolge neben ihrer königlichen Affäre auch mit dem ein oder anderen Studenten angebandelt hatte. Als Luwig ihr schließlich die bayerische Staatsbürgerschaft verleihen wollte, weigerte sich das Ministerium und drohte geschlossen mit Rücktritt. Tatsächlich wurden daraufhin sämtliche Minister entlassen, ein neues Ministerium einberufen und Lola Montez zur Gräfin von Landsfeld erhoben. Die Folgen dieser mittlerweile zur Staatsaffäre geratenen Liaison sind bekannt: Ausschreitungen, Abdankung und Verbannung. Monatelang schrieb Ludwig ihr Briefe ins Schweizer Exil, als er jedoch erfuhr, dass sie sich dort mittlerweile einen neuen Liebhaber geangelt hatte, kühlte das Verhältnis rasch ab. Lola Montez ging zunächst zurück nach England, wo sie wenig später heiratete. Sie wurde aber, da sie offenbar bereits vor ihrer Flucht aus England verheiratet gewesen und nie geschieden worden war, der Bigamie angeklagt und musste erneut fliehen. Daraufhin wanderte sie in die USA aus, wo sie am Broadway arbeitete und unter anderem in einer Theaterrevue mit dem Titel »Lola Montez in Bavaria« sich selbst spielte. Sie schrieb Schönheitsratgeber und unterstützte junge Frauen aus prekären sozialen Verhältnissen. Mit 39 Jahren starb Lola Montez an einer verschleppten Lungenentzündung. In ihren Memoiren sagte sie über sich selbst: »Ich bin besser als ein Satan, wie mich so oft die Frauen, und schlechter als ein Engel, wie mich so oft die Männer nannten.«

Ludwig I. und Therese

Natürlich stellt sich die Frage, wie Ludwigs Gemahlin Therese auf diese aufsehenerregende Affäre reagierte, und wie man sich die Ehe des Königspaares unter diesen Umständen überhaupt vorzustellen hat. Lebten sie in Liebe oder als reine Zweckgemeinschaft zusammen?

Auch zu Beginn des 19. Jahrhunderts dienten Hochzeiten in Adels- und Herrscherhäusern oft eher der Politik als der Liebe. So entschied sich der 24-jährige Ludwig, die sechs Jahre jüngere Therese von Sachsen-Hildburghausen zu ehelichen – nicht etwa wegen gemeinsamer Interessen oder einer leidenschaftlichen Verliebtheit, sondern um sich nicht der dynastischen Heiratspolitik Napoleons beugen zu müssen. Denn der deutsch-nationale Kronprinz Ludwig verachtete Napoleon und alles Französische. Therese war eine gute Wahl, weil sie standesgemäß zur Prinzessin erzogen worden war, ihre Familie über gute Verbindungen in die anderen Fürstenhäuser des Reiches verfügte und eine Heirat mit ihr als politisch unbedenklich erschien. Aber auch ihre Schönheit und ihr Sanftmut hatten Ludwig in den Bann gezogen und tatsächlich seine Leidenschaft entfacht. So schrieben sie sich sehnsüchtige Liebesbriefe, nachdem die Eltern in die Eheanbahnung eingewilligt hatten, und der als nicht sehr attraktiv geltende Kronprinz verzückte die junge, unerfahrene Therese mit Liebesgedichten.

Im Oktober 1810 wurde in München Hochzeit gefeiert. Fünf Tage dauerte das rauschende Fest, für das die ganze Stadt festlich beleuchtet und geschmückt wurde. Ganz München war zugegen, das Königshaus verköstigte seine Gäste großzügig. Es fanden unzählige Veranstaltungen wie Theateraufführungen und Bälle statt. Am 17. Oktober, dem fünften Festtag, wurde ein Pferderennen auf einer großen Wiese außerhalb der Stadtmauern veranstaltet – es sollte zur Initialzündung des mittlerweile populärsten Volksfests der Welt, dem Oktoberfest, werden. Noch heute wird es an seinem ursprünglichen Ort, der nach Therese benannten Theresienwiese, gefeiert.

Aber schon im Vorfeld des glanzvollen Hochzeitsfests kam es zu Irritationen, die sich im Zuge der Verhandlungen über den Ehevertrag ergaben, und die Verliebtheit des wankelmütigen Bräutigams kühlte rasch ab. Seiner Schwester Charlotte schrieb Ludwig: »leidenschaftslos verehliche ich mich, es mag vorteilhafter sein für die Zukunft.« Doch Leidenschaftslosigkeit entsprach so gar nicht dem Wesen des zukünftigen Königs von Bayern. Er hatte durchaus ein leicht entflammbares Gemüt. Entsprechend war das Paar mit Kinderreichtum gesegnet. Es gingen neun Nachkommen aus der Ehe hervor.

Und auch außereheliche erotische Begegnungen gehörten zum Liebesleben des Kronprinzen und späteren Königs. Über die Maßstäbe bürgerlicher Moral fühlte dieser sich offenbar erhaben. Die Affäre mit Lola Montez war bei Weitem nicht die einzige, wenn auch die aufsehenerregendste. Therese – zur vollkommenen Ehefrau und Mutter erzogen – ertrug die allgemein bekannte Untreue ihres Mannes mit Würde, auch wenn dies sicherlich eine permanente Demütigung für sie bedeutete. Auch wegen ihres duldsamen und tugendhaften Wesens war Therese allgemein sehr beliebt und ihre Untertanen bewunderten sie dafür, wie gefasst sie mit Ludwigs Eskapaden umging. Als fügsame Ehefrau und fürsorgliche Mutter wurde sie zur Identifikationsfigur stilisiert.

»Hätte ich zu wählen, ich wüßte, in welchem Stande es immer wäre, keine andere, die ich wählen würde, als sie.«
Ludwig I. über Therese

Erst im Skandal um Lola Montez setzte sie sich öffentlich zur Wehr und verweigerte sich der Forderung ihres Mannes, seine Geliebte am Hof zu empfangen. Es muss ein großer Schritt für Therese gewesen sein, sich ihrem Mann zu widersetzen, dessen Entscheidungen sie sich bisher immer untergeordnet hatte. Am Ende löste Ludwigs Amour fou eine Staatskrise aus, die nicht nur ihn, sondern auch Therese die Krone kostete.

Die königliche Ehe war aber nicht allein von diesen Demütigungen und Ludwigs lockerer Moral geprägt. Der Briefwechsel der beiden ist von gegenseitigem Respekt und Vertrauen geprägt. Und auch während ihrer langen Ehejahre erhielt Therese immer wieder Liebesbriefe und Gedichte von Ludwig. Allerdings entstanden diese nicht selten parallel zu schriftlichen Liebesschwüren, die er an andere von ihm angebetete Damen richtete. Trotzdem achtete Ludwig Therese als die vollkommene Mutter seiner Kinder und als treue Ehefrau, die ihre Rolle voll erfüllte. Sie hingegen scheint sich mit dem aufbrausenden Gemüt und den Leidenschaften ihres Mannes – ganz im Sinne des damaligen Zeitgeists – arrangiert und ihr Glück in der Mutterrolle gefunden zu haben. Zudem engagierte sie sich für wohltätige Zwecke und fand vielleicht auch darin Erfüllung.

Bis zu Thereses überraschendem Tod im Jahr 1854 – sie hatte sich während einer Epidemie mit Cholera infiziert – blieb die Ehe im Spannungsfeld zwischen ihrer Fügsamkeit und Treue und Ludwigs unsteten Leidenschaften bestehen. Als Witwer schrieb Ludwig in sein Tagebuch: »Wenn ich nur gleich nach dem Tode mit ihr vereinigt werde! Ihr Leben war rein, meines nicht.« Mit diesen wenigen Worten charakterisierte er die 44 Jahre seiner Ehe mit Therese treffend.

Carl Gustaf XVI. & Silvia Sommerlath

Nahezu märchenhafte Züge hat die Liebesgeschichte des heutigen schwedischen Königs Carl Gustaf XVI. und seiner Frau Silvia Renate Sommerlath. Beide lernten sich während der Olympischen Sommerspiele 1972 in München kennen. Thronfolger Prinz Carl Gustaf soll von der 29-jährigen Chef-Hostess und Übersetzerin mit den deutsch-brasilianischen Wurzeln sofort begeistert gewesen sein. Später berichtete Sommerlath, dass der Prinz sie im Olympiastadion angeblich die ganze Zeit über mit dem Fernglas beobachtet habe, anstatt dem sportlichen Geschehen zu folgen.

Die sich anbahnende Beziehung und die gegenseitigen Besuche wurden von der Presse und der Öffentlichkeit mit großem Interesse verfolgt, ein Paparazzo nahm gar einen Kuss des Paares in einem roten Porsche 911 mit der Kamera auf. Als im März 1976 schließlich die Verlobung bekannt gegeben wurde, jubilierten auch die Menschen in Deutschland über »ihre« Königin. Die Hochzeit erfolgte am 19. Juni des Jahres in der Stockholmer Kirche Storkyrkan im Beisein zahlreicher Vertreter der europäischen Königshäuser. Die Popband ABBA führte einen Tag zuvor zu Ehren der zukünftigen Königin das Lied »Dancing Queen« auf, das sogleich die Hitparaden stürmte. Carl Gustaf XVI. war in der Zwischenzeit bereits König von Schweden geworden, die Hochzeit mit der bürgerlichen und drei Jahre älteren Sommerlath galt vor dem Hintergrund einer Krise der schwedischen Monarchie in jener Zeit jedoch als riskant und alles andere als gang und gäbe.

Sommerlath, die im weißen Schleier und mit einem Diadem bekrönt vor den Traualtar trat, konnte jedoch rasch die Herzen der Schweden erobern und zu einem Imagegewinn des Königshauses in dem sozialdemokratischen Staat beitragen. 2016 feierten Carl Gustaf XVI. und Silvia Sommerlath den 40. Jahrestag

»Ich bereue es nicht, ihn geheiratet zu haben – den Menschen geheiratet zu haben, den ich liebe.«

Silvia

»Geh' Spatzl, schau, wia i schau!«
Monaco Franze

ihrer Vermählung. Die Ehe gilt – trotz gewisser Eskapaden des schwedischen Regenten mit Ausflügen ins Rotlichtmilieu – als glücklich. Nicht umsonst genießt das Paar in der Bevölkerung bis heute große Popularität. Dazu beigetragen hat sicherlich auch das große soziale Engagement von Königin Silvia, die sich unter anderem mit der von ihr gegründeten Stiftung World Childhood Foundation für missbrauchte und behinderte Kinder einsetzt.

Spatzl & Monaco Franze

Franz Münchinger wurde im Sommer des Jahres 1933 im Münchner Westend geboren; er war also ein echter Endler, wie sich die Bewohner dieses Viertels selbst nennen. Sein Vater war Änderungsschneider und seine Mutter Aushilfskellnerin in der Osteria Bavaria in der Schellingstraße. Es kursierten bald Gerüchte, der Franz sähe doch einem der italienischen Gäste der Osteria ähnlicher als seinem Vater. Münchinger senior wollte sich dem nicht länger aussetzen und verschwand. Franz blieb mit seiner nun alleinerziehenden Mutter zurück. Er entwickelte sich zum Mädchenschwarm und Schürzenjäger. Auf Drängen seines besten Freundes konnte sich Franz überwinden, einen Beruf zu ergreifen; er wurde Kriminaler. Das Schicksal wollte es, dass der Münchinger Franz die Annette von Soettingen kennenlernte. Sie führte ein gediegenes Antiquitätengeschäft in der Fürstenstraße in der Maxvorstadt. Zu ihrem Freundeskreis und zu ihrer Kundschaft gehörte die »bessere Gesellschaft«, zum Beispiel Staatssekretär Dr. Braun oder Prof. Dr. med. Hallerstein, Chef eines Großklinikums.

Und es wäre keine Geschichte für dieses Kapitel unseres Buches, wenn sich Annette und Franz nicht ineinander verliebt hätten, schließlich heirateten und über viele Jahre hinweg eine glückliche Ehe führten. Eine Geschichte also, wie sie nur das Leben schreiben kann, oder? Nein, auch Filmregisseur und Drehbuchautor Helmut Dietl kann das, denn es handelt sich um das Grundmotiv, aus dem sich (in der Zusammenarbeit mit Patrick Süskind) zehn Folgen der Fernsehserie »Monaco Franze – Der ewige Stenz« (1983) entfalteten.

Die Serie war ein großer Erfolg und ist noch heute Kult: Sie transportiert authentisch das Münchner Lebensgefühl der 80er Jahre. Hauptdarsteller Helmut Fischer wurde seiner Rolle als Stenz nur allzu gerecht.

Der Aufbau der Folgen ist so einfach wie brillant: An dem münchnerischen Dandytum ihres Ehemanns reibt sich seine distinguierte Frau Annette immer wieder. Aber es ist nun einmal so, dass der Münchinger Franz, der Monaco Franze, in seiner Unwiderstehlichkeit gar nicht anders kann, als ständig neue Amouren zu beginnen (»Ein bissel was geht immer«), und sich aufgrund seiner gesellschaftlichen Herkunft in den sogenannten besseren Kreisen etwas unwohl fühlt. Trotzdem gelingt es ihm immer, seine Annette, wenn sie sich pikiert zeigt, wieder für sich einzunehmen. »Geh' Spatzl, schau, wia i schau!«, sagt er dann halb treuherzig, halb Mitgefühl heischend. Und sein Spatzl verzeiht ihm seine »Vergehen« – bis zum nächsten Mal.

KATIA PRINGSHEIM & THOMAS MANN

München und vor allem Schwabing galten zwischen 1890 und 1910 nicht zu Unrecht als der Mittelpunkt künstlerischen und literarischen Lebens in Deutschland. Henrik Ibsens »Hedda Gabler« wurde 1891 in der bayerischen Landeshauptstadt uraufgeführt, Richard Strauss war Erster Hofkapellmeister, Albert Langen gründete mit Thomas Theodor Heine den »Simplicissimus« (1896) und Wassily Kandinsky arbeitete in München und malte 1910 das erste abstrakte Bild der Kunstgeschichte.

1894 übersiedelte auch ein Kaufmannssohn, der später Weltruhm erlangen sollte, aus Lübeck nach München: Thomas Mann. Er arbeitete zunächst als Volontär, etwa zu jener Zeit gab er mit Gedichten und Novellen sein Debüt als Schriftsteller. Seine späteren literarischen Erfolge sollten 1929 mit der Verleihung des Nobelpreises für Literatur ihren Höhepunkt erreichen. Aber München war nicht nur literarisch für ihn von Bedeutung, denn hier traf er seine zukünftige Ehefrau Katia Pringsheim.

Als Thomas Mann in München ankam, führten die Pringsheims bereits ein wahrhaft großes Haus. Die Pringsheims seien ein Erlebnis, schrieb Thomas Mann 1904 an seinen Bruder Heinrich nach einem Besuch bei der Familie. In der Tat: In ihrem Palais gaben sie Gesellschaften, Empfänge und Soiréen; ihr Haus war eines der kulturellen Zentren der Stadt, Hedwig Pringsheim, ehemalige Schauspielerin, Hausherrin und Mutter von Katia, war die Grande Dame der Prinzregentenzeit. Sie war die Tochter der Frauenrechtlerin Hedwig Dohm und des Chefredakteurs der Satirezeitschrift »Kladderadatsch«, Ernst Dohm.

Der Hausherr, Alfred Pringsheim, Sohn eines äußerst vermögenden Unternehmers, hatte Mathematik studiert und war im Jahr 1877 nach München gekommen, um sich dort zu habilitieren. Ihn faszinierten schon früh die Werke

»Ach, Du erstaunliches, quälend süßes, quälend herbes Geschöpf!«

Thomas Mann

Richard Wagners, zu dem er eine intensive persönliche Beziehung unterhielt. Darüber hinaus legte er eine Sammlung kunsthandwerklicher Objekte der Renaissance an, die Weltgeltung besaß.

Alfred Pringsheim und Hedwig Dohm hatten sich 1876 kennengelernt, 1878 geheiratet und in der Folge fünf Kinder bekommen, darunter als einzige Tochter die 1883 geborene Katia. Ihrem Elternhaus entsprechend genoss sie eine außerordentlich gute Bildung – sie war das erste Mädchen, dass in München das Abitur absolvierte. Anschließend studierte sie die naturwissenschaftlichen Fächer, besuchte aber auch Vorlesungen in Philosophie.

1904 lernten Thomas Mann und Katia Pringsheim sich kennen. Das Bestreben, einander näherzukommen, ging vermutlich von Thomas Mann aus, der sich stark um die viel Beworbene bemühte. Bereits 1905 heirateten die beiden, Thomas Mann wurde somit Teil einer der angesehensten Familien Münchens. Er hatte sich für ein Leben in einer aus damaliger Sicht geordneten Ehe und entgegen seiner homosexuellen Neigung entschieden.

Das Paar wohnte zunächst in der Schwabinger Franz-Joseph-Straße 2, bevor es nach Bogenhausen in die Mauerkircherstraße zog, nun immerhin schon mit den vier Kindern Erika, Klaus, Golo und Monika, einer Kinderschwester, einer Gouvernante und zwei Dienstboten. Sie bauten sich dort am Isarhochufer ab 1914 ein »bürgerlich-herrschaftliches« Haus (an der Ecke Poschingerstraße zur heutigen Thomas-Mann-Allee). Den wenigsten Spaziergängern ist heute wahrscheinlich bewusst, dass an diesem Ort »Der Zauberberg«, einer der bedeutendsten Romane des 20. Jahrhunderts, entstanden ist, und dass Thomas Mann in diesem Haus 1929 die Nachricht von der Verleihung des Nobelpreises für Literatur erhielt.

Inzwischen war die sechsköpfige Kinderschar mit Tochter Elisabeth und Sohn Michael vollständig, es gab fünf Hausangestellte und der Familie ging es gut, wie Golo Mann berichtet: »Es werden Reisen gemacht; es wird gut gegessen und getrunken, und zwei große Wagen stehen in der Garage.« Katia Mann, so ihre Tochter Erika später, habe beschlossen, »nur in aller Stille äußerst wirksam zu sein«, sie sei »den hundert Pflichten gerecht« geworden, »die jeder Tag vor ihr auftürmt«. Und Klaus Mann erinnert sich an des Vaters »sanfte Pedanterie in seinem persönlichen Bereich«. Überhaupt scheint der Hausherr der Familie bestimmte Ritualitäten verordnet zu haben, an die sich alle zu halten hatten.

Wie mag sich Katia dabei gefühlt haben? Sie, bei der doch aufgrund ihres Elternhauses alle Voraussetzungen erfüllt waren, ein selbstbewusster Mensch zu sein. Mit den Alltäglichkeiten durfte der Dichter nicht behelligt werden, zugleich wollte er nicht abseits des Familienlebens stehen. Einerseits störte ihn die Lebhaftigkeit seiner Kinder, andererseits bezog er aus ihnen seine Inspiration. Für Katia Mann war dieser Haushalt mit Schriftsteller und Kindern eine einzige Gratwanderung. Und manchmal wurde ihr alles zu viel: Mehrere Aufenthalte in Sanatorien waren die Folge. Aber eines ist ihr gelungen: Ihre unverwechselbare Persönlichkeit hat sie bei aller Aufopferung für ihren Ehemann beibehalten.

Spätestens seit 1925 sah sich der Schriftsteller den Anfeindungen national gesinnter Kräfte ausgesetzt. Von einer Auslandsreise Mitte Februar 1933 kehrten Katia und Thomas Mann nicht wieder nach München zurück: Es begann das Leben im Exil in der Schweiz und ab 1938 in den USA. Die deutsche Staatsbürgerschaft wurde den Manns aberkannt, das Vermögen von den Nazis eingezogen, ebenso wie dasjenige der jüdischen Pringsheims. Das Palais Pringsheim wurde abgerissen, um Platz zu schaffen für einen Verwaltungsbau. Die Villa der Manns in der Poschingerstraße wurde während des Zweiten Weltkrieges beschädigt und später durch einen nur äußerlich ähnlichen Neubau ersetzt.

Erst 1952 kehrten die Manns nach Europa zurück. 1955 verstarb Thomas Mann an einer Arteriosklerose. Die Ehe mit Katia hatte trotz vieler Schwierigkeiten ein Leben lang Bestand. Katia überlebte ihren Mann um 25 Jahre. Sie starb 1980 in Kilchberg, dem letzten gemeinsamen Wohnort, wo auch das Familiengrab liegt. Marcel Reich-Ranicki schrieb später über Katia Mann, dass sie, »indem sie zwischen Thomas Mann und der Umwelt, zwischen seinem Werk und dem täglichen Leben vermittelte, sein Werk erst ermöglichte und damit zu den oft unterschätzten Frauen gehört, denen Deutschland unendlich viel zu verdanken hat.«

FREDDIE MERCURY & WINFRIED »WINNIE« KIRCHBERGER

Gegen Mitte der 70er bis weit in die 80er Jahre hinein war München die zweite Heimat des Queen-Frontmanns, der mit bürgerlichem Namen Farrokh Bulsara hieß. Der bekannte Sänger konnte sich hier scheinbar unbeschwerter bewegen, auch viele seiner Songs entstanden zu seinen Münchner Zeiten. Im Jahr 1976 trennte er sich nach seinem privaten Coming Out von seiner Frau Mary Austin, ihre Freundschaft allerdings blieb bis zu seinem Tod bestehen. Offiziell jedoch outete er sich Zeit seines Lebens nie. Gemeinsam mit der österreichischen Schauspielerin Barbara Valentin bewegte er sich in der Münchner Schwulenszene, den beiden wurde dennoch oft ein Verhältnis angedichtet. In den Liner Notes seines Solo-Albums bedankt er sich bei ihr »for big tits and misconduct«, dennoch meinen viele Zeitzeugen, dass sie nur eine gute Freundin gewesen sei. Seine große Liebe lernte Mercury wohl auf einer dieser Streiftouren durch das Glockenbachviertel kennen. Der Münchner Winfried Kirchberger war der Wirt der Szenebar Sebastianseck am Sebastiansplatz in der Münchner Altstadt. Mit ihm durchlebte Freddie Mercury eine intensive Partnerschaft, die geprägt war von Streit und Versöhnung sowie Verständigungsschwierigkeiten, denn Kirchberger sprach kein Englisch und Mercury nur wenig Deutsch. Dennoch schienen die zwei gut zusammenzupassen und Mercury führte seine erste ernste und längere Beziehung mit einem Mann, trotz des gegensätzlichen Charakters Winnies, der als sehr bodenständig beschrieben wurde. Bei Mercurys legen-

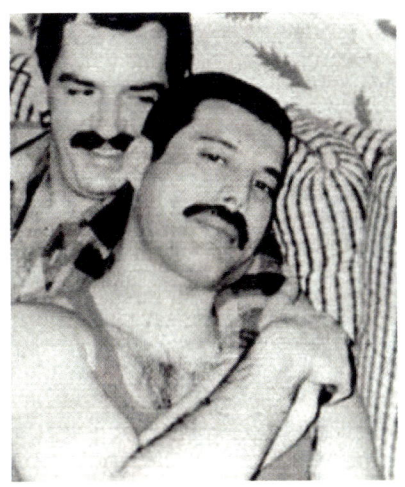

> »Freddies wirkliche Liebe hoch drei war Winnie.«
>
> Peter Ambacher

därer Geburtstagsparty zu seinem 40. Geburtstag im Henderson, von dem auch Szenen im Musikvideo »Living on my own« festgehalten wurden, schenkte Freddie Mercury seinem Freund Winnie sogar einen 2,5-karätigen Brillantring, der aufgrund eines Streits später am Abend allerdings verloren ging und von seinem Besitzer nie wiedergefunden wurde.

Warum die Beziehung der zwei später auseinanderging, ist nicht bekannt. Fakt ist, dass sich Mercury, als sich in München die Todesfälle in seinem Freundeskreis häuften, ab 1985 wieder vermehrt in London aufhielt und dort in Jim Hutton seinen neuen Lebenspartner bis zu seinem Tod im Jahr 1991 fand. Winnie Kirchberger verstarb schließlich Ende der 80er an Aids, der Krankheit, die auch Freddie Mercury zum Verhängnis wurde.

CARL & IDA KRONE

Carl Krone wurde 1870 als Kind der Menageriebesitzer Carl und Friederike Krone geboren. Ihre kleine »Menagerie Continental« bestand aus dem Ehepaar Krone selbst, ihren Kindern, zwei Braunbären und einigen Wölfen. Als einer der beiden Bären Carls älteren Bruder angriff, und dieser seinen Verletzungen erlag, beschloss der Vater, auf Dressuren zu verzichten und die Tiere nur noch zu zeigen.

Nach und nach wurden neue Tiere gekauft, eine blinde Löwin, Hyänen, Affen, ein Lama. Carl junior wollte wieder Dressuren zeigen, aber sein Vater war strikt dagegen. Schließlich dressierte er die Wölfe, sodass sie apportieren und auf den Vorder- und Hinterbeinen laufen konnten – das Publikum war begeistert. Das Geschäft blühte und bald waren die Krones in der Lage, einen Elefanten anzuschaffen, allerdings einen äußerst misstrauischen afrikanischen Elefantenbullen. Mit unendlicher Geduld gelang es dem jungen Carl, das Vertrauen des Dickhäuters zu gewinnen und ihm kleine Kunststücke beizubringen, auch wenn es das Tier niemals zuließ, dass jemand auf ihm ritt. Als nächstes folgten vier Löwenbabys: Der Vater erlaubte Carl, Tag und Nacht mit ihnen zu verbringen und sie zu dressieren. Carl benannte sich in »Dompteur Charles« um und wurde mit seiner Löwennummer berühmt; er war der erste »zahme« Dompteur überhaupt, ohne Peitsche ging er zu den Löwen in die Manege, nachdem er die Raubkatzen durch das enge Zusammenleben mit ihm und die Belohung mit Futterhappen dressiert hatte.

1892 begegnete er auf dem Hamburger Heiligengeistfeld Ida, der 16-jährigen, hübschen Tochter des Direktors der »Ahlerschen Affenmenagerie« Benoit Ahlers. Doch Carl war zu schüchtern, um Ida den Hof zu machen und die beiden verloren sich aus den Augen – man reiste weiter. Das Unternehmen der Krones war bereits zu »Europas größtem Menagerie-Zirkus« gewachsen, als sich Ida und Carl wiedersahen. Doch auch diesmal sprach sich der Verliebte nicht aus.

Erst 1902, sein Vater war inzwischen verstorben, nahm Carl, mittlerweile ein 31-jähriger angesehener Schausteller, brieflichen Kontakt zu Ida auf und fragte sie schließlich, ob sie ihn heiraten möchte. Die Antwort lautete: »Keinen Anderen!« Die beiden wollten den größten und schönsten Zirkus Europas aufbauen. Sie nannten das Unternehmen in »Menagerie Charles« um und bald war Ida die Dompteuse; auch sie pflegte ein inniges Verhältnis zu den Tieren, zog junge Löwen bei sich im Zirkuswagen groß und ließ sie in ihrem Bett schlafen. Sie wurde schließlich als die »kühnste und mutigste Löwenbändigerin der Gegenwart« berühmt, als die Frau, die ihren Kopf in den Rachen eines der 22 Löwen legte, mit denen sie auftrat.

1915 kam Tochter Frieda zur Welt, 1919 kauften die Krones ein Grundstück auf dem Marsfeld in München und wurden sesshaft. Es entstand der erste feste Kronebau in Holzbauweise mit 4.000 Sitzplätzen. Die Premiere fand während der Unruhen der Räterepublik statt. Doch trotz abendlicher Sperrstunde war die Vorstellung ein Riesenerfolg. 1924 feierte der »Circus der Superlative« mit 8.000 Sitzplätzen Premiere. Gespielt wurde gleichzeitig in drei Manegen und auf zwei Bühnen. Drei Jahre später feierten Ida und Carl Krone ihre Silberne Hochzeit in der festlich geschmückten Matthäuskirche in der Sonnenstraße.

»Keinen Anderen!«
Ida Ahlers Antwort auf Carl Krones Heiratsantrag

Das Ehepaar Krone war in München immer für eine Sensation gut; sie fuhren mit einem offenen, von vier Zebras gezogenen Wagen durch die Stadt, hatten ein eigenes Flugzeug, in welchem auch der zahme Gepard von Ida oft mitflog, unternahmen Ausflüge in ihrem Maybach oder flanierten mit einem Leoparden über die Maximilianstraße. 1928 wurde das 10.000 Personen fassende Zelt eingeweiht – mit einer Mammutschau mit über 650 Tieren, davon 27 Elefanten in der Manege, vorgeführt von Carl Krone. Bei Krone arbeiteten nun über 1.000 Menschen. Trotz der Kriegswirren spielte man im Circus Krone weiter. Im Sommer gab es Tourneen mit dem Zirkuszelt, im Winter wurde der Kronebau in München bespielt. Fast jede Vorstellung wurde durch Fliegeralarm unterbrochen. 1943 starb Carl Krone in Salzburg. Er wurde auf dem Münchner Waldfriedhof im Familien-Mausoleum beigesetzt. 1944 wurde der Kronebau durch Luftangriffe vollständig zerstört, Mensch und Tier wurden auf das Krone-Gestüt Wessling evakuiert. Am 11. November 1945 fand die erste Vorstellung nach dem Krieg statt und im selben Jahr wurden auch schon wieder in einem Provisorium auf dem Marsfeld Vorstellungen gegeben. 1957 starb auch Ida Krone.

Gabriele Münter & Wassily Kandinsky

Während eines Sommerkurses zur Landschaftsmalerei in Kochel am See im Jahre 1902 verliebte sich der exzentrische Maler und Star der Münchner Avantgarde unsterblich in seine begabteste Schülerin. Es folgten die heimliche Verlobung – er war verheiratet! – und das berühmte Sommerhaus in Murnau. Sie war die Muse, die ihn zur Gründung des Blauen Reiters inspirierte. Die über zehn Jahre währende Amour fou des Künstlerpaares fand ein unschönes Ende: Auf der Flucht vor den Wirren des Ersten Weltkrieges emigrierte Kandinsky in seine Heimat nach Russland, während Münter in Stockholm auf ihn und die versprochene Heirat wartete. Er kam nicht. Jahre später erfuhr sie, dass er in Russland erneut geheiratet hatte und inzwischen Vater geworden war.

Anita Augspurg & Sophia Goudstikker

1886 zogen die Feministinnen der ersten Stunde, Anita Augspurg und Sophia Goudstikker, von Dresden nach München, das um die Jahrhundertwende als Hochburg der nationalen Frauenbewegung galt. Die beiden jungen Frauen eröffneten in der Von-der-Tann-Straße das Atelier Elvira, ein Fotostudio, das als das erste von Frauen geführte Unternehmen Deutschlands Aufsehen erregte. Da zu ihren Kunden auch die bayerische Königsfamilie zählte, wurde Sophia bald zur Königlich Bayerischen Hof-Fotografin ernannt und das Atelier durfte sich fortan Hofatelier Elvira nennen. Das unkonventionelle Auftreten des Paares versetzte selbst die freigeistige Münchner Bohème in Aufruhr: Augspurg und Goudstikker fuhren Fahrrad, ritten im Herrensattel und trugen die Haare skandalös kurz.

Rainer Werner Fassbinder & Hanna Schygulla

Er, das Enfant terrible des Deutschen Films, mit Lederjacke, Sonnenbrille und Zigarette. Sie, seine Muse, der er durch zahlreiche – ihr auf den Leib geschriebene – Hauptrollen in seinen Filmen zum internationalen Durchbruch verhalf. Fassbinder war fasziniert von der einzigartigen Ausstrahlung Schygullas, die er vergötterte, seitdem er sie als junge Schauspielerin im München der 60er Jahre kennengelernt hatte. Sie bezeichnete ihn als »verhexten Hexer«, womit sowohl sein verführerisch-rebellisches Auftreten, gleichzeitig aber auch sein manisch-manipulativer Charakter gemeint war. Dieser führte ihn wohl auch in den selbstzerstörerischen Sog, der mit dem frühen Tod seinen Tribut forderte. Im Nachhinein sprach Schygulla von einer »verdeckten Liebe«, einem Spiel zweier Menschen zwischen Macht und Begehren, das nie über eine platonische Liebe hinausging.

Uschi Obermaier & Rainer Langhans

Uschi Obermaier und Rainer Langhans verkörperten das Lebensgefühl der 68er wie kein anderes Paar jener Zeit. Studentenbewegung und Außerparlamentarische Opposition auf der einen, sexuelle Revolution und Drogenkonsum auf

Rainer Werner Fassbinder und Hanna Schygulla.

der anderen Seite waren das Aushängeschild der Berliner Kommune 1, in der sich Obermaier und Langhans 1968 kennenlernten. Abgeschreckt durch die zunehmende Radikalisierung der Gruppe zogen die beiden im gleichen Jahr nach München, um dort eine neue Kommune zu gründen. Den Titel »Sex-Ikone« erwarb sich Obermaier in jener Zeit durch zahlreiche Affären – unter anderem mit Mick Jagger, Keith Richards und Jimi Hendrix. Ganz im Sinne der freien Liebe wurde sie von Langhans persönlich zu diesen Rendezvous chauffiert. 2007 wurde die turbulente Beziehung der beiden unter dem Titel »Das wilde Leben« von Achim Bornhak verfilmt.

Donna Summer & Giorgio Moroder

Als die Bostoner Sängerin, die Anfang der 70er Jahre im Cast des Hippie-Musicals Hair nach München kam, hier den italienischen Musikproduzenten und Komponisten Giorgio Moroder kennenlernte, ahnten beide nicht, dass sie bald zusammen Musikgeschichte schreiben würden. Bereits ihr erster gemeinsamer Hit wurde zum Skandal: Die 17-minütige Tanznummer »Love to love you«, zu der Moroder-Muse Summer ein minutenlanges orgasmisches Stöhnen beitrug, wurde von nicht wenigen Sendern boykottiert. Mit Songs wie »I feel love« und »Hot Stuff« gelangten die »Disco-Queen« und der »Godfather of Dance-Music« quasi über Nacht zu Weltruhm.

»Du kannst nicht alles, aber nur durch Dich kann ich zu wirklich Großem kommen.«

Wassily Kandinsky

Experteninterview
Sexualberater

Hallo Maxime, schön, dass du Zeit hast, mit uns über ein paar brennende Fragen zu sprechen! Du hältst seit Jahren Workshops und hast schon viele Paare kennengelernt. Was wünschen sich Münchner Pärchen in Bezug auf ihre Beziehung und Sexualität?

Die Münchner Pärchen wünschen sich ebenso wie die meisten Pärchen schlicht dauerhaft eine leidenschaftliche Beziehung mit leidenschaftlichem Sex. Sexualität wird im Alltag oft unterschätzt und kommt zu kurz, wobei sie eine unserer Grundbedürfnisse ist. Einen Vorteil haben die Münchner aber: Diese Stadt hat so viel zu bieten und macht ein Beziehungsleben dadurch alles andere als langweilig.

Hast du einen Geheimtipp für ein besonderes Date in München?

Der Hofgarten entführt uns mitten in der Stadt in einen wirklich verträumten Garten. Der Besuch des Schlosses Nymphenburg ist zudem total romantisch. Unter der Woche ist nie zu viel los und man hat außer dem zauberhaften Schloss noch eine Gartenanlage, die einen Spaziergang wert ist. Für das erste Date empfehle ich den Viktualienmarkt! Er ist ein außergewöhnlicher Ort mit den tollsten Gerüchen der Stadt. Und bekanntlich geht ja die Liebe durch den Magen. Der absolute Romantik-Trip ist aber eine Kutschfahrt à la »Sex and the City« im Englischen Garten. Diese würde ich aber nur unter der Woche empfehlen.

Und wo würdest du Pärchen hinschicken, die sich gerne zusammen sexuell weiterentwickeln und ausprobieren möchten? Hast du da Tipps?

Zu mir! In meinen Räumen helfe ich Paaren dabei, sich sexuell weiterzuentwickeln, neue Praktiken und vielleicht sogar die Lust an Spielzeugen für sich zu entdecken. Ein Shopping-Tipp ist die Boutique darling frivole in der Falkenturmstraße. Zum Ausgehen empfehle ich in München Bars. Zu meinen Favoriten mit sehr guten und besonderen Drinks gehören zum Beispiel das Jaded Monkey, das Zephyr oder der Auroom.

Warum ist es denn manchmal so schwierig, miteinander über Sex zu reden?

Viele Menschen trauen sich nicht darüber zu reden, da Sex immer noch als tabuisiertes Thema gehandelt wird. Außerdem ist es tatsächlich sehr intim und man möchte sich auch nicht unbedingt jedem anvertrauen. Meist ist der Einstieg, darüber zu reden, schwierig. Ein kleiner Tipp: Besuchen Sie doch gemeinsam einen schönen Store mit erotischen Dessous und holen Sie sich Ideen und fragen einander, was ihnen gefällt. So kommen Sie schnell in Stimmung und lernen eventuell etwas Neues über Ihren Partner.

Meinst du, man kann auch nach zwanzig Jahren Beziehung noch aufregenden Sex haben?

Langjährige Partnerschaften sind der

Nachdem Maxime Barchand die ganze Welt bereist hat, um von den Besten der Besten zu lernen, ist er in seine Heimatstadt München zurückgekehrt. Hier lebt er in einer glücklichen Beziehung zusammen mit seiner Partnerin und genießt es in seiner Freizeit besonders, sich bei ausgiebigen Spaziergängen mit seinen zwei Hunden im Englischen Garten zu entspannen.
https://the-dressman.com

Luxus des Lebens. Ein kurzes Abenteuer zu finden oder jemand Neues zu suchen, ist einfach. Eine Partnerschaft aber über viele Jahre hinweg zu führen, ist im Gegensatz schwierig. Aber das schafft man, indem man sich immer wieder neue Inspirationen holt und neue Dinge ausprobiert. Ob es neue Stellungen sind, wie etwa aus dem »Kamasutra«, oder neue Praktiken wie Bondage. Es gibt so vieles, was man probieren und auch weiterentwickeln kann. Wenn Sie ständig Neues ausprobieren oder sich für etwas Neues öffnen, verspreche ich Ihnen, dass es auch nach zwanzig Jahren nicht langweilig wird!

Du giltst als Bondage-Experte und hast eine eigene Produktlinie mit Seilen, Floggern und anderen verrucht anmutenden Toys. Meinst du, dass alle Menschen beim Sex irgendwie ein bisschen auf Machtgefälle stehen oder ist das gerade einfach nur in Mode?
Der sogenannte Power Exchange, also das entstehende Machtgefälle zwischen dem dominanten Part (Dom, Top) und dem devoten Part (Sub, Bottom), ist keine Modeerscheinung, sondern eher eine nie angesprochene Praktik, die in vielen Schlafzimmern absolut dazugehört. Dank »50 Shades of Grey« sind Bondage und weitere Praktiken aus dem BDSM-Bereich salonfähig geworden und haben endlich nicht mehr den Ruf, der einem das Gefühl gibt, einer dunklen Gesellschaft anzugehören, mit der man lieber nichts zu tun haben will.

Was darf in keinem Nachttisch fehlen?
Vibrator: der kleine Helfer, Gleitgel: wenn es mal länger gehen soll, Bondage-Seil: weil es das Spiel mit der Dominanz zulässt...

Last but not least: Was ist wirklich ausschlaggebend für richtig guten Sex?
Vertrauen! Ich kann mich nur fallen lassen, wenn ich meiner Partnerin oder meinem Partner vertraue. Neue Dinge auszuprobieren, funktioniert nur, wenn Sie Ihrem Partner vertrauen können. Und im Schlafzimmer darf auch mal gelacht werden. Auch im Spiel mit der Macht kann ein Lachen die Situation lockern...

Sinnliches

Liebe und Intimität sind bekanntlich dann am Schönsten, wenn sie mit allen Sinnen erfahren werden. Gemeinsame sinnliche Erlebnisse können deshalb das Fundament einer glücklichen Beziehung sein. München hält einige ganz besondere Schmankerl parat, die einem gemeinsamen Tag das gewisse Etwas verleihen. Wer Wellness im klassischen Stil bevorzugt, ist beim Day Spa **Auszeit** in Pasing an der richtigen Adresse. Dort kann man sich in der Sauna oder im Pool entspannen. Daneben bietet das Spa eine Vielzahl an Massagen und Kosmetikbehandlungen an. Für Paare gibt es spezielle Angebote wie etwa die »Romantik-Verwöhnzeit«. Nach dem Begrüßungsdrink bekommen beide Partner eine jeweils einstündige Aromaölmassage und eine Gesichtsbehandlung. Dazwischen gibt es eine Proseccopause und zum Abschluss ein romantisches Candlelight-Dinner (Paketpreis: 300 Euro für 2 Personen).

Samstags zwar relativ überlaufen, aber trotzdem der Place to be zum Thema Entspannung: die **Therme Erding**. Circa 40 Minuten vom Stadtzentrum entfernt ist das selbsternannte »Urlaubsparadies« gut mit dem Auto oder mit der S-Bahn zu erreichen. In der größten Therme der Welt hat das Paar die Möglichkeit zu saunieren, in verschiedenen Thermalheilbecken vor sich hin zu blubbern, auf Terrassen oder Emporen zu liegen und unter Wärmelampen zu relaxen. Alternativ gibt es auch einen Thermengarten mit Sandstrand und Cocktailbar. Und wenn der Kreislauf am langen Wellnesstag doch mal angeregt werden will, darf gerne eine der acht Rutschen ausprobiert werden. Die erste 6-fach-Mattenrutschanlage mit Kreisel treibt den Adrenalinspiegel sicher nach oben.

Für alle, die sich gerne einfach treiben lassen, bietet **float Schwabing** ein unvergessliches Erlebnis. Beim Floaten wird durch das regungslose Liegen in einer Salzwasserwanne ein Gefühl der Schwerelosigkeit erzeugt. Meditative Klänge und gedämpftes Licht oder vollkommene Dunkelheit lassen den Stress und die Hektik des Alltags vergessen. Das moderne Ambiente und die attraktiven Pärchenangebote machen float Schwabing zu einer Oase der sinnlichen Zweisamkeit.

Ein ganz besonderes Highlight für die Sinne ist das »Dinner in the Dark« im **Blinden Engel**. Das Dunkelrestaurant im Isartal schafft ein einzigartiges kulinarisch-sinnliches Erlebnis. In vollkommener Dunkelheit kann man hier mit seinem Partner ein Abendessen erleben, das man so schnell nicht vergessen wird. Ohne sehen zu können, ist man gezwungen, beim Essen ganz und gar auf seine übrigen Sinne zu vertrauen. Speisen und Getränke sowie das Besteck müssen ertastet werden und der Geschmack kommt besonders intensiv zur Geltung, wenn das Auge eben mal nicht mitisst. Dass es dabei zu dem ein oder anderen Missgeschick kommen kann, ist klar, aber auch egal: Es sieht ja keiner. Wer dann doch mal Hilfe braucht, dem stehen die »Engel«, wie sich die Servicekräfte hier

Day Spa Auszeit.

nennen, helfend zur Seite. Diese sind alle blind oder sehbehindert und zeigen, wie gut man sich auch ohne Sehsinn zurechtfinden kann. Wer also ein romantisches Abendessen der etwas anderen Art mit seinem Partner oder seiner Partnerin erleben möchte, der ist im Blinden Engel genau richtig.

Wer gerade solo unterwegs ist, sich aber trotzdem nach Nähe und Sinnlichkeit sehnt, für den haben wir natürlich auch einen Tipp. Kuscheln ist ein menschliches Bedürfnis, das sagt jedenfalls Kuscheltrainer Holger Carstens, der zusammen mit seinen Kolleginnen sogenannte **Kuschelpartys** veranstaltet; dort stehen das Thema Berührung und die damit zusammenhängenden wohltuenden körperlichen und geistigen Faktoren im Vordergrund. Die Veranstaltungen bieten gerade Alleinstehenden, deren natürlicher Wunsch nach Körpernähe und menschlicher Wärme im Alltag nicht befriedigt werden kann, eine Plattform, um in einem sicheren Rahmen den eigenen Körper besser kennenzulernen und durch achtsame und nicht auf sexuelle Befriedigung ausgerichtete Berührung von den positiven Effekten des Kuschelns zu profitieren.

Auszeit, Gottfried-Keller-Straße 31, www.auszeit-muenchen.de
Therme Erding, Thermenallee 1–5, 85435 Erding, www.therme-erding.de
float Schwabing, Feilitzschstraße 26, www.float-schwabing.de
Zum Blinden Engel, Brudermühlstraße 2, www.zum-blinden-engel.de
Kuschelpartys, www.kuschelparty-muenchen.de

Erotisches

Da Liebe durch den Magen geht und auch ein feines Essen für erotische Stimmung sorgen kann, liegt es doch nahe, direkt hier anzusetzen und dem oder der Liebsten mit scharfem Erotic Food einzuheizen. Falls im heimischen Kühlschrank nur unprickelnder Salat vor sich hingammelt, sollte man außerhalb der eigenen vier Wände kochen: Gut, dass es den **Erotic Food Kochkurs** gibt! Nach einem Begrüßungsdrink werden aphrodisierende Zutaten vorgestellt und anschließend wird gemeinsam ein aufregendes Vier-Gänge-Menü zubereitet. Bon appetit! (Kostenpunkt pro Person circa 94 Euro)

Für die Damen, die ihren Partner und sich gerne mal durch eine kleine Stripeinlage anheizen möchten, sich aber die Schrittfolgen, die nötig sind, um gekonnt und sexy die Hüllen fallen zu lassen, nicht ohne Weiteres zutrauen, ist die **Strip Academy** die richtige Adresse. Hier wird entweder alleine in ein oder mehreren Einzelstunden oder zusammen in einer Gruppe gelernt, zu strippen wie die Stars und Sternchen des anrüchigen Tanzkosmos. Profis führen die Teilnehmerinnen geschickt an Bewegungsabfolgen und ganze Choreografien heran. Das Training wird übrigens auch als Crashkurs für die Braut und wahlweise ihre Brautjungfern im Rahmen eines 3-stündigen Strip-Events angeboten. Eine tolle Idee für knisternde Junggesellinnenabschiede! Ach ja, nackt muss sich aber niemand zeigen, der nicht möchte – das Tragen von doppelter Unterwäsche ist zumindest beim Üben völlig legitim.

Wer sich im Gegenteil bei allem Möglichen gerne zuschauen lässt und das in einem geschützten Rahmen erleben möchte, kann auch in einem der Münchner Erotik-Kinos vorbeischauen, empfehlenswert ist hierbei das **Atlantic City**. Mittwochs, samstags und sonntags ist das Kino zwischen 18.30 Uhr und 21.30 Uhr nur für Pärchen geöffnet. Herren zahlen den üblichen Eintrittspreis und erhalten zwei Wertmarken für Freigetränke, Damen zahlen keinen Eintritt. Geeignet für furchtlose Hetero-Paare, die sich nicht vom Schmuddelcharme des guten alten Erotik-Kinos abschrecken lassen.

Pärchen, die swingen gehen möchten und einen etwas jüngeren Altersdurchschnitt (unter 35) suchen, sollten nach Youngster Partys Ausschau halten, die in München eher spärlich gesät sind. Ein Blick ins Forum von www.joyclub.de hilft dabei, privat organisierte Sex-Partys für Jüngere zu finden. Wer sich vom älteren Swingerpublikum nicht abschrecken lässt, ist im größten bayerischen Swingerclub, dem dreistöckigen **Cats** in Pasing, gut aufgehoben.

Schwule Paare, die etwas Würze in ihr Liebesleben bringen wollen und zudem den Wellness-Faktor zu schätzen wissen, finden im Badehaus der fast schon legendären **Deutschen Eiche** eine Adresse. Dort wird alles angeboten, was das Herz begehrt: Von der finnischen Sauna zum Whirlpool, über Dach- und Wintergarten bis hin zu Einzelkabinen und einem großzügig und offen gestalteten Bewirtungsbereich wurde dort an alles gedacht, was dazu dient, dem Alltag für ein paar Stunden zu entfliehen.

Für Paare, die es etwas spezieller mögen, empfiehlt sich unbedingt ein Blick auf die Veranstaltungen von **SubRosaDictum**. Obwohl es sich dabei um BDSM-/Fetisch-Events handelt, können hier auch Neulinge einfach zum Tanzen und Staunen hingehen, dennoch sollten bereits Berührungspunkte mit der BDSM-Szene oder zumindest eine generelle Aufgeschlossenheit für diese bestehen. Partys finden öfter im Kesselhaus oder auch an geheimen Locations im Raum München statt, die nach dem Ticket-Kauf bekanntgegeben werden. Die Karten sind limitiert und werden nicht an jeden herausgegeben. Sie können unter Angabe persönlicher Daten auf der Website bestellt werden, was allerdings an der Tür noch lange keinen Zutritt gewährleistet. Ein durchdachtes Outfit – das heißt Latex, Gothic/Fantasy und stilvoll, frivol, wobei oben ohne oder komplett nackt ein absolutes Tabu darstellt – ist Pflicht. Ein Blick auf die Website verrät, ob ein Ausflug in diese düsteren und exklusiven Gefilde etwas für euch ist.

Wer Erotisches shoppen gehen möchte, findet in München eine ganze Reihe an gut sortierten Sexshops, die nichts mit Schmuddelkram zu tun haben und in denen geschulter Service und eine tolle Auswahl im Vordergrund stehen. Und das hier sind unsere liebsten Adressen für inspirierende und aufregende Einkaufstouren zu zweit: Beim **Ladies First** steht individuelle Beratung in angenehmer Atmosphäre und schön eingerichteten Verkaufsräumen im Vordergrund. Die Hemmschwelle wird bewusst niedrig gehalten, im Ladies First haben nur Frauen Zutritt. Wer dennoch gemeinsam mit seinem Liebsten entscheiden möchte, sucht sich einfach einen Dienstag für seinen Besuch aus, denn am Partnertag sind auch die Herren der Schöpfung gerne willkommen.

Der **Fun Factory Store** ist wohl der größte und bestsortierte Sexshop der Stadt, wobei er sich gar nicht als solcher, sondern als »erotischer Lifestyle-Shop« versteht. Und genau so sieht es auch drinnen aus: Videokabinen und düstere Ecken gibt es dort garantiert nicht. Der moderne, helle Store überzeugt durch ein gigantisches Sortiment auf zwei Etagen. Als der Laden 2015 eröffnete, gab es erst einmal ein bisschen Knatsch von Seiten um die Moral besorgter Verkäufer des benachbarten Viktualienmarktes, doch auch diese Schlagzeilen sind längst Schnee von gestern. Das kompetente und nette Fachpersonal steht bei allen brennenden Fragen zur Verfügung, lässt die Kundinnen und Kunden aber auch in Ruhe stöbern.

Erotic Food Kochkurs, findet in Otterfing statt, genauere Infos, Buchung und Anschrift zum Beispiel über: www.mydays.de
Strip Academy, Tölzer Straße 23, www.stripacademy.de
Atlantic City, Schillerstraße 3, www.atlantic-city-muenchen.de/paerchenabend
Cats Swingerclub, Peter-Anders-Straße 3, www.cats-swingerclub.de
Hotel Deutsche Eiche, Reichenbachstraße 13, www.deutsche-eiche.de
SubRosaDictum, www.subrosadictum.de
Ladies First, Kurfürstenstraße 23, www.ladiesfirst.de
Fun Factory Store, Reichenbachstraße 1, www.funfactory.com/de/stores/muenchen

Shopping

Shopping. Für manche der schönste Zeitvertreib der Welt, für andere ein notwendiges Übel und für wieder andere der blanke Horror. Richtig spannend wird es meist, wenn Paare gemeinsam losziehen, um einzukaufen. Jeder, der sich schon einmal auf einen gemeinsamen Shoppingbummel begeben hat, kennt die Tücken, aber auch die Freuden eines solchen Unterfangens.

Nun besitzen auch wir nicht den Stein der Weisen, wenn es um Pärchen-Shopping geht, allerdings haben wir einige besondere Einkaufsmöglichkeiten in München ausfindig gemacht, in denen sowohl Mann als auch Frau fündig werden, wodurch zumindest das Risiko eines Beziehungsdesasters minimiert wird.

Zunächst seien hier die großen Einkaufsmeilen und -zentren in München erwähnt. In der Kaufinger- und Neuhauser Straße zwischen Marienplatz und Stachus sowie in den großen Einkaufszentren am Olympiapark, in Pasing und in Perlach finden sich dutzende Filialen der bekanntesten Marken im Mode-, Schmuck- und Lifestylesektor. Von C&A und H&M bis Swarovski, Rolex und Co. gibt es nahezu unbegrenzte Möglichkeiten, sein Geld in Kleidung, Schuhe und Accessoires zu investieren. Allerdings bietet die Landeshauptstadt auch abseits des Mainstreams viele interessante und teilweise einzigartige Einkaufsmöglichkeiten.

Papier & Co.

Als der Laden mit dem schönsten Papier ist **CARTA PURA** seit rund 30 Jahren eine Institution in München, mittlerweile vertreibt er seine Produkte sogar weltweit. Doch ganz besonders wird die Liebe zum Material im Laden selbst deutlich, wo freundlich und fachgerecht beraten wird. In allen Formen und Farben, allen Größen und Strukturen und in allen Mengen kann man hier Papier kaufen. Außerdem gibt es noch Postkarten, Stifte, Notizbücher und jede Menge mehr im Sortiment. Auch wer nichts kaufen will, wird dort voll auf seine Kosten kommen: Die eigenwillig und kunstvoll gestalteten Schaufenster alleine sind einen Blick wert.
Schellingstraße 71, www.cartapura.de

Wohnen

Wer noch ein Geschenk braucht oder sich selbst etwas gönnen möchte, der ist bei **KADOH** an der richtigen Adresse. Besonders den wundervollen wohnungsverschönernden Kleinkram kann man sich stundenlang in dem Urlaubsflair versprühenden Geschäft anschauen. Die Waren sind handverlesen und kommen aus aller Welt – auf fairen Handel wird sehr viel Wert gelegt und die meisten handgearbeiteten Schätze stammen aus kleineren Familienbetrieben. Sendlinger Straße 45, www.kadoh.de

Feinkost

Für Freunde der Feinkost ist das Stammhaus von **ALOIS DALLMAYR** am Marienhof die richtige Anlaufstelle. Dort gibt es edle Spezialitäten aus allen kulinarischen Bereichen. Wurst, Käse, Pralinen, Wein, Spirituosen und natürlich Kaffee. Von allem gibt es hier nur das Feinste. Und wer seinem Schatz ein süßes Geschenk machen will, der findet hier mit Sicherheit etwas Passendes. Dienerstraße 14-15, www.dallmayr.de/delikatessenhaus

Mode

Das **U.G.L.Y.** steht keineswegs für hässliche Klamotten: Der Laden mit der Message »u gotta love yourself« der Designerin Nadine Gross verkauft neben seinem eigenen Label auch international führende Marken. Die Kollektionen sind jung und trendy und es ist für jeden Geldbeutel etwas dabei. Zusätzlich finden sich im Store der Münchner Designerin auch Schmuck und Accessoires sowie Kosmetika. Wer sich bei der Jagd zwischen den Kleiderständern mal eine kleine Pause gönnen möchte, der kann an der integrierten Bar oder auf den Bänken vor dem Laden in der Sonne einfach mal durchatmen und sich mit kleinen italienischen Snacks verwöhnen lassen. Türkenstraße 80, www.u-g-l-y.de

Concept Store

Wer weg von den allseits bekannten Marken möchte, der findet im **ROCKET** alles, was das Shopping-Herz begehrt. Der Concept-Store bietet hochwertige Streetwear verschiedener skandinavischer Marken sowie Schuhe, ausgewählte Bücher und andere spannende Artikel an. Ein zusätzliches Highlight ist die Streetart-Gallery im Laden, die ihm eine urbane Atmosphäre verleiht. Reichenbachstraße 41, www.rocket-store.de

Exotisch

Egal ob edles Porzellan, Gusseisen-Teekannen, Futons oder handgeschöpftes Papier: Liebhaber der japanischen Lebenskultur werden bei **Japanalia** fündig. Herzogstraße 7, www.japanalia.de

Kunst

Der bestsortierte und schönste Künstlerbedarfsladen der Stadt ist zweifelsohne **Schachinger**. Die Farben, Pinsel und Papiere werden so schön präsentiert, dass Gestalter dort schnell und gerne in Versuchung kommen. Sogar Vergolderbedarf kann man hier kaufen.
Josephspitalstraße 6, www.schachinger-muenchen.de

Designermode

Wer Mode liebt, nichts von der Stange möchte, aber auch nicht so der Edelboutiquen-Typ ist, sollte dringend im Concept Store von **Mucamie** vorbeischauen. Junge Münchner Designer stellen hier Apparel & Accessoires aller Art vor und viele der Stücke sind auch für Normalverdiener erschwinglich.
Baaderstraße 84, www.mucamie.de

Designerin Kathleen König steht für Mode, die zeitlos, stilvoll und hochwertig ist, ihre Inspiration ist dabei traditionelle und »haltbare« Arbeitskleidung. In ihrem kleinen puristischen Geschäft finden sich viele wunderschön-schlichte Unisex-Teile, die dafür gemacht sind, ihre Träger viele Jahre zu begleiten.
Haltbar, Pestalozzistraße 28, www.haltbar.de

Französische Mode und Schuhe kleiner ausgesuchter Labels, tragbar, feminin, urban und natürlich très chic. Dazu eine märchenhafte Auswahl feiner Accessoires, über die sich die Herzdame garantiert freuen wird. On adore!
Nia. Prêt-à-porter, Türkenstraße 35 (Kleidung & Accessoires)
Nia. Chaussures, Barer Straße 55 (Schuhe), www.nia-carrousel.de

Von Luxusfashion über Streetwear bis hin zu hinreißenden Stücken internationaler kleiner Labels gibt es bei **Schwittenberg** auf 250 Quadratmetern alles, was die Augen von ästhetikbewussten Modefans größer werden lässt. Salvatorplatz 4, www.schwittenberg.com

Vintage

Egal ob 40er, 50er, 60er, 70er oder 80er Jahre: Wer Matrosenhemd, Bomberjacke, Cocktailkleid, Samthalsband, Armspange und andere Modeschätze der Vergangenheit sucht, die es so nicht bei H&M, Zara und Co. gibt, muss bei **Cat with a Hat** vorbeischauen. Baaderstraße 53, www.vintage-muenchen.de

Im **Flohpalast** gibt es Flohmarkt-Feeling auch an Regentagen und werktags. Der Name ist Programm, hier kann nach Herzenslust gestöbert, gefeilscht, gesucht und gefunden werden! Theresienstraße 81, www.flohpalast.de

Gruftis, Oldschool Waver, Biker und 80ies-Junkies bitte kurz festhalten (vor allem den Geldbeutel!): Bei **Candies** bekommt ihr nicht nur Silberschmuck mit Pentagramm- und Edelsteinanhängern, sondern auch Original-Vintage-Kleidung aus Leder, Tüll und Samt. Marktstraße 2, www.candies-boutique.de

Taschen

Schlichte, wunderschöne und qualitativ hochwertig verarbeitete Taschen von Canvas-Bags über Weekender bis hin zu angesagten Backpacks gibt es hier: **Souve Bag Company.** Adalbertstraße 14, www.souve.net

Hüte

Designerhüte, top moderne Fascinators und Kopfbedeckungen aller Art gibt es bei Red Dot Gewinnerin **Nicki Marquardt**, Türkenstraße 78, www.nickimarquardt.com

Schuhe

Schuhe, die gleichzeitig zeitlos, schick und dann auch noch richtig bequem sind, sind oft schwer zu finden. Wer zusätzlich noch Wert auf hochwertige Materialien und eine gute Verarbeitung legt, muss manchmal lange suchen. Wir haben glücklicherweise einen echten Geheimtipp: **Schritt für Schritt.** Klenzestraße 37, www.schrittfuerschritt.com

Saft-Pause

Erschöpft von der Shoppingtour durch die Maxvorstadt? Null problemo, bei **SUPER DANKE**! gibt es fruchtige Erfrischungen ohne böses Aspartam, Kohlensäure und Umdrehungen: Die Rede ist natürlich von hausgemachten Smoothies und Säften in allen Farben des Regenbogens. Türkenstraße 66, www.superdanke.com

Faire Mode

Fairtrade-Mode in Bioqualität aus feinsten Naturfasern wie Seide, Baumwolle, Cashmere und Schurwolle für Kinder und ihre Mamis gibt es bei **AURYN**. Aber nicht nur das, auch hochwertige Spielsachen und Schmusetiere warten dort auf ihre neuen Besitzer. Reichenbachstraße 35, www.auryn-naturfashion.com

Individuelle Mode für Frauen, Männer, Kinder und Babys sowie Lifestyle-, Yoga- und Beauty-Artikel gibt es bei **GLORE**: Alles einzigartig, schick und fair, was will man mehr? Baaderstraße 55, www.glore.de

Gleich drei Filialen der jungen menschen- und tierfreundlichen Modekette gibt es in München: Vegane Schuhe, Kleidung aus Biobaumwolle und schicke Accessoires, die nichts mit Muttis klobigem 70er-Jahre-Ökoschmuck zu tun haben, gibt es bei **DEARGOODS** zu erwerben. Friedrichstraße 28, Am Glockenbach 12, Baaderstraße 65, www.deargoods.com

Noch mehr faire und schicke Mode? Kein Problem: Bei **IKI M.** überzeugen die Stücke durch lässige Eleganz und modische Schnitte. Zudem gibt es eine tolle Ecke, in der sich schöne Vintage-Schätze heben lassen. Wir sind hin und weg! Adalbertstraße 45, www.iki-m.de

Schlemmen & Genießen

Nach unserer Lieblingskaiserin Sisi benannt, gibt es auf dem **MARKT AM ELISABETHPLATZ** alles, was Herz und Magen begehren: duftende Schnittblumen, knackiges Gemüse, bunte Früchte und Feinkost aller Art. Hach...

Backwaren

Brezn, Brot, Kuchen und alles, was Glutenfeinde verschmähen (ts …), gibt es bei unserer Lieblingsbäckerei **ALOF** im schönen Glockenbachviertel. Wer Zeit und Lust hat, kann dort auch gemütlich frühstücken und mittagessen; und ach, ja: Montag ist Quiche-Tag! Hans-Sachs-Straße 12

Einrichtung

Möbel aus hellem Massivholz, skandinavische Designer-Lampen und minimalistische Keramikwaren lassen eure Herzen höher schlagen? Immer hier entlang: **DELIKATESSEN**, Reichenbachstraße 24, www.delikatessen-089.de

Vinyl

Nur Vinyl ist kühl! Plattenkinder und Vintage-Hi-Fi-Holics kommen hier voll auf ihre Kosten und können stundenlang stöbern und lauschen. Zudem gibt es ein tolles Sortiment an Filmen und Büchern rund ums Thema Popkultur. **ECHT OPTIMAL**! Kolosseumstraße 6

Tabak

Für Genießer von edlen Tabakwaren, ganz egal ob Zigarillo, Zigarre oder Pfeifentabak, gibt es in München eigentlich nur eine Adresse: Freunde des duftenden Qualms lassen sich seit 1830 im Traditionsunternehmen **ZECHBAUER** beraten. Neben Produkten namhafter Hersteller führt der Tabakexperte elegantes Raucherzubehör und Humidore wie auch preisgünstige und qualitativ hochwertige Hausmarken. Der Max-Joseph-Platz gegenüber bietet mit Blick aufs Nationaltheater zudem die ideale Kulisse, um händchenhaltend in der Sonne vor sich hinzuschmauchen. Residenzstraße 10, www.zechbauer.de

Für Nerds, Gamer und Kinofans

Der **ITEM SHOP** am Isartor bietet ein Shopping-Erlebnis der ganz besonderen Art. Von A wie »Assassin's Creed« bis Z wie »Zurück in die Zukunft« findet sich dort alles, was das Nerd-, Gamer-, und Kinofan-Herz höher schlagen lässt. Pärchen, die eine Liebe zu diesen Themen teilen, können dort nach Herzenslust stöbern. Dabei reicht das Sortiment von Bekleidung über Taschen bis hin zu Brettspielen, die man so sicher nirgendwo sonst in der bayerischen Hauptstadt findet. Baaderstraße 1a

Mitbringsel

Ob für Zuagroaste, Einheimische oder Touristen: Im Souvenirshop **SERVUS.HEIMAT** findet jeder das perfekte Mitbringsel oder Erinnerungsstück. Ganz neu interpretiert und von der bayerischen Heimat inspiriert sind neben klassischen Souvenirs ungewöhnliche und zeitgemäße Stücke im Sortiment. Tal 20 (Eingang Radlsteg); Brunnstraße 3; St.-Jakobs-Platz 1 (im Münchner Stadtmuseum), www.servusheimat.com

Parfüm

Ein Münchner Geschäft mit langer Tradition ist **BRÜCKNER-BUBLITZ**. Der ehemalige bayerische Hoflieferant für Parfüm ist die erste Anlaufstelle für alle, die ein besonders sinnliches Geschenk für den Liebsten oder die Liebste erwerben möchten. Doch Vorsicht: Beim Parfümkauf geht das geneigte Paar am besten gleich zu zweit (Duftvorlieben sind wie Geschmäcker sehr verschieden). Die Beratung durch das erfahrene Mutter-Tochter-Gespann Bublitz ist für beide eine sinnliche Erfahrung. Wer hier allerdings Gaultier, Dior, Rabanne und Co. sucht, wird nicht fündig: Die Parfümerie bietet ausschließlich Designerdüfte abseits des Müller-Mainstreams an, die, wie alles Schöne und Besondere, auch ihren Preis haben. Man gönnt sich ja sonst nichts... Marienplatz 8 (Eingang Weinstraße); Rindermarkt 1, ww.parfuemerie-brueckner.com

Ein tolles Parfümsortiment finden alle, die lieber ein bisschen in Ruhe herumsprühen wollen (aber bitte nicht zu wild, das wird nirgendwo gern gesehen!) und sich gerne von einer großen Auswahl inspirieren lassen, in der riesigen Parfümabteilung im **LUDWIG BECK**. Dort gibt es nicht nur edle Düfte, sondern auch eine berauschende Auswahl luxuriöser Pflegeprodukte und feiner Duftkerzen internationaler Hersteller. Auch Make-up-Junkies finden am Counter von MAC und Bobbi Brown sicher das ein oder andere neue Beauty-Schätzchen.
Marienplatz 11, www.ludwigbeck.de

Für Hexen

Kräuterhexen, Räucherwerk-Enthusiasten und Fans von Naturprodukten sollten unbedingt bei der **BRENNESSEL** vorbeischauen. Dort gibt es eine große Auswahl an feinen Ölen und Essenzen, natürlichen Körperpflegeprodukten, Gewürzen, Tees und vieles mehr. Zudem bietet der sympathische Laden, in dem es immer aufregend riecht, regelmäßig Rührkurse an, in denen im kleinen Kreis Cremes und Tinkturen hergestellt werden.
Türkenstraße 60, www.brennessel-muenchen.de

Für Bierfreunde

Und natürlich haben wir auch noch einen Shoppingtipp für alle Fans des goldenen Gerstensaftes und seiner zahlreichen Variationen: Im **BIERVANA** ist der Name Programm! Dort gibt es nicht nur ein breites Sortiment an Craftbeer aus Bayern und der Welt, sondern auch die sagenhafte Hopster Hopfenlimonade, abends des öfteren Bierverkostungen und alles, was Bierbrüder und -schwestern sonst noch brauchen: Ob schöne Trinkgefäße, Literatur zum Thema oder Zubehör für Hobbybrauer – hier bleiben keine Wünsche offen.
Hohenzollernstraße 61, www.biervana.eu

Süßes für die Süßen

ELLY-SEIDL-Pralinen sind die besten Pralinen der Stadt! Gibt es in zwei Filialen in der Innenstadt: Maffeistraße 1 oder Am Kosttor 2, www.ellyseidl.de

Glitzer

HABEN WILL ist einer der tollsten Läden überhaupt: Vintage-Schmuck, alter Weihnachtsschmuck, Accessoires, Kleider, Showausstattung, Faschingsbekleidung, Federboas und Kopfputz sowie Travestiebedarf. Haben will eben! Fraunhoferstraße 41, www.haben-will-fraunhoferstr.mux.de

Schmuck

»Diamonds Are a Girl's Best Friend« – so heißt es in dem bekannten Lied aus dem Musical »Blondinen bevorzugt«. Doch warum teure und immer gleiche Schmuckstücke kaufen? Im **PERLENMARKT** in München kann man gemeinsam aus einem großen Angebot an Perlen, Bändern, Fäden sowie Anhängern und weiterem Zubehör auswählen und so seinen ganz individuellen Modeschmuck erstellen. Der ideale Ort, um sich kreativ auszuleben und seine persönliche Erinnerung mit dem selbstgefertigten Schmuck zu schaffen. Dort werden nicht nur »girly girls« fündig, es ist für jeden etwas dabei. Nordendstraße 28, www.perlenmarkt.de

Tracht

Da gibt es natürlich viele Spezialisten, die auf den einen oder anderen Laden schwören, wir jedenfalls empfehlen für die Betuchten **LODENFREY**, weil die Verkäuferinnen und Verkäufer dort wirklich wissen, wovon sie reden; preislich in der Mitte liegt der **KARSTADT AM HAUPTBAHNHOF** (Geheimtipp!), für den etwas schmaleren Geldbeutel bietet sich der **ANGERMAIER** an. Jeder sucht sich aus, was einem gefällt; um Missverständnissen vorzubeugen, sollte bei den Damen die Schleife richtig sitzen: »Schleife links, Glück bringt's!« Die Schleife vorne auf der linken Seite heißt: Ledig – Flirten erwünscht! Schleife rechts bedeutet nichts Gutes für die Herren der Schöpfung, denn die Dame ist vergeben. Frauen, die die Schleife hinten tragen, sind Witwen, Kellnerinnen oder Verweigererinnen der Schleifen-Tradition. Lodenfrey, Maffeistraße 7; Karstadt, Bahnhofsplatz 7; Angermaier, Landsberger Straße 101–103 und Rosental 10

Für den Mann

Brillantine, Frisiercreme und Pomade: Im **POMADE SHOP** verspricht nicht nur das Interieur Nostalgie vom Feinsten, sondern auch die Beschriftungen der hübschen Tiegelchen und Tuben. Wer ein Geschenk für schnieke Salonlöwen sucht, wird dort sicher fündig! Blumenstraße 3, www.pomadeshop.com

Bio

Wir lieben Naturkost und besonders gerne kaufen wir dort ein, wo es regionale Produkte, freundlichen Service und eine tolle Einkaufsatmosphäre gibt. Ihr auch? Dann nix wie hin: **SCHMATZ**, Holzstraße 49, www.schmatz-naturkost.de

Dass Plastik nicht gut für die Umwelt ist, brauchen wir keinem mehr zu erzählen. Dass Jutebeutel alleine die Welt auch nicht besser machen, wenn sich darin lauter Lebensmittel in unnötiger Plastikverpackung befinden, ist den meisten wohl auch irgendwie klar. Aber wie soll das bitteschön mit dem Einkaufen funktionieren? Wie geht das mit Nudeln, Öl und Spülmittel? **OHNE**, Münchens erster verpackungsfreier Bio-Supermarkt macht es vor und zeigt, wie schön und einfach Shopping ohne Müll sein kann. Selbst Papiertüten kommen nur im Notfall zum Einsatz. Dort gibt es Schraubgläser, die auch im Küchenregal schicker aussehen als die fiesen Plastikverpackungen. Beliefert wird das Geschäft, wo es nur geht, mit regionalen Produkten, Fleisch ist aller Konsequenz nach natürlich nicht im Sortiment. An einer großen Zapfsäule gibt es dafür sogar Wodka und Gin aus der benachbarten Destillerie. Natürlich sind die Produkte hier etwas teurer, allerdings sind die Preise auch nicht viel höher als in anderen Bioläden. Dadurch, dass die Lebensmittel nach eigenem Bedarf abgefüllt werden können, lässt sich an der ein oder anderen Ecke dann aber wieder sparen, schließlich wird so auch weniger weggeworfen. Und als wäre das alles noch nicht toll genug, gibt es auch ein super Konzept, um durch eine Verwertungsküche mit Bistro und einer Foodsharing-Kooperation auch im Laden Lebensmittelverschwendung zu vermeiden. Schellingstraße 42, www.ohne-laden.de

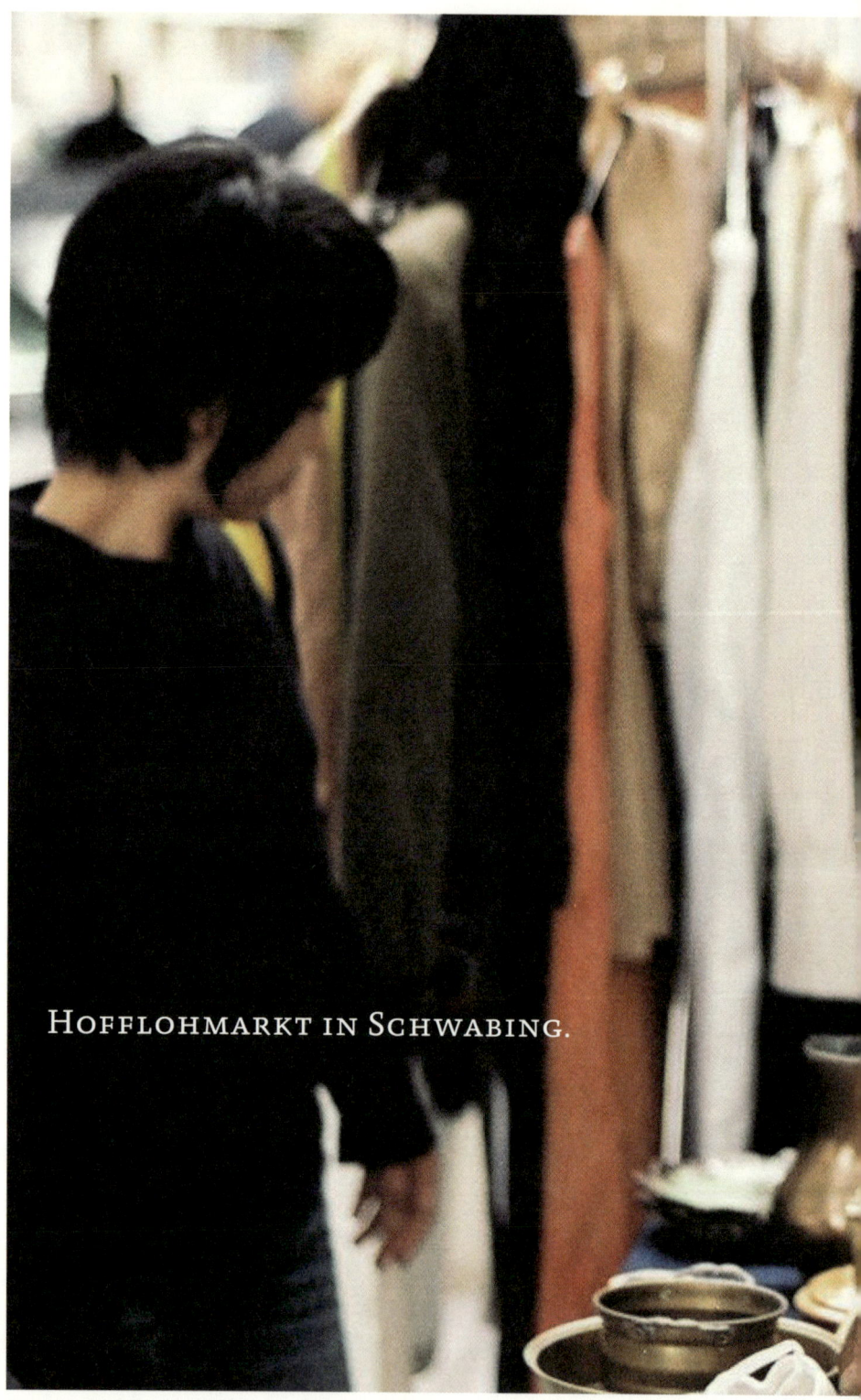

Do it yourself in München

Egal ob Kreatives oder Praktisches, selbst machen ist in. Die Do-it-yourself-Mentalität erobert immer mehr Bereiche des alltäglichen Lebens. Dabei geht es längst nicht mehr nur um den pragmatischen Nutzen. Vielmehr wird der Fertigmöbel-Nestbau-Trieb – vor allem unter jungen Leuten – zusehends abgelöst von der Sehnsucht nach individuellen, handgemachten und kostengünstigen Alternativen zur Gestaltung des eigenen Lebens. So gibt es auch in München mittlerweile eine Vielzahl an Einrichtungen, die überzeugten Heimwerkern und denen, die es werden wollen, mit ihrem Know-how und ihrer Ausstattung zur Seite stehen. Diese bieten vor allem auch jungen Paaren die Möglichkeit, etwa die erste gemeinsame Wohnung persönlich und vor allem partnerschaftlich zu gestalten.

Ganz klassisch, aber eben doch innovativ, kommt das Reparatur-Café in der **MOHR-VILLA FREIMANN** daher. Das Grundkonzept ist so einfach wie alt: Warum entsorgen, wenn ich es auch reparieren kann? Neu ist der Gedanke des sozialen Austauschs und der Unterstützung der Heimwerker durch Experten. Im Reparatur-Café kann jeder, der will, einmal monatlich reparaturbedürftige Haushaltsgegenstände selbst wieder in Schuss bringen. Unter dem Motto »Hilfe zur Selbsthilfe« bieten die Leiter der Veranstaltung Lösungsansätze und technisches Wissen. Die eigentliche Reparatur erfolgt dann in Eigenregie. Bei komplizierteren Aufgaben helfen außerdem der Austausch und die Kooperation mit anderen Heimwerkern. Die Art des defekten Gegenstands ist dabei übrigens beinahe irrelevant: Von Deko über Möbelstücke bis hin zum Elektrokleingerät ist alles vertreten. Zur Stärkung und Belohnung gibt es anschließend Kuchen und Getränke im angeschlossenen Café.

Etwas spezieller ist der Fachbereich des **VELO CAFÉS** an der Landsberger Straße. Wie der Name bereits vermuten lässt, handelt es sich hier um eine Do-it-yourself-Fahrradwerkstatt. Wer also vor dem Fahrradausflug mit der neuen Flamme auf Nummer sicher gehen will, dass auch alles am Drahtesel funktioniert, der findet dort fachkundige Hilfe. Auch im Velo Café geht es den Betreibern darum, den Gedanken der Selbsthilfe zu stärken: Die nötigen Reparaturen können komplett selbstständig durchgeführt werden. Man zahlt dabei nur für die benötigten Ersatzteile. Sollte trotz aller Bemühungen das geliebte Zweirad nicht mehr zu retten sein, bietet das Café auch einige gebrauchte Fahrräder zum Verkauf an. Eine weitere Parallele zur Mohr-Villa bildet das dazugehörige Café, in dem sich nach getaner Arbeit bei Snacks und Getränken vortrefflich fachsimpeln lässt.

Für Freunde von Hightech und Heimwerken ist das **FABLAB** im Münchner Westend die richtige Anlaufstelle. FabLab steht dabei für »fabrication laboratory«, also eine Hightech-Werkstatt zum Lernen und Ausprobieren. »Make –

learn – share« lautet das Motto der Werkstatt. Unter diesem bietet das FabLab kostenlose Kurse zum 3-D-Drucken, Laserschneiden und CNC-Fräsen (Computerprogrammgesteuertes Fräsen) sowie zur Einführung in den Bau und die Wartung elektronischer Geräte an. Nach der Teilnahme an diesen Einführungen kann jeder die Maschinen für eigene Projekte benutzen. Das kostet entweder einen monatlichen Mitgliedsbeitrag (18 bis 28 Euro) oder eine Gebühr pro Benutzung der Geräte (25 bis 35 Euro). Das Angebot des FabLab richtet sich also vor allem an diejenigen Heimwerker, die häufiger mit 3-D-Druck oder ähnlichem zu tun bekommen. Wer aber einfach mal hineinschnuppern oder den Hightech-Heimwerkern bei der Arbeit zuschauen möchte, für den ist der Eintritt frei.

Die mit Abstand größte Auswahl in der Do-it-yourself-Szene der bayerischen Landeshauptstadt bietet das **HAUS DER EIGENARBEIT** am Ostbahnhof. Hier finden vor allem kreative Bastler alles, was das Herz begehrt. In den Werkstätten des Hauses, die jedem frei zugänglich sind, finden viele verschiedene handwerkliche Tätigkeitsfelder ein Zuhause: von klassischen Bereichen wie Holz- oder Metallverarbeitung, über Schneidern, Töpfern und Schmuckherstellung, bis hin zu Deko- und Papierkunst. Alle Werkstätten haben zudem Kurse zur Aus-und Weiterbildung im Angebot, deren Leiter größtenteils selbst einen Meisterbrief ihres Fachs ihr Eigen nennen. Dies ist eine tolle Möglichkeit auch für Paare, die gemeinsame Wohnung nach den eigenen Vorstellungen zu verschönern und nebenbei noch ein unvergessliches gemeinsames Erlebnis zu haben.

Das **KREATIVQUARTIER** in Neuhausen gibt jedem die Chance, aktiv und kreativ an der Münchner Kunst- und Kulturszene teilzunehmen. In der Dachauer Straße kann experimentiert und ausprobiert werden – verschiedene Projekte werden von dort aus gelenkt und initiiert. Es gibt Angebote für Kunstbegeisterte, Musik- oder Theaterfreunde, einfach für alle, die die urbane Kultur in München mitgestalten und ihrer Kreativität freien Lauf lassen möchten. Wer sich das Ganze erst mal vom Standpunkt des Rezipienten anschauen möchte, kann gut und gerne einfach mal bei einer der vielen Veranstaltungen des **IMPORT EXPORT** den Flair des Quartiers auf sich wirken lassen. Hier gibt es zudem von Mittwoch bis Freitag einen vorzüglichen Mittagstisch, der zusammen mit der Volxküche München e.V. auf die Beine gestellt wird. Gutes Essen zu fairen Preisen. Mit dem Erlös werden geflüchtete Menschen unterstützt. Wer kann da nein sagen?

Mohr-Villa Freimann, Situlistraße 75, www.mohr-villa.de
Velo Café, Landsberger Straße 444, www.kupa-west.de/kupa/velocafe.html
FabLab München, Gollierstraße 70, Eingang D, www.fablab-muenchen.de
Haus der Eigenarbeit, Wörthstraße 42, Rückgebäude, www.hei-muenchen.de
Kreativquartier, Dachauer Straße 112, www.kreativquartiermuenchen.de

Sport für Paare

Früher oder später sieht sich jedes Paar einmal mit dem Vorwurf konfrontiert, zur Couch-Potato (merke: Singular!) verkommen zu sein. Was oftmals als böse Nachrede abgetan werden kann, enthält manchmal ein Quäntchen bittere Wahrheit: Wenn Kuscheln auf der Couch zur täglichen Gewohnheit geworden ist und auch der gemeinsame Netflix-Account schon Einjähriges feiert, ist es wahrscheinlich wirklich an der Zeit, mal wieder rauszugehen. Eine gemeinsame sportliche Betätigung eignet sich hervorragend, um wieder in Schwung zu kommen.

Aber nicht nur langjährigen Pärchen tut es gut, gemeinsam ins Schwitzen zu kommen – auch erste Dates lassen sich durch etwas Körpereinsatz abenteuerlicher und individueller gestalten. Wie wäre es etwa, gemeinsam joggen zu gehen? Weniger klassisch als vielmehr romantisch klingt diese Idee, wenn man eine idyllische Route im **SCHLOSSPARK NYMPHENBURG** wählt. (Wobei man sich dabei nicht erwischen lassen sollte, denn streng genommen ist es verboten, im Schlosspark zu joggen...) Die Tour startet am besten bei der Fontäne am Großen Parterre am Schloss, dann geht es rund 6 Kilometer über Schotter- und Waldwege vorbei an den barocken Pavillons und Fontänen sowie dem klassizistischen Monopteros.

Voll im Trend liegt auch Bouldern. Vorteil des Kletterns ohne Kletterseil ist, dass das Paar nicht gleichermaßen durchtrainiert sein muss. Kommt es beim gemeinsamen Joggen auf ein ähnliches Tempo an, sind in den meisten Boulderhallen verschiedene Kletterrouten mit unterschiedlichen Schwierigkeitsgraden zu erkraxeln. Wer die lockere Atmosphäre einer Boulderhalle spontan kennenlernen und sich an diesem ungewöhnlichen Sport einfach mal versuchen möchte, kann in der **BOULDERWELT MÜNCHEN WEST** einmal die Woche eine 30-minütige kostenlose Einführung genießen.

Wer das klassische Klettern bevorzugt und sich gerne vom Partner sichern lassen möchte, der kann im **DAV KLETTER- UND BOULDERZENTRUM** beim 2-stündigen Schnupperklettern mitmachen. Die Ausrüstung wird durch das Zentrum gestellt. Kurzentschlossene sind willkommen, jeder Interessierte darf ohne Anmeldung teilnehmen.

Oder man klettert auf das **DACH DES OLYMPIASTADIONS**. Die »Zeltdachtour« wird zwischen April und Oktober jeweils zwei Stunden lang angeboten. Man sollte sich vorher anmelden, da die Plätze sehr begehrt sind.

Wer lieber raus in die Natur möchte, der könnte paddeln gehen. **DIE WALDMEISTER MÜNCHEN** bieten einen romantischen Paddel-Tag an: Während man zu zweit mit dem Kanu auf der Isar oder Amper entlangschippert, kümmern sich die Organisatoren an Land um die Ausrüstung, einen »Amore-Picknickkorb« sowie den Rücktransport der Turteltäubchen zum Ausgangsort nach abgeschlossener Paddel-Tour. Besonders romantisch wird es bei den Dämmerungs- und Morgenfahrten.

Für sportliche Nachtschwärmer empfiehlt sich nicht nur das Late Night Squash in der **SQUASH-INSEL TAUFKIRCHEN**, wo jeden Freitag von 21 bis 23 Uhr gespielt und optional im Wellnessbereich regeneriert werden kann. Auch das Moonlight-Minigolf ist eine schräge sportliche Abwechslung: Im Ambiente von »Tausendundeiner Nacht« darf bei Schwarzlicht in der Halle des **DREAM-BOWL PALACE IN UNTERFÖHRING** eingelocht werden.

Konventioneller, aber dadurch nicht weniger aufregend, kann die sportliche Abendgestaltung aussehen, wenn es ans Tanzen geht: Wer aus seiner frühesten Jugend vorbelastet ein Tanzkurs-Trauma mit sich herumschleppt und die verstaubten Räume und steifen Tanzpartner der klassischen Tanzschule meiden möchte, kommt in München trotz allem auf seine Kosten. So zum Beispiel bei **SPONTILONGA**. Durch einen Eintrag in die Gästeliste wird man darüber informiert, wann sich die Tänzer-Community spontan zum Tangotanzen an einem außergewöhnlichen Ort in München verabredet. Soll es zur Abwechslung mal etwas Zünftiges sein, kann das Tanzpaar auch an den kostenlosen Vorbereitungskursen zum Kathreintanz teilnehmen, um dann Ende November beim **KATHREINTANZ** im **HOFBRÄUHAUS** eine gute Figur zu machen.

Schwerer tut man sich im Winter, eine sportliche Beschäftigung zu finden – vor allem, wenn der Partner sich als Skifahr-Muffel erweist. **DIE WALDMEISTER** wissen hier auch Rat: Beim Iglu-Bau-Workshop lernt man unter fachkundiger Anleitung, wie man sich durch Muskelkraft selbst bei Eiseskälte ein lauschige Liebeshöhle schafft – und wer mit seinem Tagwerk zufrieden ist, hat sogar die Möglichkeit, die Nacht im selbstgebauten Iglu zu verbringen.

Hat man nicht den ganzen Tag Zeit, kann man bei Schnee und Eis auch Schlittschuhfahren gehen – zum Beispiel beim **MÜNCHNER EISZAUBER** am Stachus, der jährlich von Ende November bis Mitte Januar stattfindet.

Schlosspark Nymphenburg, www.schloss-nymphenburg.de
Boulderwelt München West, Bertha-Kipfmüller-Straße 19, www.boulderwelt-muenchen-west.de
DAV Kletter- und Boulderzentrum, Thalkirchner Straße 207, www.kbthalkirchen.de
Olympiastadion, Spiridon-Louis-Ring 27, www.olympiapark.de/de/touren-und-sightseeing/gefuehrte-touren/die-zeltdach-tour/
Die Waldmeister, Tumblingerstraße 36, www.diewaldmeister-muenchen.de
Squash-Insel Taufkirchen, Birkenstraße 169, www.squash-insel.de
Dream-Bowl Palace, Unterföhring, Apianstraße 9, www.dreambowl.de
Spontilonga, www.spontilonga.de
Kathreintanz, www.muenchen.de/rathaus/Stadtverwaltung/Kulturreferat/Volkskultur/Tanzkurse-Kathreintanz.html
Münchner Eiszauber, Karlsplatz (Stachus), www.muenchnereiszauber.de

Übernachten

Die Auswahl an Hotels in München ist nahezu unüberschaubar. Jenseits der Wiesn- und Messezeiten – in diesen Wochen nehmt lieber das, was ihr überhaupt bekommt – haben Münchenbesucher und -besucherinnen die Qual der Wahl. Letztendlich ist alles eine Frage der eigenen Vorlieben. Dem liebeshungrigen Paar seien an dieser Stelle lediglich einige besondere Unterkünfte vorgestellt.

_Etwas abseits des Zentrums, in der Nähe vom überaus sehenswerten Schlosspark Nymphenburg, versteckt sich das Hotel **Laimer Hof** – ein wahres Kleinod! Das Thema Romantik steht bei der Eigentümerfamilie und den Hotelangestellten ganz im Fokus. Dementsprechend ist es deren erklärtes Ziel, bei den Besuchern »die Schmetterlinge im Bauch fliegen zu lassen«. Wenn das nicht mal ein Versprechen ist!
Wo? Laimer Straße 40,
www.laimerhof.de.

_Wer im **Hotel Mariandl** eincheckt, erlebt eine Zeitreise in Münchens Belle Époque. Um 1900 errichtet, haben Gebäude und Hotel eine abwechslungsreiche Geschichte erlebt. Das denkmalgeschützte Bauwerk, in dem auch das Café am Beethovenplatz untergebracht ist, glänzt durch Antiquitäten, knarzende Eichentreppen, Parkettboden und Stuckdecken sowie eine Mahagonibar. Auch preislich ein Geheimtipp.
Wo? Goethestraße 51,
www.mariandl.com.

_Der Gärtnerplatz ist das pulsierende Zentrum des hippen Münchner Nachtlebens. In den Straßen ringsum, in den zahlreichen Bars sowie auf dem Platz selbst tummeln sich gerade in den lauen Sommermonaten viele Menschen. Und mitten drin liegt die **Pension Gärtnerplatztheater**. Es ist keine durchgestylte Unterkunft mit technischem Schnickschnack, sondern eher ein uriges, gemütliches Liebesnest, in das man sich zurückziehen kann und dennoch das wilde Leben gleich vor der Tür hat.
Wo? Klenzestraße 45,
www.pensiongaertnerplatz.de.

_Wenn es etwas luxuriöser und mondäner sein darf, dann führt kein Weg am **Bayerischen Hof** vorbei. Von König Ludwig I. initiiert, reichen die Wurzeln des Hauses bis ins Jahr 1839 zurück. Atmosphäre und Service sind eine Liga für sich und haben zum internationalen Ruf des Hauses beigetragen. Super zentral gelegen sind die Zimmer und Suiten des Hotels der beste Ausgangspunkt für einen Münchenbesuch oder entspannte Tage im hauseigenen Wellness-Bereich. Auch die Dachterrasse lohnt sich.
Wo? Promenadeplatz 2–6,
www.bayerischerhof.de.

_Für alle Wittelsbacher-Fans und Ludwigianer ist eine Übernachtung im **Golfhotel Kaiserin Elisabeth** am schönen Starnberger See ein absolutes Muss! Die moderne und helle Gestaltung der Zimmer wird durch stilvol-

HOTEL LAIMER HOF.

le Antiquitäten ergänzt und natürlich gibt es auch Räume mit Seeblick. Rund ums Hotel lassen sich in traumhafter Landschaft viele Angebote für Reiter, Wanderer, Golfer und Wassersportler wahrnehmen.
Wo? Tutzinger Straße 2, 82340 Feldafing, www.kaiserin-elisabeth.de.

_Wer zentral in München residieren möchte, dem sei das **Cortiina** Hotel wärmstens empfohlen. Nur zwei Minuten vom Marienplatz entfernt liegt das moderne Cityhotel, das mit außergewöhnlichem Design und liebevoll durchdachter Ausstattung punktet. Es gibt ein sagenhaftes Frühstücksbuffet sowie eine Hotelbar, an der man sich abends gerne aufhält. Das Personal ist freundlich und zuvorkommend.
Wo? Ledererstraße 8, www.cortiina.com.

_Richtig luxuriös und wie gemacht für einen romantischen City-Trip der besonderen Art ist das **Opera**: Im Lehel zwischen Englischem Garten, Nationaltheater, Isar und Maximiliansvorstadt gelegen, ist dieses Stadtpalais die richtige Adresse für anspruchsvolle und kulturell interessierte Besucher. Das imposante Gebäude überzeugt mit seiner durchdachten Einrichtung im Stil der Renaissance und der individuellen Gestaltung der einzelnen Räume. Ein idealer Startpunkt für stimmungsvolle Opern- und Ballabende.
Wo? St. Anna-Straße 10, www.hotel-opera.de.

Experteninterview
Stadtführer

Es gibt ja zahllose Führungen durch alle Münchner Museen. Warum muss es auch noch »Liebespaarführungen« geben?
Die Liebe in all ihren Gesichtern, als erotisches Begehren, als Hingabe, als elterliche Fürsorge, als partnerschaftliches Teilen des Lebens ist der Élan vital unseres Daseins. Viele große Kunstwerke sind aus Liebe heraus entstanden – sehr oft aus unglücklicher oder unerfüllter Liebe, aber natürlich auch aus tiefem Glück – und ein wenig kommt man dem unergründlichen Wesen der Liebe auf die Spur, beschäftigt man sich mit diesen Werken. Ich denke nur an die berühmte Geißblattlaube – Rubens Porträt von sich und seiner ersten Frau Isabella Brant in der Alten Pinakothek. Auf dem Bild treten uns zwei sehr eigenständige Individuen gegenüber, die zusammen ein Paar bilden, das sich unübersehbar zugeneigt ist, wobei sich die beiden aber nicht selbst füreinander aufgeben. Daher biete ich Führungen über die Liebe und natürlich über Liebespaare in der Kunst an, nicht nur für Liebespaare, sondern für alle.

Ist München besonders gut geeignet für die Liebe?
Oje, eine heikle Frage. Ich denke, München ist so gut oder so schlecht für die Liebe geeignet wie eine jede andere Stadt dieser Welt. Selbst in einem der schönsten Lieder über München, in Bally Prells »Isarmärchen«, ist zwar viel über die Schönheit der Stadt zu hören, aber nichts über die Liebe. Allerdings ist München ja angeblich die Hauptstadt der Singles – möglicherweise ist es hier dann doch komplizierter mit dem Finden der Liebe als anderswo. Viele meiner Freunde aus anderen Gegenden dieser Welt jedenfalls empfinden es schwierig, in München Mr. oder Mrs. Right kennenzulernen. Woran das liegen mag? Vielleicht ist München einfach viel zu viel »zu«: zu reich und zu erfolgreich, zu schön, zu selbstverliebt, zu herausgeputzt, zu oberflächlich, zu egozentrisch. Ich habe keine wirkliche Antwort auf diese Frage gefunden außer, dass es irgendwann doch klappt in München mit der großen Liebe. Man muss nur warten können.

Verrätst du uns die für dich romantischsten Orte in München?
Gerne! Zunächst einmal unser eigener Balkon. Dann die Treppe vor der Badenburg im Park von Schloss Nymphenburg mit Blick auf den Monopteros. Und natürlich der Hofgarten!

Gibt es unter all den Münchner Liebesgeschichten eine, die dich besonders berührt?
Die romantischsten Geschichten blühen sicher im Verborgenen: spannende Liebesgeschichten gibt es allein in meinem Freundeskreis einige, die anderen sind bekannt – ob Ludwig I. und Lola Montez wirklich zu den

*Kunstgeschichte war schon in seiner Jugend die große Leidenschaft von Jürgen Wurst. Nach beruflichen Umwegen promovierte er in diesem Fach in München. Seine Liebe gilt den Alten Meistern, dem 19. Jahrhundert und besonders Themen abseits des Mainstreams. Als Geschenk für eine Hochzeitsgesellschaft erfunden, erfreuen sich seine Liebespaarführungen nicht nur bei frisch Verliebten seit Jahren großer Beliebtheit.
www.kunst-pause.net*

tollen Liebespaaren gehören, wage ich zu bezweifeln. Ich finde, wenn man das so sagen kann, München hat es schwer mit der Liebe. Nach meinem Empfinden gibt es viel Hedonismus, Selbstverliebtheit und unterschwellige Sexualität hinter der glänzenden Oberfläche. Ein passendes Symbol hierfür ist der Barberinische Faun in der Glyptothek. Lasziv, unglaublich schön aber sehr unnahbar und irgendwie sehr einsam und es verwundert einen nicht, dass Ludwig I. den Faun erworben hat. Sein Verhältnis zu Lola Montez war wohl eher leidenschaftlich, wie sein Streben insgesamt von Obsessionen geprägt war, gleich ob es sich um Frauen oder die Kunst handelte. Ob das Liebe oder Haben-Wollen ist, mag ich nicht beurteilen. Aber letztlich hat er sein wichtigstes Ziel erreicht: München zu einer der schönsten Städte der Welt zu machen.

Die Pagodenburg im Park von Schloss Nymphenburg.

BEZIEHUNGSSTADIUM:
Trennung

Auch dieses Kapitel darf in einem Buch übers Verlieben und Verliebtsein nicht fehlen, denn »sie lebten glücklich bis ans Ende ihrer Tage« trifft eben nur auf einen (kleinen) Teil aller Paare zu. Wenn der Himmel nach einer Trennung nicht mehr voller Geigen, sondern schwarzer Wolken hängt, möchte so manche/r erst einmal überhaupt nicht das Haus verlassen, auch wenn München gewissermaßen die perfekte Stadt ist, um auf andere Gedanken zu kommen!

Trotzdem: Nach kummervollen Nächten alleine vor Fernseher, Laptop oder Tagebuch tut es gut, nach draußen zu gehen, Bewegung bringt uns auf andere Gedanken und macht glücklich. Und zur Abwechslung ist es ja auch mal ganz schön, etwas anderes anzustarren, als die Pärchenfotos an der Kühlschranktür.

Wer jetzt einfach nur seinen Gedanken nachhängen möchte und mal wieder etwas Tapetenwechsel braucht, dem sei ein **SPAZIERGANG** an einem ruhigen Ort ans Herz gelegt. Mitten in der Stadt befindet sich ein historisches Juwel, das für seine friedlich-schöne Atmosphäre bekannt ist: der **ALTE SÜDLICHE FRIEDHOF**. Hier wird schon lange nicht mehr bestattet und trotz der Renovierungsarbeiten im Jahre 2007 besticht das Gelände durch seinen ganz eigenen, verwilderten Charme. Hier kann man in Ruhe umherstreifen, nachdenken, auf einer Bank sitzen oder die Gräber von berühmten (Münchner) Persönlichkeiten wie Carl Spitzweg, Justus von Liebig oder Wilhelm von Kaulbach besuchen.

Um sich wieder wohler im eigenen Körper zu fühlen, die unangenehmen Emotionen rauszulassen und den Kopf freizubekommen hilft: **TANZEN**! Und weil es kurz nach der Trennung in Clubs oft eher ernüchternd ist und Gedanken ans Flirten und Kennenlernen noch in weiter Ferne sind: am besten fernab vom Nachtleben, knutschenden Pärchen und Bierfahnen fremder Leute an überfüllten Tresen. Im **STUDIO FREITÄNZER** gibt es die Möglichkeit, sich frei von vorgeschriebenen Choreografien und sportlichen Ansprüchen in angenehmer Atmosphäre zu bewegen. Von Afrobeats über Techno bis hin zu Salsa und Rap ist alles dabei! Am besten einfach mal durchs Programm stöbern.

Ein Blick in den Spiegel verrät schlaflose Nächte voller zermürbender Gedanken, die Haut wirkt fahl, das Haar ist stumpf... Dann ab in die Wanne oder den Whirlpool! Warmes Wasser wirkt wie eine Umarmung, macht glücklich und löst in uns die gleichen Emotionen wie Kuscheln aus: Wir entspannen alle Muskeln und vergessen für ein paar Stunden alle Sorgen. Einfach ein gutes Buch und ein flauschiges Handtuch einpacken und dem Verwöhndate mit dem eigenen Körper steht nichts mehr im Wege. Wer in Ruhe planschen und relaxen möchte, kann die eigene **BADEWANNE** als Heim-Spa nutzen. Aber wie wär's mit einem tollen Badezusatz statt dem schnöden Fichtennadelschaumbad, das schon seit Monaten ein trauriges Dasein im Badezimmerschrank fristet? Hier empfiehlt sich unbedingt ein kleiner Ausflug in die Leopoldstraße oder in die Sendlinger Straße und eine Beratung bei unserem Lieblingskosmetikgeschäft **LUSH**: Die Verkäuferinnen hier sind supernett und alleine die Farbexplosion in der Auslage macht schon gute Laune! Besonders hilfreich bei Liebeskummer: Die Riesenbadebombe »The Comforter« kann bis zu fünfmal verwendet werden, riecht himmlisch nach Johannisbeeren und färbt dein Badewasser magentafarben.

Und weil es zudem auf dem Weg in der Leopoldstraße liegt, glücklich macht, ein bisschen dekadent ist und auch in der Badewanne schmeckt: Nach dem Badebomben-Einkauf gleich noch schnell rüber zu **HÄAGEN DASZ** und eine großzüge Portion Eis einpacken lassen.

Für Genießer: Schon die alten Osmanen wussten: Dampfbäder und Massagen halten jung und machen glücklich und schön! Und genau jetzt ist ein guter Zeitpunkt sich eine Auszeit zu gönnen – Massagen und Körperkontakt sind zudem Balsam für verletzte Seelen. Im **HAMAM ANATOLIA** gibt es verschiedene traditionelle Massagen (je nach Dauer und Art von 15 bis 79 Euro), aber auch ein zweistündiger Aufenthalt im türkischen Dampfbad ist eine Wohltat und bedeutet Urlaub für Körper und Geist (Eintritt 29 Euro). Wir empfehlen die traditionelle türkische Seifenschaummassage, bei der der Körper gleichzeitig massiert und gewaschen wird. Danach fühlt man sich einfach himmlisch!

Nichts tut bei Liebeskummer so gut, wie für ein paar Stunden in eine andere Welt abzutauchen – ein guter **FILM**, dazu riesige Mengen Eis oder Chips und eine klitzekleine Flasche Rotwein sind die besten Freunde an einsamen Abenden auf der Couch. Und weil man sich immer besser fühlt, wenn man wenigstens kurz an der frischen Luft war, ist die Trennungsphase die beste Gelegenheit, mal wieder eine Videothek, zum Beispiel die **CINEBANK**, aufzusuchen und sich vom Angebot inspirieren zu lassen. (Und endlich genau die Filme auswählen zu können, die der oder die Ex zu kitschig/blutig/langweilig fand!)

Weil man in Zeiten der Trauer und des Schmerzes besonders kreativ ist, ist es ein gute Idee, das **MACHWERK** am Rotkreuzplatz zu besuchen. Hier gibt es regelmäßig die Möglichkeit, auch ohne Vorkenntnisse das offene Atelier zu nutzen und völlig frei und ohne Kurs- und Gesprächszwang drauflos zu gestalten und zu experimentieren; Leinwände, Pinsel und so weiter gibt es vor Ort, eine kurze Anmeldung genügt!

Alter Südlicher Friedhof, Thalkirchner Straße 17
Tanzstudio Freitänzer, Euckenstraße 18, www.studiofreitaenzer.de
LUSH Fresh Handmade Cosmetics, Leopoldstraße 76; Sendlinger Straße 27
Häagen Dasz, Leopoldstraße 19
Hamam Anatolia, Wirtstraße 1b, www.hamamanatolia.de
Cinebank, Lindwurmstraße 43
Machwerk, Freies Atelier, Schulstraße 1, www.machwerk-muenchen.de

Liebesglück und Liebesleid auf bayerisch

Spatzl

= kleiner Spatz, Liebling; sehr bekannt aus der Serie »Monaco Franze« von Helmut Dietl und Patrick Süskind, die Anfang der 80er Jahre ausgestrahlt wurde; Franz Münchinger, alias Monaco Franze nennt seine Frau stets liebevoll Spatzl. Siehe auch S. 82 und 163.

fensterln

= nachts zu einem Mädchen ans Fenster gehen und eventuell durchs Fenster zu ihm ins Zimmer klettern

i mog di

= ich liebe dich

Bussi

= Kuss, Schmatz

schnackseln

= »koitieren« steht im Duden, aber wir würden das doch mit »Liebe machen« oder einfach mit »Sex haben« übersetzen; seit dem peinlichen Auftritt vin Gloria von Thurn und Taxis ein sehr bekannter bayerischer Begriff

Gspusi, das [gschb_usi]

= mehr oder weniger geheimes Liebes-
verhältnis, Liebschaft, Liebste(r), Schatz

Herzibopperl

= so in etwa Herzenspuppe, Begriff für geliebte
oder aber auch arg verwöhnte Kinder, spöttisch auch
für die Lebensmenschen

Schneckerl

= Schnecke, Kosename für Frauen und Mädchen

gseng und meng

= gesehen und gemocht, also Liebe auf den ersten
Blick

Mauserl

= Mäuschen

Bazi

= pfiffiger, durchtriebener Bursche

Gori, der [g_ore]

= läppischer Mann, wird oft abfällig verwendet,
wenn man mit der Partnerwahl einer Frau nicht
einverstanden ist

Experteninterview
München-Autorin

Kannst du dich noch an den Moment erinnern, an dem du dich in München verliebt hast?
Mit neun oder zehn Jahren habe ich mit meiner Familie zusammen die alten Kultserien von Franz Xaver Bogner angeschaut, allen voran natürlich »Irgendwie und sowieso«. Es gibt eine Szene, in der Efendi auf der Isarbrücke steht, vor sich die Großstadt München, in der Serie »Manhattan« genannt. Irgendwie hat da schon die Verliebtheit angefangen, obwohl ich die Stadt in Wirklichkeit noch gar nicht so richtig kannte. Das Gefühl hält, seit ich in München lebe, beständig an, und solange es bleibt, bleibe auch ich hier.

Was sind deiner Meinung nach die romantischsten Orte in der Stadt?
Ich liebe die Stimmung im Olympiapark, dann wenn die Sonne untergeht und alles wie in Gold getaucht ist, als musikalische Untermalung dazu am besten noch Akustiksounds, die vom Theatron aus die Kulisse unterstreichen – das ist Münchner Romantik! Und wenn man nachts von Schwabing aus zum Marienplatz läuft, ist sowieso alles um einen herum wie die Kulisse für einen Film.

Und welche werden überschätzt?
Ich bin ehrlich gesagt kein großer Fan vom Englischen Garten. Gerade in den Sommermonaten kommt hier bei so viel Tourismus und Trubel eher wenig Romantik auf, da bin ich lieber im Westpark unterwegs, besonders im Ostasien-Ensemble oder abends im Open-Air-Kino.

Was sollten Pärchen in München unbedingt unternehmen?
Das kommt immer auf den persönlichen Geschmack an: Der eine will in die Erlebniswelt in der Allianz Arena, der andere ins Kunstmuseum – in und um München gibt es so viele Möglichkeiten. Was ich hier allerdings einzigartig und besonders finde, ist das vielfältige kulturelle Angebot, besonders im Hinblick auf Off-Kunst mit schönen Konzerten, etwa im Farbenladen oder im Linoleum Club.

Und wenn man gerade nicht verliebt ist: Wo lernt man am ehesten andere Münchner Singles kennen?
Generell ist das Glockenbachviertel das beste Münchner Eck zum Kennenlernen und Flirten: Im Holy Home, das direkt am Gärtnerplatztheater liegt, lernt man schnell interessante Leute kennen. Überhaupt ist der Gärtnerplatz im Sommer der perfekte Ort zum Beobachten, Treffen und Kennenlernen! Je nach Musikgeschmack empfehle ich an dieser Stelle auch das Beverly Kills.

In deinem Roman »Isarvorstadt« kommen einige junge Münchner Singles und auch frisch Verliebte vor – glaubst du, dass es in der Großstadt schwieriger ist, sich zu verlieben, oder dass die Münchner

Simone Bauer schreibt am liebsten über gebrochene Herzen in Indiediskos, Popkultur und starke Frauen, wie in ihrem Debüt »Ganz entschieden unentschieden«, oder für MISSY, MyFanbase und Koneko. Sie spricht viel über München auf egoFM und auf Twitter (@teaserette). Ihr neuer Roman ist im September 2016 erschienen.

zaghafter sind, was feste Bindungen angeht? Uns eilt da ja so ein Ruf voraus... Ich denke das schon, und sehe es ja auch, nicht nur im näheren Umfeld, sondern auch im weiteren. Auf dem Land wächst du mit denselben Leuten im Dorf auf, der Kosmos ist einfach kleiner und man kommt schneller in Kontakt. In München musst du erst anfangen, dich über deine Hobbys zu etablieren, aber meistens werden daraus auch nur Bekanntschaften und keine Beziehungen. Beim Weggehen kommt es wohl darauf an, wohin man geht, aber aus Flirts in Bars und Kneipen werden nur selten ernsthafte Beziehungen, wobei das sicher kein Münchner Phänomen ist. Wenn dann mal etwas vorwärts geht, dann scheitern wir gerne an uns selbst.

Verrätst du uns noch, wo du in München am liebsten abends ausgehst?
Ich trauere immer noch manchmal dem Atomic nach und der tollen Zeit, die ich dort hatte. Inzwischen gehe ich gerne mal ins Strom, das ehemalige 59:1 – das ist im Übrigen der Flirt-Hotspot schlechthin!

Hast du ein Lieblingscafé, das wir unbedingt noch besuchen sollten?
Ganz klar das Café Trachtenvogl, einer meiner liebsten Orte hier in München. Meine Begeisterung geht sogar so weit, dass das Café in jedem meiner Romane vorkommt.

Und wo sollte man unbedingt hingehen, wenn man dem oder der Geliebten ein besonderes Geschenk machen möchte?
Mich könnte man sehr glücklich mit einem Mitbringsel aus dem Item Shop machen, aber ich bin ja auch ein Nerd-Mädchen und freue mich über all die tollen Sachen, die es dort zu finden gibt, von der Slytherin-Tasse für Potter-Fans bis zu Anime-Actionfiguren.

Christkindlmärkte

Was gibt es an einem klirrend-kalten Winterabend Schöneres, als sich mit dem Duft von gebrannten Mandeln und Zuckerwatte in der Nase an einem Becher Glühwein die Hände zu wärmen und danach Hand in Hand über den Christkindlmarkt zu schlendern? Nichts, genau! Aber für welchen soll man sich entscheiden, wenn es – wie in München – quasi in jedem Stadtteil einen eigenen Weihnachtsmarkt gibt? Hier als kleine Hilfestellung die Highlights unter den Münchner Weihnachtsattraktionen:

An erster Stelle steht natürlich der älteste Christkindlmarkt Münchens am **MARIENPLATZ**, der sich mittlerweile vom Rindermarkt bis in die Neuhauser Straße und die Weinstraße erstreckt und traditionell durch den Bürgermeister eröffnet wird, indem er per Knopfdruck die bis zu 3.000 Kerzen des riesigen Christbaums vor dem Rathaus entzündet. Dort treffen sich Einheimische und Touristen, um an den vielen Buden altdeutschen Weihnachtsschmuck, handgetöpfertes Geschirr, Nussknacker und Zwetschgenmandl zu erwerben. Letztere schenkt Mann übrigens einem alten Brauch zufolge zu Weihnachten seiner Angebeteten: Nimmt sie das Geschenk an, ist der Weg zum Standesamt nicht mehr weit! Für weihnachtliche Stimmung sorgt am Marienplatz auch die bayerische Singstunde, bei der im Foyer des Alten Rathauses Jung und Alt gemeinsam bayerische Weihnachtslieder singen. Der Rindermarkt entpuppt sich als Fundgrube für antiken Christbaumschmuck und historisches Spielzeug. Hier findet man überdies bodenständiges bayerisches Zuckerwerk wie Kletzenbrot, Apfelkücherl und Reiberdatschi. Tradition hat auch der größte deutsche Kripperlmarkt am Ende der Neuhauser Straße, auf dem handgeschnitzte Krippen und Figuren aus Südtirol, Oberammergau und dem Erzgebirge feilgeboten werden.

Etwas beschaulicher, aber ebenso stimmungsvoll geht es am **SENDLINGER TOR** zu. Klein, fein und abseits vom Trubel des Marienplatzes kann man hier neben traditionellem auch ausgefalleneren Baumschmuck erwerben, so etwa Christbaumkugeln mit dem Konterfei von Kaiserin Sisi oder König Ludwig II.

Traditionsbewusst gestaltet ist auch das historische **WEIHNACHTSDORF** am Odeonsplatz. Hier findet man sich – im Kaiserhof der Residenz – in einem winterlichen Bauerndorf mit schindelgedeckten Alpenhütten inklusive Kapelle und lebensgroßer Krippe wieder.

Wem das alles zu wenig spektakulär erscheint, der sollte sich besser für das unweit von der Residenz am Wittelsbacher Platz hofierende Adventsspektakel entscheiden! Auf dem **MITTELALTERMARKT** tummeln sich Burgfräulein und Ritter, Gaukler, Spielleute und Feuerspucker. Zu mittelalterlicher Live-Musik lassen sich Glasbläser und Schmiede bei ihrer Arbeit über die Schulter blicken. Neben Schmuck, handgeschöpften Seifen und mittelalterlichen Gewändern gibt es hier für Fans kalligrafischer Liebesbriefe Federkiele und Tintenfässer oder auch – je nach Bedarf – Schwerter, Armbrüste und Rüstungen zu kaufen. Stärken kann man sich mit frisch gebackenen Baumstriezeln, Spanferkel vom Spieß und Glühwein oder heißem Met. Ob man seiner Begleitung den Genuss von Thors Hammer, einem Gebräu aus Met und Whiskey, zumuten darf?

Im Englischen Garten kann man nach einem Spaziergang oder einer romantischen Kutschfahrt durch den winterlichen Park unter dem idyllisch beleuchteten **CHINESISCHEN TURM** die weihnachtliche Atmosphäre in aller Ruhe genießen. Für Bewegung und Spaß sorgen seit Kurzem zwei Eisstockbahnen, die von Groß und Klein fleißig genutzt werden.

PINK CHRISTMAS im Herzen des Glockenbachviertels ist der wohl bunteste unter den Christkindlmärkten. Entstanden aus der LGBT-Community Münchens ist daraus längst ein multikultureller Treffpunkt für alle Feierfreudigen, Familien, Nachbarn und Gäste des Viertels geworden. Außergewöhnliche Marktstände, Glühwein, stimmungsvolles Lichtdesign und ein abgefahren-witziges Showprogramm machen den kleinen Pink-Christmas-Markt zu einem ganz besonderen Erlebnis.

Freunde der Kunst sollten sich den **SCHWABINGER WEIHNACHTS-MARKT** an der Münchner Freiheit nicht entgehen lassen. Dort findet jährlich ein internationaler Kunst- und Kunsthandwerksmarkt statt, der durch eine Vernissage im dazugehörenden Kunstzelt eröffnet und von wechselnden Ausstellungen und Installationen flankiert wird.

Einer der schönsten Stadtteil-Christkindlmärkte ist der **HAIDHAUSER WEIHNACHTSMARKT** mit seinem idyllischen und familiären Flair: Jenseits der Geschäftigkeit der Innenstadt findet man um den Brunnen am Weißenburger Platz traditionelle Verkaufsstände, Glühweinbuden und Kunsthandwerk.

Auf der Theresienwiese öffnet das **WINTER-TOLLWOOD**, der kleine Bruder des berühmten Sommer-Festivals im Olympiapark, seine Zelt-Tore. Wie im Sommer bieten Kunsthandwerker und alternative Aussteller aus aller Welt ihre Waren und kulinarischen Spezialitäten zum Verkauf – alles selbstverständlich ökologisch einwandfrei und nachhaltig. Dazu gehören wie immer Ausstellungen, Konzerte und Kabarettabende regionaler und internationaler Künstler.

Und wer sich nach all der kulinarisch-kulturellen Behaglichkeit nach etwas mehr Action sehnt, dem sei der **MÜNCHNER EISZAUBER** am Karlsplatz (Stachus) ans Herz gelegt. Auf 750 Quadratmetern kann man sich auf Schlittschuhen austoben und mehr oder minder elegante Pirouetten drehen. Natürlich wird auch hier mit Glühwein, Lebkuchen und Co. für das leibliche Wohl gesorgt. Man kann sich aber auch – der Romantik wegen – auf ein Glas Champagner in die beheizten Räume der Eiszauber-Bar zurückziehen und von dort aus die Aussicht auf die Eisfläche und die winterliche Stimmung der Fußgängerzone bis zum Marienplatz genießen.

www.weihnachtsmarkt-marienplatz.de; www.sendlinger-tor.com; www.dasweihnachtsdorf.de; www.mittelaltermarkt-muenchen.de; www.weihnachtsmarkt-chinaturm.de; www.pink-christmas.de; www.schwabingerweihnachtsmarkt.de; www.haidhauser-weihnachtsmarkt.de; www.tollwood.de; www.muenchnereiszauber.de

Tagesausflug

Starnberger See

Der Starnberger See ist ein klassisches Ausflugsziel der Münchner, deren betuchtere Schicht sich in Villen und Landhäusern rund um den See niedergelassen hat. Starnberg selbst bietet keine nennenswerten Sehenswürdigkeiten außer der kleinen Pfarrkirche St. Joseph, der Uferpromenade und dem sich mondän gebenden Undosa-Restaurant. Am besten setzt man sich gleich auf einen der Ausflugsdampfer. Ganz in der Nähe ist im Jahr 1886 der »Märchenkönig« Ludwig II. ertrunken aufgefunden worden. Ein Kreuz am See markiert die Stelle und ein Spaziergang zur Votivkapelle sollte nicht unterbleiben. Danach geht es nach Leoni auf die Terrasse des **SEEHOTELS**, um das Gemüt mit einem Eisbecher Melba herunterzukühlen, oder nach Ambach in die alte Bauernwirtschaft **FISCHMEISTER**. Feldafing vorgelagert ist die Roseninsel, wo Max II. ein Schlösschen bauen ließ. Dort und im **SCHLOSS VON POSSENHOFEN** verbrachte Sisi, die spätere Kaiserin, ihre Kindheit.

Ruhpolding

Wagnerianische Dekadenz in Windbeutelform lockt den Münchner am Wochenende ins zwei Stunden entfernte **RUHPOLDING**. Mit dem Lohengrin-Windbeutel, der – wie sollte es anders sein – in Schwanenform angerichtet serviert wird, huldigt das historische Bauernhauskaffee **WINDBEUTELGRÄFIN** noch heute Ludwig II. und seiner Verehrung Richard Wagners. Wie viel Liebe in jedem einzelnen Windbeutel steckt, wird auch an der »Windbeutel-Chronologie« ersichtlich, die das Team der Gaststätte im Mühlbauernhof penibel pflegt: So lässt sich nachverfolgen, dass Windbeutel Nr. 2.300.000 am 6. Februar 2009 von Fernsehkoch Johann Lafer verspeist wurde. Die ehemalige Eiskunstläuferin Katharina Witt durfte 2011 den 2.410.000. Lohengrin genießen. Die aufwendig zubereitete Brandteig-Spezialität, die in 20 Varianten mit Sahne und frischen Früchten bestellt werden kann, hält den ganzen Tag satt und sollte auf jeden Fall statt – und besser nicht nach – einer richtigen Mahlzeit verspeist werden.

Nachdem man sich im tollen Ambiente des Ruhpoldinger Talkessels (auch Miesenbacher Tal genannt) in den Chiemgauer Alpen den Bauch vollgeschlagen hat, ist es eine gute Idee, sich ein bisschen zu bewegen – schließlich trägt es nicht unbedingt zur knisternden Stimmung bei, wenn die Beteiligten während des Ausflugs oder des Dates ins Zuckerkoma fallen. Man könnte etwa eine Tour durch das ansehnliche oberbayerische Ruhpolding machen. Folgt man von der Windbeutelgräfin aus der Brandnerstraße, die zur Zeller Straße wird, trifft man auf den Quellfluss Weiße Traun. Immer flussaufwärts am Wasser entlang

kommt man über die Dr.-Degener-Promenade zum Bäckersteg. Dort erwartet die Spaziergänger eine Überraschung: eine niedliche Kneippanlage inklusive einem Sinne-Barfuß-Parcours! Erfrischend und extrem unterhaltsam wird es, wenn man sich auf das eiskalte Nass der Wassertret-Becken einlässt und sich traut – am besten, bevor die Füße taubgefroren sind –, die Sohlen von Kieselsteinen, Fichtenzapfen, Holzrinde, Sand und Torf massieren zu lassen. Nach diesem anregend-stimulierenden Erlebnis kann es weiter in Richtung Osten gehen. Entlang der Straße St. Valentin, vorbei am gleichnamigen gotischen Kirchlein, und ein Stück am Windbach entlang, versucht man über die beschilderten Spazier- und Wanderwege den Etzgraben und die Hutzenau anzusteuern. Dann kann man wieder einen Bogen schlagen und über die Seehauser Straße zum Ausgangspunkt und vermutlich seinem Auto auf der Brandnerstraße zurückkommen.

Unabhängig von dieser Route, bietet sich die Umgebung von Ruhpolding generell für Wandertouren an – ist man gewillt, sich statt eines Spaziergangs richtig zu verausgaben, kommt man auch auf seine Kosten, etwa bei der Besteigung des Hausbergs. Touren und Karten finden sich en masse auf dem Internetportal des Örtchens. Entscheidet man sich ad hoc, den empfohlenen Spaziergang zu erweitern, geht das ebenfalls ohne Probleme – einfach den Schildern folgen oder in spannend erscheinende Abzweige einbiegen; immer der Nase nach, von einer Kapelle zum nächsten Panorama-Ausblick und wieder zurück zum lauschigen Bachlauf – je nachdem, was der Windbeutel-Bauch eben gerade zulässt...

Seehotel Leoni, Assenbucher Straße 44, 82335 Berg, www.seehotel-leoni.com; Zum Fischmeister, Seeuferstraße 31, 82541 Ambach, www.zumfischmeister.com; Schloss von Possenhofen, Karl-Theodor-Straße 14, 82343 Pöcking; Windbeutelgräfin, Brandner Straße 23, 83324 Ruhpolding, www.windbeutelgraefin.de

Tagesausflug

Augsburg

Unter den Münchnern genießt Augsburg zum Teil einen eher zweifelhaften Ruf: Die Stadt gilt als verschlafenes Pendlernest, in dem es außer der Puppenkiste und der Fuggerei recht wenig zu entdecken gibt. Bekannt dürfte auch noch das Bonmot von H. O. Münsterer – einem guten Freund des populären Augsburger Dramatikers und Genießers Bertolt Brecht – sein, das nach wie vor gerne von unzufriedenen Einwohnern der bayerisch-schwäbischen Hauptstadt zitiert wird: »Das Schönste an Augsburg ist der D-Zug nach München.«

Da ist schon was dran: Augsburger und Augsburgerinnen fahren seit Jahr und Tag mit Zug und Auto in die bayerische Metropole, ob ins Büro, zum Shopping oder ins Nachtleben; Ex-Augsburger trifft man in München quasi an jeder Ecke (allerdings geben sie es nicht immer gerne zu). Dennoch bleiben offensichtlich viele ihrer Heimat treu, was nicht allein an den niedrigeren Mietkosten liegen kann. Warum also nicht für einen Tag dem Gedrängel in U-Bahn und Fußgängerzone den Rücken kehren, um dieser Sache selbst auf den Grund zu gehen? Die drittgrößte Stadt Bayerns (mit rund 286.400 Einwohnern ist Augsburg tatsächlich kein Dorf) hat nicht nur einen hohen Romantik-Faktor, sondern bietet auch eine Vielzahl kultureller Attraktionen.

Am besten erlebt man die Reise nach Augsburg mit dem Bayern-Ticket der Bahn. Warum? Die **ZUGSTRECKE** ist mit über 175 Jahren die älteste in Bayern! Dazu sind die Züge in dieser Richtung vormittags ab 10 Uhr leer und ruhig. Angekommen in der Fuggerstadt kann dann natürlich auch das 1845 erbaute **BAHNHOFSGEBÄUDE** begutachtet werden. Laut der Inschrift auf der Tafel über dem Eingang handelt es sich dabei nämlich in der Tat um das »älteste Bahnhofs-Empfangsgebäude in einer Großstadt der Bundesrepublik, das noch in Betrieb ist«. Vom Hauptbahnhof aus geht es auch sofort durch die Halderstraße ins Zentrum, das zu Fuß in etwa zehn Minuten erreichbar ist. Wer möchte, kann natürlich auch mit der Tram (von Augsburgern nur »Straßenbahn« genannt) bis zum Königsplatz fahren.

Am Ende der Halderstraße geht es links direkt weiter in die Fußgängerzone der Annastraße, wo es erst einmal ein tolles Frühstück gibt! Im **CAFÉ ANNA** im Annahof sitzt man in der warmen Jahreszeit draußen ganz lauschig unter Baumkronen zwischen den alten Klostermauern, aber auch der Innenbereich überzeugt durch sein warmes Ambiente und ist modern und komfortabel gestaltet. Die Zutaten sind vornehmlich in Bio-Qualität und es gibt auch leckere Frühstücksangebote für zwei Personen, von »Bayerisch« bis »Deluxe«.

Eine vegane und ebenso gemütliche Alternative ist das schnuckelige **Café Dreizehn** im Bleigäßchen, das von der Halderstraße aus ebenfalls zu Fuß zu erreichen ist. Hier kann jeden Samstag ab 10 Uhr nach Herzenslust warm und kalt gebruncht werden, eine Reservierung ist empfehlenswert.

Gut gestärkt kann nun durch die **Annastrasse** flaniert werden, in der ab dem Vormittag immer Straßenmusiker unterwegs sind. Bücherfreunden sei hier ein kleiner Abstecher in die seit 1711 bestehende wunderschöne **Schlosser'sche Buchhandlung** empfohlen, die neben einem großen Zweitausendeins-Sortiment allerlei bibliophile Ausgaben und Schnäppchen anbietet.

Am Ende der Fußgängerzone kommt man am **Rathausplatz** an, der auch durch die zahlreichen kleinen Gässchen, die rechterhand von der Annastraße abzweigen und in denen kleine Ladengeschäfte und Cafés darauf warten, erkundet zu werden, zu erreichen ist. Seit Jahren gilt der Rathausplatz als Treffpunkt für (nicht nur) junge Leute, die hier gerne mit Bier, Eis, Hund und Kind auf dem Boden sitzen. Bei schönem Wetter empfiehlt es sich, auf den Stufen des Augustusbrunnens zu entspannen und die vorübergehenden Menschen zu beobachten, am besten mit einem Eis von **Santin** (eine der ältesten und zweifelsohne beliebtesten Eisdielen der Stadt, wir empfehlen die Sorte Käsekuchen!).

Wer möchte, kann nun zwei der bedeutenden Wahrzeichen der Stadt erkunden: Berühmt und sehenswert ist vor allem der **Goldene Saal** im Rathaus, ein Prunksaal aus der Spätrenaissance voller beeindruckender Portale, Wandmalereien und einer 14 Meter hohen Kassettendecke.

Gleich neben dem Rathaus steht (unübersehbar) der 70 Meter hohe **Perlachturm**, der neben 285 Treppenstufen auch eine herrliche Aussicht über die mehr als zweitausend Jahre alte Römerstadt bis hin zu den Alpen bietet. Um 11, 12, 17 und 18 Uhr erklingt hier zudem ein Glockenspiel aus verschiedenen Mozart-Melodien und Volksliedern. Weht vom Turm eine gelbe Fahne bedeutet das: Es herrscht Föhn und somit ist die Aussicht besonders lohnenswert!

Nach dem anstrengenden Aufstieg geht es nun locker bergab: Etwa 50 Meter rechterhand des Rathauses gelangt man den Judenberg hinunter ins Herz der **historischen Altstadt**; mit rund 217 Hektar Fläche besitzt Augsburg nach Köln und Hamburg die drittgrößte Altstadt Deutschlands. Neben zahlreichen Brücken und Kanälen gibt es eine Reihe an kleinen Geschäften und putzigen Cafés zu entdecken, zudem findet man hier das beste Streetfood der Stadt! Wer inzwischen wieder hungrig ist, hat die Qual der Wahl: Bei der stadtbekannten **Bosna-Stube** gibt es seit mittlerweile 50 Jahren die beste Wurst der Stadt (Experten und Fans von scharfen Sachen bestellen ganz fachmännisch die Super-Jaguar), gegenüber bei **Pamukkale** den besten Döner oder wenige Meter weiter oben bei der **Kichererbse** ein prima Falafel-Sandwich.

Wer jetzt noch Hunger auf Kultur hat, macht sich mit dem Mittagssnack seiner Wahl in der einen und dem Partner oder der Partnerin an der anderen Hand auf den Weg zu einem romantischen Spaziergang zum Augsburger Kulturerbe Nummer 1: der **Fuggerei**. Die von Jakob Fugger gegründete, älteste bestehende Sozialsiedlung der Welt ist von hier aus im Schlendertempo in weniger als 15 Minuten zu erreichen. In den 140 Wohnungen leben heute 150 bedürftige Menschen für eine Jahreskaltmiete von 88 Cent.

Eine weitere Attraktion Augsburgs, die nicht fehlen darf, ist die **PUPPEN-KISTE**. Karten für die Theatervorstellungen sollten in der Regel mindestens drei Wochen im Voraus reserviert werden, da diese immer schnell ausverkauft sind. Wer die Stadt jedoch nicht verlassen möchte, ohne einen Blick auf Jim Knopf, Monty Spinneratz und Co. zu werfen, dem sei ein Abstecher ins **PUPPEN-THEATERMUSEUM** ans Herz gelegt. Die bekannten Figuren können hier in liebevoll eingerichteten Schaukästen bewundert werden.

Zum Abendessen geht es je nach Gusto dann entweder ganz traditionell hinunter in den urigen **RATSKELLER** oder zum freundlichen Lieblingsitaliener **DRAGONE**, wo es neben riesigen Pizzen auch prima Salate gibt.

Dann ist Entspannung angesagt! In Augsburg locken plüschige Sitze in den alten Kino-Theatern des »Kinodreiecks« **MEPHISTO, THALIA UND SAVOY**. Wir empfehlen, das letzte zu besuchen: Das kleine, aber feine Kino (es gibt drei Säle, der größte davon mit übersichtlichen 72 Sitzen) verströmt das Flair vergangener Zeiten und bietet ein ausgewähltes Programm. Direkt nebenan lockt die **GOLDEN GLIMMER BAR** mit den wohl besten Cocktails der Stadt. Wer beim Blick in die Karte zunächst überfordert ist, wird hier in jedem Fall ausführlich und gut beraten. Für alle Gin-Liebhaber, die es frisch und speziell mögen, empfehlen wir den Earl Grey infused Gin Fizz.

Wer mehr auf Bier, Kicker und Underground steht, sollte ins **KREUZWEISE** in der Konrad-Adenauer-Allee am Königsplatz gehen. Zwischen Donnerstag und Samstag ist die gemütliche Kellerkneipe mit Wohnzimmerflair Treffpunkt fürs alternative Publikum jeglichen Alters. Wechselnde DJs stehen hier am Plattenspieler, die Bandbreite des Sounds reicht von 60er Surf über Rock'n'Roll bis hin zu Indierock, Minimal Wave und elektronischer Musik. Das Biersortiment ist umfangreich, in der Regel trinkt man hier aber Augustiner, Tegernseer oder Tannenzäpfle. Empfehlenswert und stadtbekannt ist auch der Haselnuss-Schnaps, Experten bestellen jedoch eine Turbo-Mate, trinken nach Gefühl ein oder zwei große Schlucke des Energiesaftes ab und lassen sich den Rest mit Wodka auffüllen – Preis nach Gefühl und Sympathie.

Wer sich noch ins Augsburger Nachtleben stürzen will, kann nebenan im **CITY CLUB** vorbeischauen, Freunde der vornehmlich technoiden Tanzmusik kommen in der stylischen und abgeranzten Location inklusive Kronleuchter und wackeligem Parkett ganz sicher auf ihre Kosten. Die Veranstalter meinen es meist gut mit der Nebelmaschine und wer helle oder teure Kleidung trägt, sollte es vermeiden, sich irgendwo hinzusetzen, der Boden ist klebrig und auf den Toiletten gibt es weder richtige WC-Deckel noch Spiegel. Der geneigte Technohead kennt und schätzt derartige Szenarios, alle anderen setzen sich lieber ins zum Club gehörende Café. Hier kann man vor allem sommers schön am offenen Fenster sitzen und das vorbeiziehende Feierpublikum beobachten und wer keinen Alkohol trinken will, bestellt ein Cola-Mix. Hier bekommt man nämlich eine besonders schmackhafte Variante mit einem Pinguin vorne drauf. Für alle anderen bietet die Maxstraße als Prachtmeile Augsburgs eine große Auswahl an Bars und Clubs, empfohlen sei die **MAHAGONI-BAR**, ob House, Hip Hop oder Neunzigerjahre-Pop: Hier ist immer was los. (Das will schon was heißen in Augsburg!)

DIE FUGGEREI IN AUGSBURG.

Erschöpft und voller neuer Eindrücke geht es dann wieder zum Bahnhof: Um kurz nach eins fährt der letzte Zug zurück nach München, der nächste kommt erst gegen 5.30 Uhr morgens. Was auch Spaß macht: den feierwütigen Augsburgern, die gerade aus München kommen, dabei zusehen, wie sie sich um die Taxis auf dem Bahnhofsvorsplatz streiten. Und auch jetzt seid ihr wieder entspannt im Vorteil: Nach München fährt um diese Zeit so gut wie niemand.

Café Anna, Im Annahof 4, www.das-anna.de
Café Dreizehn, Bleigäßchen 2, www.cafe-dreizehn.de
Schlosser'sche Buchhandlung, Annastraße 20
Eis Santin, Karlstraße 17, Ecke Annastraße, www.eiscafesantin.de
Bosna Stube, Judenberg 13
Pamukkale Kebap Haus, Judenberg 10
Kichererbse Imbiss, Judenberg 5
Fuggerei, Jakoberstraße 26, www.fugger.de
Augsburger Puppentheatermuseum, Spitalgasse 15, www.augsburger-puppenkiste.de
Ristorante Pizzeria Dragone, Wintergasse 3, www.ristorante-pizzaria-dragone.de
Ratskeller Augsburg, Rathausplatz 2, www.ratskeller-augsburg.de
Savoy Kino, Schmiedberg 5, www.lechflimmern.de
Golden Glimmer Bar, Schmiedberg 3, www.goldenglimmer.de
Kreuzweise, Konrad-Adenauer-Allee 19, www.kreuzwei.se
City Club, Konrad-Adenauer-Allee 9, www.cityclub.name
Mahagoni Bar, Ulrichsplatz 3, www.mahagonibar.de

Tagesausflug

Andechs

Egal, ob Radtour, Schwimmbadbesuch oder Eis essen, bei heißen Temperaturen und azurblauem Himmel macht einfach alles mehr Freude. Die Münchner treibt es dabei vor allem in die Biergärten und Entspannungsoasen der Landeshauptstadt. Und was ist das einzige, das einen entspannten Sommertag noch toppt? Ihn zu zweit zu genießen.

Wer sich nicht so recht entscheiden kann, was denn nun auf die gemeinsame Agenda soll, für den bietet das Kloster Andechs die perfekte Mischung. Gute 30 Autominuten südwestlich von München verschmelzen im Benediktinerkloster Berge, Bier und bayerische Gemütlichkeit auf einzigartige Weise.

Dabei ist die Anreise bereits Teil des Erlebnisses. Vom S-Bahnhof Herrsching braucht man zu Fuß circa 60 bis 90 Minuten. Der Wanderweg führt dabei durch idyllische Wälder und Wiesen – Romantik pur. Auch die Steigung ist eher gering, sodass keiner Angst haben muss, auf halbem Weg schlappzumachen. Falls man es doch gern gemütlicher hat, kann man auch mit dem Bus beziehungsweise Auto direkt bis zum Fuß des Klosterbergs fahren, von wo es nur wenige hundert Meter bis zur Klosterpforte sind.

Genau dort, unterhalb des Klosters, befindet sich übrigens ein sehr schöner Minigolfplatz, der sich wunderbar für einen kurzen Zwischenstopp eignet oder für einen geselligen Start in den Sommertag. Oben angekommen steht die Entscheidung an, ob es zunächst in die Klosterkirche oder doch direkt in den Biergarten gehen soll. Dazu sei gesagt, dass die Kirche und die umliegenden Gebäude einfach wunderschön sind und ein Rundgang sich auch für Kulturmuffel durchaus lohnt. Denn auch wer nichts mit dem Kloster an sich anfangen kann, kommt doch nicht umhin, die einzigartige Architektur der Kirche auf dem Berg zu bestaunen oder die wunderbare Aussicht, die an sonnigen Tagen einen klaren Blick auf die Alpen bietet. Die zweifelsfrei größte Attraktion im Kloster Andechs ist für viele allerdings von eher weltlicher, nämlich kulinarischer Natur. Im Andechser Bräustüberl und im Klostergasthof Andechs sowie in den angeschlossenen Biergärten zeigt sich die bayerische Küche von ihrer besten Seite. Ganz besondere Schmankerl sind die Schweinshaxe, der Rollbraten oder das Wammerl (Bauchfleisch). Für Vegetarier gibt's Obazden, Kartoffelsalat oder Käseplatten. Dazu trinkt der Andechsbesucher vornehmlich Bier aus der Klosterbrauerei. Es bietet sich dabei eine große Auswahl: Vom Apfelweißbier bis zum dunklen Andechser Starkbier ist alles dabei. Die Desserts sind ebenfalls typisch bayerisch. Bei Germknödel

BROTZEIT IM KLOSTER ANDECHS.

oder Apfelstrudel mit Vanillesauce lässt sich der gemeinsame Tag auf süße Weise abschließen.

Die Preise sind übrigens das einzig untypische für ein Münchner Touristenziel: Sie sind günstig. Die Maß Helles kostet beispielsweise 6,60 Euro. Die Hauptspeisen werden nach Gewicht abgerechnet. Ein gut gefüllter Teller samt Beilagen kostet dabei selten über 10 Euro.

Bevor man sich mit vollem Magen und gestilltem Durst auf den gemeinsamen Heimweg macht, lassen sich in der Klostermetzgerei noch die Taschen mit Wurst- und Käsespezialitäten füllen.

Wer sich nach dem langen Tag doch für die Rückfahrt per Bus entscheidet, den hindert nichts am Beobachten des Sonnenuntergangs vom Klosterberg aus. Ein Anblick, der romantischer kaum sein könnte.

Übrigens: Wer bei diesem Tagesprogramm ins Schwitzen gerät und Abkühlung braucht, der kann jederzeit einen Abstecher zum Ammersee machen. Zu Fuß erreicht man das nächstgelegene Ufer in Herrsching in etwa einer halben Stunde. Die Seepromenade des drittgrößten Sees Bayerns lädt zum Flanieren ein und das Strandbad zum Planschen. Wenn man genug von dem Trubel hat und etwas Zweisamkeit genießen möchte, mietet man sich einfach eines der kostengünstigen Tretboote und sucht sich seinen eigenen Spot zum Sprung ins kalte Wasser.

Kloster Andechs, Bergstraße 2, 82346 Andechs, www.andechs.de
Seepromenade, 86911 Herrsching am Ammersee

Tagesausflug

Salzburg

Salzburg ist der perfekte Ausflugsort für alle, denen es in München noch nicht romantisch genug ist: Malerisch thront die Festung Hohensalzburg über der historischen Altstadt, deren Gässchen und liebliche Schlösser mit ihren Gärten zum Lustwandeln einladen, das älteste Kaffeehaus Österreichs ist reich an süßen und heißen Verlockungen, und alles ist Hand in Hand im Schlenderschritt erreichbar. Selbst die Anfahrt ist der Entspannung zuträglich, denn von München aus geht es innerhalb von maximal zwei Stunden mit dem Zug direkt durch die wunderschöne voralpine Landschaft nach Salzburg. Erholsamer, romantischer und unkomplizierter kann ein Tagesausflug kaum sein.

Der erste Höhepunkt erwartet die Ausflügler schon nach wenigen Minuten Fußweg vom Bahnhof aus in Richtung Altstadt. An der Rainerstraße liegt das **SCHLOSS MIRABELL** mit seinem bezaubernden Barockgarten, der den Weg zur Altstadt in einen Spaziergang durch duftende, ornamentale Blumenbeete verwandelt. Der Rosengarten, die Statuen antiker Gottheiten und die barocken Brunnen verführen zum Verweilen und Turteln.

Vorbei am berühmten **MOZARTEUM**, dem **LANDESTHEATER**, **MOZARTS WOHNHAUS** und dem **GEBURTSHAUS CHRISTIAN DOPPLERS** gelangt man über den Markatsteg, eine Fußgängerbrücke, die hunderte Liebesschlösser zieren, ans gegenüberliegende Ufer der Salzach und damit in die historische Altstadt. Wer sich schon jetzt nach Wiener Melange und Torte sehnt, der geht zuvor ins gediegene **CAFÉ SACHER** in der Schwarzstraße am Flussufer. Oder soll es lieber gleich ein deftiges Mittagessen sein? Dann ist ein Abstecher in die Linzergasse zu empfehlen. Dort gibt es zahlreiche Restaurants und viele kleine Geschäfte, die nach dem Essen zum Flanieren einladen. Traditionelle Speisen in urigem Ambiente bietet der **GASTHOF ALTER FUCHS**. Hipper geht es beim **BIOBURGERMEISTER** zu, wo sowohl Vegetarier als auch Fleischliebhaber satt und zufrieden werden.

Gestärkt geht es weiter in die Altstadt. Vor allem die Getreidegasse mit ihren historischen Schildern und den vielen Geschäften ist attraktiv für einen Einkaufsbummel. Dort ist auch **MOZARTS GEBURTSHAUS** zu finden, das nicht nur Musikinteressierte begeistern dürfte. Auch locken zahlreiche prachtvolle Kirchen, drei Klöster – Stift Nonnenburg, Stift St. Peter und das Kapuzinerkloster –, der **DOM** und die Neue Residenz zu architektonischen Erkundungstouren. Außerdem beherbergt die **RESIDENZ** für alle historisch Interessierten das Salzburg-Museum, das mit einer modernen, informativen und unterhaltsamen Ausstellung zur Stadtgeschichte überzeugt.

Wer es eher gemütlich mag oder wen unterwegs der Salzburger Schnürlregen ereilt, dem sei ausdrücklich das **CAFÉ TOMASELLI** am Alten Markt empfohlen. Im Jahr 1700 gegründet, ist es das älteste »Wiener Kaffeehaus« Österreichs. In stilvollem Ambiente kann man dort bei Einspänner und Apfelstrudel süße Stunden verbringen, sich tief in die Augen schauen, die Gäste beobachten oder in guter Kaffeehaustradition eine der vielen verschiedenen Zeitungen lesen. Von den umsichtigen aber zurückhaltenden Obern fühlt man sich dabei bestens betreut, aber niemals gegängelt. Der schönste Zeitvertreib im Tomaselli ist definitiv, sich in regem Kontakt mit den freundlichen Kuchendamen durch das reichhaltige, hausgebackene Tortenangebot zu naschen. Die Zeit scheint an diesem Ort stehen geblieben zu sein und vergeht trotzdem wie im Flug. Selbst verregnete Nachmittage können dank dem Tomaselli die Ausflugsstimmung in Salzburg nicht trüben.

Vom Residenzplatz aus ist es nicht mehr weit zur Festungsgasse, die auf die imposante, über 900 Jahre alte **FESTUNG HOHENSALZBURG** führt. Wer den steilen Anstieg auf den Festungsberg scheut, kann auch mit der Zahnradbahn hinauf fahren. Die Fahrkarte ist im Eintrittspreis zur Festung inbegriffen. Beim Ticketkauf ist es empfehlenswert, sich für das Standardticket zu entscheiden, denn beim günstigeren Basisticket sind die Fürstenzimmer, die eigentliche Attraktion der Burg, nicht enthalten. Auch wenn sie der wohl touristischste Ort Salzburgs ist, ist der Besuch einer der größten erhaltenen Burganlagen Europas zu empfehlen. Beim Spaziergang über die Burghöfe und durch die geschichtsträchtigen Gemäuer fühlt man sich in eine andere Zeit versetzt. Zudem hat man von der Burg aus einen wunderbaren Blick über die Stadt.

Für das Abendessen bietet sich die **PIZZERIA & CREPERIE IL CENTRO** in der Kaigasse, unweit des Festungsbergs, an. Die älteste Pizzeria Salzburgs bietet nicht nur original italienische Küche, sondern auch ein besonderes Ambiente: Der Gastraum ist geprägt von dem originalen Stuckgewölbe – typisch für die Salzburger Altstadtarchitektur – und den hellblauen Farbakzenten. Kulinarisch und visuell eine Oase!

Geistig wie körperlich gut genährt kann man nun den Heimweg zurück ins schöne München antreten. Einige österreichische Bahnen bieten abgetrennte Abteile, dort lässt es sich besonders schön händchenhalten und in Ausflugserinnerungen schwelgen. Aber natürlich kann man auch gleich den nächsten Salzburgbesuch planen, schließlich gibt es noch das Salzburger Festspielhaus, das Museum der Moderne auf dem Mönchsberg, das Domquartier und vieles mehr zu sehen!

Schloss Mirabell, Mirabellplatz 4, www.salzburg.info; Salzburger Landestheater, Schwarzstraße 22, www.salzburger-landestheater.at; Mozarts Wohnhaus, Makartplatz 8, www.mozarteum.at; Café Sacher, Schwarzstraße 5–7, www.sacher.com; Gasthof Alter Fuchs, Linzergasse 47–49, www.alterfuchs.at; BioBurgermeister, Linzergasse 54, www.bioburgermeister.com; Mozarts Geburtshaus, Getreidegasse 9, www.mozarteum.at; Domquartier Salzburg, Residenzplatz 1/ Domplatz 1a, www.domquartier.at; Salzburg Museum, Mozartplatz 1, www.salzburgmuseum.at; Café Tomaselli, Alter Markt 9, www.tomaselli.at; Festung Hohensalzburg, Mönchsberg 34, www.salzburg-burgen.at; Pizzeria & Creperie Il Centro, Kaigasse 13, www.pizzeria-salzburg.at

München in prominentem Munde

Napoleon I.
»Langsam begreife ich, was das ist, ein echter Münchner. Ein Glücksfall ist es, kein Zufall. Es ist Schicksal, Glück und eben doch Verdienst

Angela Merkel zu Dmitri Medwedew im Schloss Oberschleißheim
»Wenn es Ihnen in München nicht gefällt, dann weiß ich nicht, wo es Ihnen in Deutschland gefallen soll.«

Clint Eastwood
»Ich erinnere mich kaum, schon mal eine so schöne Verbindung von Bergen, Seen und einer Stadt gesehen zu haben wie in München. Ob das ein Gott gemacht hat? Fragen Sie mal den Papst, der weiß es ja sicher. Es ist mir egal. Deswegen genieße ich diese Schönheit nicht ohne Demut.«

Thomas Wolfe
»Was könnte man über München anders sagen, als dass es eine Art von deutschem Paradies sei?«

Wolfgang Amadeus Mozart
»Hier bin ich gern.«

Werner Bergengruen
»Es ist nicht gut, mich nach München zu fragen, denn ich bin in München verliebt, und Verliebte reden Torheit.«

Hugh Jackman
»Wie die meisten 18-jährigen Touristen habe ich mich in den Wirtshäusern mit Bier betrunken und am Bahnhof übernachtet. Ich erinnere mich daran, meinen Freunden so fest zugeprostet zu haben, dass die Krüge zerbrochen sind. Ich glaube, wir wurden rausgeschmissen. Und ich habe mich in ein Mädchen verliebt. Ich erinnere mich daran, ihr einen Abschiedskuss gegeben zu haben, bevor ihre Bahn abgefahren ist. Ich habe sie nie wieder gesehen.«

Mark Twain
»München schien der schlimmste, verlassenste, unerträglichste Ort zu sein – die Zimmer so klein, der Komfort so dürftig – unausstehlich. … Aber am nächsten Morgen verliebten wir uns in die Zimmer, das Wetter, München und Hals über Kopf in Fräulein Dahlweiner.«

Ernest Hemingway
»Fahren Sie gar nicht erst woanders hin, ich sage Ihnen, es geht nichts über München. Alles andere in Deutschland ist Zeitverschwendung.«

Web/Blogs

www.kuchen-zum-fruehstueck.de
www.rehab-republic.de
www.munichopenminded.com/blog
www.isar-mami.de
www.das-muenchner-kindl.de
www.muenchenblogger.de
www.popup-radar.com/cities/München
www.artsinmunich.com
www.mucbook.de
www.munichinside.de
www.isarsparer.de
www.kulturphorie.com
www.essentials-blog.com
www.fedoraontour.wordpress.com
www.isarblog.de
www.isarleben.de
www.imgegenteil.de/blog
www.munichmag.de
www.muenchen.mitvergnuegen.com

Bildnachweis

Antiquariat Dr. Haack Leipzig (CC BY 3.0): 165 r.; ARLHT: 205; August Dreesbach Verlag: 2, 7, 27, 28/29, 38, 39, 40/41, 47 o., 47 u., 50, 51, 52/53, 56, 57, 61, 67, 76/77, 87, 94/95, 98 o., 98 M., 98 u., 106/107, 111, 112/113, 119, 125, 137, 139, 140/141, 169, 198/199, 215, 222/223, 232; Francisco Anzola (flickr): 25; auszeit – Day Spa München: 175; Maxime Barchand: 173; Bayreuth2009 (CC BY 3.0): 59; Bazi's Schlemmerkucherl: 55; Gorup de Besanez (CC-BY-SA 4.0): 171; Sebastiano Bombelli (gemeinfrei): 71; Bundesarchiv, Bild 183-R98911 (CC-BY-SA 3.0 de): 101 r.; B.zsolt (CC-BY-SA 3.0): 151; Marina Cipic: 135; Sarah L. Donovan (flickr): 69; Philipp von Essen: 97; Leopold Fiala: 43; Darren Foreman (flickr): 145; Frankie Fouganthin (CC-BY-SA 4.0): 162; freddiemercury.weebly.com: 167; Ben Garret (flickr): 213; Jack Glockenbach: 44; Dominik Götz: 115; Franz Seraph Hanfstaengl (gemeinfrei): 158 l.; Kryolan: 147; Elke König: 131; Kutscherei Hans Holzmann: 121 u.; Laimer Hof: 195; Live Club Milla: 109; muenchnersingles.de: 33, 35; obelicks (fotolia): 8–19; Rafael Fernandes de Oliveira (CC-BY-SA 3.0 de): 117; Peterf (CC-BY-SA 3.0): 78 o.; Willy Pragher (CC BY 3.0): 155; Oliver Raupach (CC-BY-SA 2.5): 78 u.; Martina Rinke: 127; Bibi Saint-Pol: 89; sauletas (shutterstock.com): 121 o.; Henning Schlottmann (CC BY 1.0): 59; Thilo Schnelle: 21; Karl-Heinz Schuster: 81, 121 M.; Christian Sepp: 148/149, 188/189; Southworth & Hawes (gemeinfrei): 158 r.; Stefano (flickr): 63; Joseph Karl Stieler (gemeinfrei): 75; Maria Ulyanova (gemeinfrei): 156; Unbekannt (gemeinfrei): 161; Unbekannt (gemeinfrei): 165 l.; Joseph Vivien (CC-BY-SA 3.0): 73; Elke Wetzig (CC-BY-SA 3.0): 101 l.; Wgutt (flickr): 65; Windbeutelgräfin Ruhpolding: 209; Thomas Wolf (CC-BY-SA 3.0 de): 30 u.; Jürgen Wurst: 197; Zyankarlo (shutterstock.com): 30 o.

Der Brunnen auf dem Prof.-Huber-Platz.

Register

089 Bar 86

ABC-Kino 99
Afros 51
Albrecht III., Herzog 68, 157
Alof 183
Alte Pinakothek 24, 103, 196
Alter Botanischer Garten 24
Alter Nördlicher Friedhof 79, 152
Alter Simpl 57
Alter Südlicher Friedhof 200
Amalienburg, Schlosspark Nymphenburg 26 f., 72 f.
Amphitheater, Englischer Garten 66
Andechs 79, 214 f.
Angermaier 186
Antiquitäten Seitz 26
Aquamarin 23
Arena Filmtheater 99
Aroma Kaffeebar 104
Arts 'n' Boards 22
Atlantic City 176
Auer Dult 147
Augsburg 114, 157, 210–213
Augspurg, Anita 170
Augustiner Bräustuben 50 f., 123
Augustiner-Keller 58 f.
Aumeister, Englischer Garten 66
Auryn 182
Auszeit (Spa) 174 f.
Autokino Aschheim 99

Badenburg, Schlosspark Nymphenburg 26, 72, 74, 196
Ballabeni Icecream 48
Ballonfahrt 114
Bar Gabányi 105
Bar Maria Passagne 96
Barroom 105
Bavarese 50 f., 60
Bavaria 30, 88
Bavaria Filmstadt 120, 129
Bavariapark 79
Bayerische Staatssammlung für Paläontologie und Geologie 151, 153
Bayerisches Staatsorchester 92
Bazis Schlemmerkucherl 55

Beach 38° 129
Bergwolf 56
Bernauer, Agnes 68, 157
Biervana 185
Blauer Reiter 24, 170
Blutenburg 63, 68, 157
Bogenhausen 79, 165
Bon Valeur 42
Bordeauxplatz 63
Botanikum 128
Botanischer Garten 62 f., 85, 127
Boulderwelt München West 192
Brandner Kaspar 129
Brennessel 185
Brezelina 55
Brückner-Bublitz 184
Bubble Soccer 122
Bungee Jumping 115

Cadillac 99
Café am Beethovenplatz 25, 47, 194
Café Eismeer 49
Café Frischhut 57
Café Glockenspiel 84, 102
Café Hölzl 26
Café Jasmin 24
Café Katzentempel 46
Café Lohner und Grobitsch 47
Café Lotti 39
Café Mozart 38 f.
Café Nymphenburg-Sekt, Viktualienmarkt 37
Candies 181
Carl Gustaf XVI., König von Schweden 162
Carta Pura 178
Cat with a Hat 181
The Charles Hotel 143
Chinesischer Turm, Englischer Garten 66 f., 150, 207
Chivito 54
Christopher Street Day 146, 148 f.
Cincinatti Kultkino 99
Cinebank 201
Circus Krone 168 f.
Conviva im Blauen Haus 50
Cortiina Hotel 195
Cotidiano 20
Cuvilliés-Theater 68, 90, 145

Daddy Longlegs 39
Dallmayr 60, 179
Dantebad 86
DAV Kletter- und Boulderzentrum 192
DearGoods 182
Deiniger Weiher 117
Delikatessen 183
Der Verrückte Eismacher 49
Deutsche Eiche 176
Deutsches Museum 30 f., 152
Deutsches Theater 92
Diakonia Kaufhaus 111
Die intolerante Isi 133
Dirndl Liebe 125
Dream-Bowl Palace Unterföhring 193

Echt Optimal! 183
Einstein 97
Eisbach (Englischer Garten) 22, 64–66, 116
Eiscafé Florenz 49
Eiscafé Venezia 48
Eiskonditorei Sarcletti 48
Elisabethplatz 182
Elly Seidl 186
Englischer Garten 32, 36, 60 f., 64–67, 79, 82, 116, 120 f., 127, 150 f., 172 f., 207
Erotic Food Kochkurs 176
Escape Games 115

FabLab 190 f.
Face-to-Face-Dating 35
Fassbinder, Rainer Werner 82, 170 f.
Fastfood Theater 97
Feringasee 117
Filmmuseum München 99
Filmtheater 98 f.
Filmtheater Sendlinger Tor 27, 98
Finanzgarten 78
Flaucher 60, 102, 116
Float Schwabing 174
Flohmarkt 146, 181, 188 f.
Flohpalast 181
Flohzirkus, Oktoberfest 137
Floßfahrt 147
Freebird 105
Freising 31, 123
Freizeit Hütte im 1880 128
Frida 51

Friedensengel 31, 79
Frühlingsanlagen 20, 103
Frühlingsfest, Theresienwiese 84, 146 f.
Fun Factory Store 177

Gabi's Nest 153
Galopprennbahn Riem 143
Gartensalon 38, 40 f.
Gärtnerplatz 20, 60 f., 80, 194, 204
Gärtnerplatztheater 91, 204
Gelatobi 20
Geo Caching 114
Get Rid 109
Glockenbachwerkstatt 92
Glore 182
Gloria Palast 99
Glyptothek 24, 85, 88, 197
Goldene Bar 88, 96, 105–107
Golfhotel Kaiserin Elisabeth, Feldafing 194
Golf 143
Gollierplatz 61
Goudstikker, Sophia 170
Grillin me Softly 132
Großhesseloher Brücke 31, 116
Guerilla Gardening 87
Gute Nacht Wurst 56

Häagen Dasz 201
Haben Will 186
Hackerbrücke 103
Halle 6 92
Haltbar 180
Hamam Anatolia 201
Harmlos-Wiese 78 f.
Haus der Eigenarbeit 191
Haus der Kunst 22, 88, 96, 105
Herrenchiemsee, Schloss 68 f.
Hexenschaukel, Oktoberfest 136
Hirschau, Englischer Garten 66
Hirschgarten 58
Hofbräuhaus 59, 100, 156, 193
Hofbräukeller 128
Hofgarten 79, 85, 172, 196
Hoover & Floyd 104
Hotel Bayerischer Hof 142, 194
Hotel Laimer Hof 194 f.
Hotel Mariandl 25, 194
Hotel Opera 195

Hungriges Herz 46
Husky-Wanderung 114
Iki M. 182
Import Export 25, 92, 191
Impro-Theater 36, 97
Isar 20f., 33, 60, 78, 85, 102f., 116f.
Isardogs 132
Item Shop 184, 205

Jack Glockenbach 43 f.
Jagd- und Fischereimuseum 128
Japanalia 180
Japanisches Teehaus, Englischer Garten 65
Jasmin Asia Cuisine 43
Jennifer Parks 105
Jewelberry Box 145

Kabinettsgarten 78
Kadoh 179
Kafe Kult 108
Kaffee-Radl 54
Kammerspiele 90
Kandinsky, Wassily 24, 164, 170 f.
Kantine im Justizpalast 44
Karlstadt, Liesl 154
Kinderkarussell, Chinesischer Turm 151
Kirchberger, Winfried 167
Kleines Spiel 96 f.
Kleinhesseloher See, Englischer Garten 32, 64, 66, 121
Kleinschmecker 42 f.
Kocherlball, Englischer Garten 67
Königsplatz (Kino Open Air) 23
Kraftwerk 105
Kreativquartier 25, 91 f., 191
Krinoline, Oktoberfest 136
Krone, Carl 168 f.
Kronepark 60
Krupskaja, Nadeschda Konstantinowna 155 f.
Kryolan City 146 f.
Kunstareal 24, 89
Kunstfoyer der Versicherungskammer 89
Kuschelparty 175
Kutschfahrt 120, 172, 207

La Kaz 51
La Robe Marie Braut-Couture 124 f.
La Vecchia Masseria 27
Ladencafé Marais 39
Ladies First 177
Langhans, Rainer 170 f.
Laser-Tag 114 f.
Last Supper 51
Lenbachhaus 24 f.
Lenin, Wladimir Iljitsch 155 f.
Linderhof, Schloss 68 f.
Lipperts Friseure 143
Literaturhaus 93
Lola Montez Haus 128
Löwenbräukeller 59
Ludwig I., König 74, 88, 128, 158–161, 194, 196 f.
Ludwig II., König 59, 68, 74, 117, 206, 208
Ludwig Beck 185
Luitpoldpark 79, 102, 152
Lush 201
Lyrik-Kabinett 93

Machwerk 201
Mandarin Oriental (Hotel) 142
Manhattan Studentenstadt 85
Mann, Thomas 164 ff.
Marechiaro 43
Maria Einsiedel 116
Marstallmuseum, Schloss Nymphenburg 74
Mathilden-Hamam 26
Max-Emanuel-Brauerei 58
Maximiliansanlagen 79
Mercury, Freddy 104, 167
Metropoltheater 91
MilchHäusl 66, 151
Milla Liveclub 108 f.
Mini-Hofbräuhaus, Englischer Garten 67
Mister B.'s 96
Mohr-Villa Freimann 190
Momox 111
Monaco Franze 23, 82, 163 f., 202
Monopteros, Englischer Garten 65, 192, 196
Montez, Lola 74 f., 128, 158–161, 196 f.
Moroder, Giorgio 171

Mucamie 180
Muffatwerk 58, 93
Müller'sches Volksbad 116
München '72 45
Münchinger, Franz 163, 202
Münchner Kindl (Familienservice) 153
Münchner Lach- und Schießgesellschaft 97
Münchner Philharmoniker 92
Münter, Gabriele 170
Museum Mensch und Natur 152
Museum Lichtspiele 99

NachtKantine 56 f.
Nationaltheater (Staatsoper) 91, 94 f.
Neues Rathaus 31
Neues Rottmann 99
Neuschwanstein, Schloss 68 f.
Nia. 180
Nicki Marquardt 181
Nymphenburg 26, 60, 66, 70–74, 76 f., 82, 121, 128, 131, 144, 152, 172, 192, 194, 196, 198 f.

Obermaier, Uschi 170 f.
Oberpollinger 31
Obststandl Didi 54
Ohne (Laden) 187
Oide Wiesn (traditionelles Oktoberfest) 138 f.
Oktoberfest 24, 59, 136–139, 146, 160
Olympiaberg 62, 102
Olympiahalle 86
Olympiapark 30, 62, 102, 120, 129, 152, 178, 204, 207
Olympiastadion 62, 162, 192
Olympiaturm 30, 62, 79
Opatija 42
Osteria Bianchi 50, 52 f.
Ostpark 61, 63
Ost-West-Friedenskirche 85

P1 37
Pagodenburg, Schlosspark Nymphenburg 66, 74, 198 f.
Papazof's 22
Park-Café 24
Pasinger Stadtpark 63
PATHOS (Theater) 91

Pension Gärtnerplatztheater 194
Perlenmarkt 186
Petuelpark 79
Pimpernel 109
Pinakothek der Moderne 89
Pitt's Todeswand, Oktoberfest 138
Poetry Slam 92 f.
Pomade Shop 187
Praterstrand 36
PreysingGarten 50
Principessa's 133
Pringsheim, Katia 164 ff.
Prinz Myshkin 50
Prinzregententheater 91 f.
Pusser's (Bar) 105

Residenz 66, 68, 72, 78, 90, 92, 206
Residenztheater 90
Riemer Park 62, 152
Riemer See 62, 116
Rocket 179
Roosevelt 105
Rosengarten (Städt. Baumschule) 78
Rote Sonne 109
Ruffini 45
Ruhpolding 208 f.
Russenrad, Oktoberfest 136

Sababa 54
Salon Irkutsk 104
Salsa Verde 54
Salzburg 216 f.
Sauna Club 108
Schachinger 180
Schauburg – Theater der Jugend 91
Schichtl-Theater, Oktoberfest 138, 140 f.
Schlachthofviertel 22
Schleißheim, Schloss 68
Schmatz 187
Schönfeldwiese, Englischer Garten 65
Schönheitengalerie, Schloss Nymphenburg 74 f.
Schritt für Schritt 181
Schumann's 105
Schwere Reiter 91
Schwittenberg 180
Schygulla, Hanna 170 f.
Sea Life Center 120

Second Bride 125
Seehaus, Englischer Garten 66
Servus.Heimat 184
She-La 109
Soettingen, Annette von 163
Sommerlath, Silvia, seit 1976 Königin von Schweden 162 f.
Souve Bag Company 181
Spanisches Fruchthaus 27
Spontilonga 193
Squash-Insel Taufkirchen 193
St. Johann Nepomuk (Asamkirche) 118, 144 f.
St. Lukas 118
St. Michael 118
St. Peter (Peterskirche) 31
Stachus (Karlsplatz) 22, 178, 193, 207
Stadtführung 22, 196 f.
Städtische Galerie im Lenbachhaus 24
Starnberger See 116 f., 208
Streetfood 54 f., 152, 211
Strip Academy 176
SubRosaDictum 177
Summer, Donna 171
Super danke 182
Supperb! 132
Surfer (Eisbach, Englischer Garten) 22
Symphonieorchester des Bayerischen Rundfunks 92

Tabula Rasa 38
Tante Emma 46
Tanzschule Wolfgang Steuer 36
Tanzstudio Freitänzer 200
Tarullo's 27
Taxisgarten 151
Thalkirchner Platz 20
The Cave 54
Theatiner Film 98
Therese von Sachsen-Hildburghausen, Prinzessin, seit 1825 Königin 159–161
Theresienhöhe 103
Therme Erding 174
Tian 50
Tierpark Hellabrunn 20, 28 f., 121, 129, 144
Tivoli-Kraftwerk, Englischer Garten 66
Toboggan, Oktoberfest 137
Tollwood-Festival 32 f., 152, 207

Tortenkult 133
Trabrennbahn Daglfing 143
Trachtenvogl 46, 205
Trampolin 49
Turtlebox 111
Tushita Teehaus 47

U-Bahnhof Westfriedhof 84 f.
U.G.L.Y. 179
Unterwittelsbach, Wasserschloss Aichach 68

Valentin, Karl 154 f.
Väterchen Timofejs Garten 85
VeloCafé 190
Verkehrszentrum, Deutsches Museum 152
Vesperia 105
The Victorian House 46
Viktualienmarkt 37, 42, 54, 56, 58, 60, 172
Villa Flosslände 21, 60
Villa Stuck 89, 96
Volkssternwarte 120
Volkstheater 91
Vorhoelzer Forum 102

Waldmeister 38, 192 f.
Waldmeister (Café) 38
Westpark 62, 103, 121, 152, 204
White Silhouette 124
Wiede-Fabrik 87
Wittelsbacher Brunnen 84
Wohnungsbaugenossenschaft 110

Ysenegger 44

Zechbauer 183
Zugspitzbahn, Oktoberfest 138
Zum Blinden Engel 174
Zum Kloster 51

Danksagung

Wir danken:

unseren Interviewpartnern Maxime Barchand, Simone Bauer, Marina Cipic, Elke König, Veronika Link, Martina Rinke und Jürgen Wurst,

Nadine Beck, Oliver Brauer, Sandra Butscher und Florian Neumann, Edith und Karl-Ludwig Dreesbach, Matthias Georgi und Michael Kamp für wertvolle Tipps,

Monika Buchmeier, Klara Köster, Friederike und Jens Paliga, Tobias Schönig, Manuel Schwanse, Karl-Heinz Schuster, Christian Sepp und Julia Vogl für ihre fleißige Mitarbeit.

Die Autoren

Das Autorenteam könnte gemischter nicht sein – Einheimische, Zugereiste und Münchenkenner beschlossen, gemeinsam einen Stadtführer über ihre Lieblingsstadt und Heimat zu schreiben, und zwar speziell für Verliebte und solche, die noch auf der Suche nach der großen Liebe sind. Mit viel Enthusiasmus, Herzblut und dem Blick durch die rosarote Brille ist so dieses Buch entstanden. Geschrieben haben es Anne Dreesbach, Florian Greßhake, Nadja Hollstein, Jasmin Jonietz, Sarah-Christin König und Stefanie Weiß.

Liebe In-München-Verliebte,

unsere Stadt ist doch schnelllebiger, als so mancher liebestolle Leser vielleicht denkt. Aus diesem Grund kann der Verlag leider nicht völlig ausschließen, dass sich trotz fortwährender Recherche Fehler eingeschlichen haben oder die eine oder andere Information doch schon wieder nicht mehr aktuell ist. Der Verlag hat nach bestem Wissen und Gewissen alle Inhalte überprüft, übernimmt aber keine Haftung für die Richtigkeit der Angaben.

Als Verlag freuen wir uns natürlich sehr darüber, wenn engagierte Leser uns über Änderungen aufklären. Sie dürfen uns jederzeit unter: info@augustdreesbach-verlag.de über Ihre Erkenntnisse informieren.

Der August Dreesbach Verlag

ERSCHEINT IM OKTOBER 2016

Ein Buch für alle, die München lieben. Ein Buch für alle, die diese Stadt anders kennenlernen möchten. Und für jeden, der verstehen will, was München wirklich ausmacht. 400 sorgfältig ausgewählte Tipps zeigen die besonderen und unbekannten Seiten von München.

Die besten Ideen für Trinken & Essen, Einkaufen & Ausgehen finden sich genauso wie viele Hinweise auf spezielle Kunst, Architektur und Kultur. Es gibt jede Menge Empfehlungen zu schrägen und ausgesuchten Freizeitaktivitäten, mit und ohne Kind, und viele Hinweise auf Freiräume und besondere Lebenswelten im Stadtgeschehen.

Ein bunter und vielschichtiger Blick auf die Themen, die sonst zu kurz kommen. Ein Stadtführer, der sich »off the beaten track« bewegt, sich lieber auf Ausblicke und Gerüche statt die ewig gleichen Sehenswürdigkeiten verlässt. Ein Guide zu den Abenteuern des Stadtalltags. Eine große Anregung auch für Einheimische, die gewohnten Wege zu verlassen und die Perspektive zu wechseln: Wo verändert sich München gerade? Was macht eigentlich die Seele dieser Stadt aus?

Broschur
228 Seiten
14 × 21 cm
ISBN 978-3-944334-78-3
19,80 Euro

Ab jetzt vorbestellbar unter
bestellung@augustdreesbachverlag.de

Liebespaar auf der Wiesn 1910.